미래의 기업형 식자재 유통업체와
외식업의 진정한 파트너십

미래의 기업형 식자재 유통업체와
외식업의 진정한 파트너십

초판 1쇄 발행일 _ 2011년 7월 15일
초판 4쇄 발행일 _ 2015년 1월 10일

지은이 _ 엄정호
펴낸이 _ 최길주

펴낸곳 _ 도서출판 BG북갤러리
등록일자 _ 2003년 11월 5일(제318-2003-00130호)
주소 _ 서울시 영등포구 국회대로 72길 6 아크로폴리스 406호
전화 _ 02)761-7005(代) | 팩스 _ 02)761-7995
홈페이지 _ http://www.bookgallery.co.kr
E-mail _ cgjpower@hanmail.net

값 15,000원

ISBN 978-89-6495-020-3 03320

이 도서의 국립중앙도서관 출판시도서목록(CIP)은 e-CIP홈페이지(http://www.nl.go.kr/ecip)
와 국가자료공동목록시스템(http://www.nl.go.kr/kolisnet)에서 이용하실 수 있습니다.
(CIP제어번호 : CIP2011002738)

* 저자와 협의에 의해 인지는 생략합니다.
* 잘못된 책은 바꾸어 드립니다.

국내 최초의 식자재 유통업에 관한 입문서

미래의 기업형 식자재 유통업체와
외식업의 진정한 파트너십

엄정호 지음

BIG 북갤러리

머리말

　국내 외식산업은 1979년 롯데리아를 시발점으로, 해외 패스트푸드 브랜드의 본격적인 국내 시장 진입으로 시작되었습니다. 그리고 1988년 서울 올림픽을 전후하여 전문 단체급식업체가 출현하였고, 1990년대에 와서는 패밀리레스토랑이 출현하면서 외식시장이 성숙기에 접어들었습니다. 일하는 여성이 늘고, 독신자 가정들이 증가함으로써 외식산업 환경이 우호적으로 변화되고 있습니다. 경제활동의 구조 변화는 식생활의 변화를 동반하고, 여성의 경제활동 참여가 높아지고, 노령화, 개인화에 의한 독신 가정의 증가 등 경제활동 구조가 서구식으로 변해가는 사회 전반적인 추세가 식생활의 변화도 가져왔습니다. 그리고 식료품비 지출 중 외식비가 46%까지 차지하게 되었습니다.

　그러나 국내 식자재 유통산업은 거대화와 대형화, 산업화가 되어가는 구조적인 변화 속에서 산업으로서의 성장으로는 아직 초기 단계라고 볼 수 있습니다.

　해외 식자재 시장은 PPP GDP(PPP : 물가와 환율이 동등시 상품 실질 구매능력)가 27,000달러 선을 돌파한 뒤 그 후 5년간 연평균 10~15% 신장을 하면서 발전하였고, 미국의 시스코의 경우 ROIC(투하자본 수익률, 실제 영업 활동에 투입한 자산으로 영업이익을 얼마나 거뒀는지 나타내는 지표)가 20%까지 높아졌습니다. 물가와 환율을 제외한 실질적인 삶의 수준을 비교해 볼 수 있는 PPP GDP 기준으로 볼 때 1995년 미국이 27,574달러, 1999년 네덜란드가 26,940달러, 2003년 일본이 27,168달러일 때였습니다. 우리나라도 2009년 27,168달러가 되면서 이 시장은 빠른 속도로 성장하게 되었습니다.

지금껏 식자재 유통시장에 있어서는 위탁급식이 주도하였고, 그다음 프랜차이즈 · 체인 외식, 직영급식, 외식으로 되어 왔으나, 학교급식이 직영화되어 위탁급식이 위축됨에 따라 대기업들이 '미래의 성장 동력'을 식자재 유통사업에 두게 되었습니다.

식자재 유통시장은 절대 이익률은 높지 않지만 고정비 효과로서 매출에 따라 수익성이 보장되기 때문에 규모의 경제를 실현하는 모델로 발전되고 있습니다. 대기업 입장에서는 '상생'의 일환으로서 그룹 내 수요인 '캡티브 세일즈(Captive Sales)'를 '지렛대(Leverage)' 역할로 하면서 본격적인 진출 채비를 서두르고 있습니다. 계열사마다 식자재를 따로 구매하는 관행에서 이제는 내부적으로 한 계열사가 통합 구매하는 형태로 변해가고 있습니다.

식자재 유통업은 외식업소의 운영에 필요한 농수산, 축산물, 가공식품 등 식재료뿐만 아니라 주방기물, 테이블, 의자 등 인테리어 소품, 종이컵, 이쑤시개, 주방, 고무장갑까지 공급하는 업입니다. 외식업소를 운영하는 데 모든 제품을 유통·공급하기 때문에 외식업소 입장으로 보면 정말 중요한 파트너가 아닐 수 없습니다.

외식업계에 있어서도 구매자 입장에서 보면 유통단계의 축소와 안정적인 수급, 품질보증, 기타 메뉴 컨설팅 등의 요구가 높아지고 있습니다.

주변에 보면 외식업을 하면서 판매가의 최소 39%의 구성비를 차지하고 있는 식재료에 대해서 너무 모르는 업주들이 의외로 많아 당황한 적이 적지 않았습니다. 이 수치는 외식업계에서 평균 인건비가 28.2%인 것을 감안하면 정말 심도 있게 공부해야 할 항목인 것 같다고 생각됩니다. 물론 규모 있게 잘 해 가시는 분들 중에서도 겸손하게 무엇인가 문제점을 찾고 새롭게 도전하려고 컨설팅을 받거나 외부 외식관련 교육, 모임 등을 통하여 공부하시는 분들도 있지만, 이런 분들은 극소수에 불과하다는 것입니다.

물론 외식업을 성공시키려면 맛, 서비스, 마케팅 전략도 중요하지만 이 책을 통하여 더 좋은 식재료를 더 좋은 가격으로 공급받으려면 어떻게 해야 하는 것인지에 도움이 되었으면 합니다. 그렇게 하려면 공산품, 농산품, 수산물·축산물, 수입품에 대한 식자재 유통시장을 이해해야 합니다.

 국내 식자재 유통시장은 선진국에 비해 상품 보관, 배송 등 물류 인프라 부족, 품질과 신선도를 유지하기에는 너무 복잡한 유통구조로 되어 있습니다. 이렇게 발생되는 과다한 유통단계별 마진은 결국 고객이 부담해야 하는 낙후된 유통구조로 이루어져 있습니다.

 거래관행도 투명치 못하고 취급품목이나 지역도 제한적이고 고객의 진정한 욕구, 예를 들면 '전처리 농산물', '반가공식품'의 대량 공급 등을 충족시켜주지 못하고 있는 실정입니다.

 2010년 29조 원에 달하는 식자재 시장 규모는 2020년에는 약 49조 원 규모로 성장, 예측하고 있습니다. 이 시장은 또 크게 두 가지로 분류됩니다. 가공식품회사의 원료시장의 원재료와 외식시장의 식자재로 나누어집니다. 그리고 외식시장의 식자재 시장은 또한 크게 일반 외식시장과 단체급식시장으로 나누어집니다. 일반 외식은 일반 외식업소나 패밀리레스토랑, 패스트푸드, 프랜차이즈 등 불특정 다수를 고객으로 하는 영업과 기업, 학교, 관공서, 기관 등 단체가 비교적 고정적인 수요자를 대상으로 하는 단체급식 등으로 구분됩니다.

 실제로 2008년 하반기에 경기침체로 외식업계가 큰 타격을 받았지만 식자재 유통업은 매년 두 자릿수로 성장을 하고 있습니다. 그도 그럴 것이 외식업은 진입장벽이 낮다보니 누구나 창업은 하지만 성공하는 확률은 사실 미미합니다. 그럼에도 불구하고 새로 생기는 것이 많기 때문에 식자재 유통시장은 성장하는 것입니다.

지금껏 국내 식자재 유통시장은 개인사업자나 중소업체 중심으로 이뤄져 수천 개가 난립되어 있는 상황입니다. 현재 기업형 식자재 유통업체는 모두 20개 미만으로 아직 전체 시장의 7% 정도를 점유하는 수준에 불과합니다. 그래서 새롭게 대기업들이, 특히 2010년과 2011년에 들어와 식자재 유통업에 본격적으로 뛰어들고 있습니다. 더욱이 2011년부터 학교급식 직영화로 위탁급식시장이 위축되면서 급식사업을 주로 해온 대기업이 식자재 유통업을 강화하는 데 중요한 요인이 된 것도 있습니다.

국내 단체급식시장은 이미 성숙기에 진입, 침체기에 있다고 보면 되겠습니다. 이러한 요인들이 오히려 대기업 식자재 유통업체들의 성장 동력을 외식시장, 식자재 시장에 확대하려고 하는 것 같습니다.

재미있는 것은 각 기업이 직접 외식업체 개척에 인맥과 세금계산서 등 여러 가지 요인으로 한계가 있어 기존의 각 지역 리딩식자재 유통업체를 인수, 합병함으로써 시장에 론칭하고 있습니다. 각 업체들의 인수, 합병 방안도 회사마다 달라 향후 시장 판도가 어떻게 전개될지는 모르겠지만, 이 책을 통하여 여러 각도에서 살펴보도록 하겠습니다.

CJ프레시웨이의 지난 3년간 식자재 유통 매출이 18.9%나 증가했습니다. 식재료와 비식품 부문을 합하여 약 20,000개 아이템을 취급하고 있는 이 회사는 식자재 직거래업소도 4,300여 곳에 이르고, 기존 식자재 유통업체와의 유통선진화 프로젝트로 전국에 8개 대형 물류창고를 준비하고 있습니다.

푸드머스, 아워홈, 삼성에버랜드, 신세계 등도 과거 급식, 케터링 사업에서 식자재 유통사업 방향으로 더욱 강화하고, 신규 시장 개척과 신상품 개발에 힘쓰고 있습니다.

이제 국내 식자재 유통업체도 미국의 시스코처럼 단순히 외식업소에 식재료를 공급하는 것은 물론 주방집기 공급, 인력 채용, 세무, 컨설팅까지 준비하고 있습니다. 한 예로 동원홈푸드는 최근 외식 트렌드를 비롯해 식당 기기와 식당 매물 정보 제공, 음식점 운영, 관리에 필요한 세무 컨설팅, 인력 소개, 신메뉴 정보도 제공하고 있습니다.

향후 외식업소도 요즘과 같은 농산물 수급 불안정에 대비하기 위해서라도 직접 구매보다는 업체를 선정하여 구매대행을 시키고 그 시간을 더 고객관리에 집중하는 것이 바람직하지 않을까 하고 생각해 봅니다. 그렇게 하기 위해서는 이 책을 통한 적절한 공부를 해야 합니다. 이 책은 업체의 결정은 물론 식자재 유통환경과 시스템 등을 이해하기에 최선의 정보를 익힐 수 있는 좋은 참고 자료가 될 것입니다.

차후 관련업계는, 외식업체에서도 과연 어떤 업체가 산지 구매력이 있는지? 공산품 구매 파워(Buying power)가 있는지? 해외 소싱(sourcing) 능력이 뛰어난지? 위생관리의 처리는 어떻게 하고 있는지? 필요하다면 같이 협의하여 소스, 메뉴 등의 개발을 할 능력이 있는지? 인력, 세무, 부동산 컨설팅 능력이 있는지? 등 이러한 여러 가지 요인들을 판단하여 거래하게 될 것입니다.

그리고 식자재 유통과 관련하여 사업을 하시는 분들께도 이 시장을 제대로 이해하여 과거 인맥, 굿윌(Goodwill)만이 아니라, 전문적인 지식을 갖고 경쟁력을 키워나가 대기업형 식자재 유통업체의 사업파트너가 되어야 합니다.

그러나 이렇듯 잠재력 있고 중요한 시장과 관련한, 제대로 된 전문서적 하나가 없는 것이 국내의 현실입니다.

처음으로 이 시장과 관련한 '입문서'를 쓰는 것이 부담스럽기는 하지만, 필자는 지난 15년간 관련업계를 지켜보면서 직접 영업·마케팅, 판매관리를 하였습니다. 그리고 직접 공산품, 수입품, 잡화, 농산물 등 도매물류 사업과 외식사업도 하면서 많은 시행착오 또한 겪었습니다. 많이 느끼고 반성도 하면서 공부하였습니다. 처녀 출판이라 많이 부족하다고 생각됩니다만, 이 책은 식자재 유통업과 외식업의 역할관계 등 전반적인 현황, 개요, 지침 등을 제시하고 있습니다. 이어서 집필할 책은 외식업소에서 보면 직접 피부에 와 닿고, 식자재 유통업체와 관련된 사업에 종사하시는 분들에게는 좀 더 실질적으로 사업에 도움이 되는 '케이스 스터디(Case study)' 중심으로 계획하고자 합니다.

또한 이 시장에 관심이 많으신 선후배님들께서도 큰 도움이 되어 주셨으면 합니다. 그리하여 이 시장이 산업화되고, 식자재 유통이 한 학문의 장르가 되어 체계적으로 연구되었으면 하는 바람을 가져봅니다.

외식업과 식자재 사업이 '진정한 파트너십(Partnership)'을 가지고 서로가 윈윈(Win-win)하기를 기원하면서…….

2011년 5월
엄정호

목차

외식업과 식자재 유통업의 '파트너십(Partnership)'

제1장
외식업과 식자재 유통업의 '파트너십(Partnership)'

1. 외식업과 식자재 유통업은 서로 '상생관계' 다

세계에서 우리나라만큼 국토면적 대비, 인구 대비 외식업체 수가 많은 나라는 없다고 본다. 사업자등록증이 없이 하는 외식업체까지 합하면 6십만 곳 정도로 추정된다. 인구 80명당 외식업소 한 개 업소라는 이야기다. 다시 말하면 4인이 한 가구라 할 때 20가구당 외식업소 한 곳이라고 예상할 수 있다.

그러면 인구의 50%가 아침식사를 제외하고 점심이든, 저녁 식사든 한 끼를 100% 밖에서 해결한다고 할 때 한 끼당 6,000원씩만 계산하면 80인×6,000원×30일×50%=720만 원이 된다. 물론 호텔에서 식사를 하던, 분식집에서 하던 주류, 음료를 합쳐 평균으로 계산할 때 외식업체당 평균 매출액이 720만 원이라고 하면, 대부분의 외식업체가 손익분기점을 넘기지 못하고 어렵게 경영하고 있다는 결론이다. 최소 천만 원 정도의 매출은 되어야 집세, 인건비, 관리비 등을 감안할 때 손익분기점이 될 수 있다.

어쨌든 외식시장 규모는 720만 원×60만 개=43억 2천만 원×12개월=51조 8천4백억 원이 된다.

그리고 단체급식시장이 9조 원 가까이 되므로 총 외식 시장 규모는 60조 원 정도로 보면 되겠다. 그렇게 되면 외식시장에 있어서 식자재 시장 규모는 식재료 구성비를 평균 33%로 볼 때 60조 원×33%=19조 8천억 원이 된다. 사실 2008년 기준 식자재 시장 규모가 18조 원이고, 2010년에는 20조 3천억 원으로 추정된다. 2년 만에 거의 13%가 신장한 것이다. 외식업계에서 보면, 향후 식자재 시장의 최소 10~20%인 2~4조 원 규모는 산지 개발, 해외 소싱, 품질 대비 가격경쟁력 있는 공산품 개발로 절감할 수 있는 여지를 갖고 있다. 외식업소에서도 평균 매출액이 720만 원일 때 지금보다 최소 10%를 싸게 구입하면 평균 임대비의 50%, 평균 인건비의 50%를 절감하는 효과를 보게 된다. 그렇게 하려면 외식 업주들은 공산품 유통, 농산물 유통, 수산물·축산물, 해외 소싱 등의 프로세스를 이해하여야 한다. 기존의 납품업자로부터 무조건 싸게 달라는 것보다는 정확히 유통단계를 이해하고 요구하여야 한다는 것이다

현재까지의 외식업소는 이제 시작한 대기업형 식자재 유통업체를 제외하고는 대부분 기존의 개인사업자나 중소업체에서 공급받고 있다. 식자재 유통업체가 직접 영업사원을 고용하며 거래하는 경우와 식자재 유통업체가 구매, 중상 소사장들이 영업, 배송으로 역할 분담하는 경우가 있다. 외식업소 입장에서 보면 큰 차이는 없지만, 공급업체의 규모와 시스템에 따라서 가격이 적게는 5%에서 때로는 15% 이상의 차이가 날 수 있다.

그리고 품목 또한 가정용제품은 브랜드가 중요하지만, 업소용에 있

어서는 때로는 중소업체 제품이 더 '품질 대비 가격경쟁력'이 있는 제품들이 의외로 많다. 예를 들면 고추장의 경우 대기업과 중소식품 업체의 경우 가격에 따라 다르고, 대체로 고추분의 함량에 따라 가격이 크게는 100% 이상 차이가 난다. 과연 고추분이 많은 고추장이 좋을까? 정말 중국산 함유량이 많은 것은 믿을 수 없는 걸까? 자신의 메뉴 레시피(recipe)에는 어떤 고추장이 맞을까? 모든 동종업계의 제품들을 테스트해서 '가격 대비 품질 궁합 레시피'에 맞는 제품을 찾아야 하는 것이다. "누구 말로는 ○○○이 좋다고 하던데…"와 같은 그런 생각은 이제 버려야 한다. 자신의 여러 가지 상황과 여건을 고려하여 선택하여야 한다.

쌀도 마찬가지다. 이천쌀, 여주쌀 등 경기미와 호남미는 50% 이상 가격차가 난다. 호남미라도 어떤 지역에서, 어떻게 재배되고, 어떻게 도정되는가에 따라서 품질이 확연히 달라질 수도 있다. 자신의 여건과 품질 테스트를 통하면 지금보다 더 경쟁력 있게 쌀을 안정적으로 공급받을 수 있다.

야채류도 그렇다. 갈수록 기상이변으로 작황이 어려워지고 있다. 과연 작황이 어려울 때도 수급을 원활하게 해줄 수 있는 공급업체인지? 더 나아가 마늘, 양파, 감자, 배추, 무 등을 연간 계약 품목으로 계약할 능력이 있는 거래처도 있는지 등을 알아볼 수 있어야 한다. 그렇게 하기 위해서는 농산물 유통에 대해 이해하면 가능하다.

축산물·수산물, 과일은 정말 고객을 좌지우지할 수 있는 품질에 민감한 품목들이다보니 직접 전문적인 지식과 경험, 감각 등으로 챙겨야 한다. 예를 들면 해물탕에 들어가는 새우를 먹다보면 짜증이 날 때가 있다. 속이 비고 말라 있어 껍데기만 있는 냉동 새우! 차라리 두 세 마리보다 똑똑한 한 마리라도 있었다면…. 그리고 호프집 과일안

주도 그렇다. 안주의 경우 원가구성비가 낮은 품목인데도 불구하고 덜 익은 키위라든가 바람 빠진 배라든가? 이런 불쾌한 경험을 하였다면 다음에는 가고 싶은 생각이 나지 않을 것이다.

육류도 마찬가지다. 쇠고기, 돼지고기는 누가 먹더라도 판단할 수 있는 품목들이니까 아예 등급별로 가격 차별화를 해야 한다. 그래야 원가를 절감하여 더 좋은 제품을 공급받을 수 있고, 고객이 원하는 음식을 제공할 수 있을 것이다. 이 모든 것이 관련 공부를 통해서 이룰 수 있다.

이렇듯 외식업소와 식자재 유통업은 중요한 파트너십이 되어야 한다. 이제 한 번쯤 현재 공급받고 있는 업체를 방문해 보기를 권한다. 물류창고를 방문해 보면 바로 알 수 있을 것이다. 이 업체가 과연 구매 경쟁력이 있는지? 좋은 품질의 상품을 공급하고 있는지? 상품 위생처리는 어떻게 하고 있는지?

세금계산서를 통한 은밀하게 거래하는 시대는 이제 막을 내리고 투명하게 경영하면서 매출을 늘리고 이익을 낼 수 있는 연구를 해야 한다. 그리고 합법적으로 세금을 절감하는 여러 가지 방법도 숙지해야 한다.

식자재 유통업체 또한 유능한 주방과 홀 서비스 인력을 찾아서 소개할 수 있는 능력을 갖추고, 세무 문제나 외식업소에 대한 적절한 진단을 통한 컨설팅 및 클리닉을 해주는 기능까지 갖추어야만 미래에도 살아남을 수 있을 것이다.

2. 식재료 매입 분석을 일상화하라

언젠가 거래 개설차 방문했던 인천에 있는 고깃집이 있었다. 그렇게 규모가 크지 않은 이 업체의 업주가 3년 동안 매입 분석을 한 자료를 보고 필자는 깜짝 놀랐다. 축산물뿐 아니라 공산품과 야채류는 물론 주방 집기, 잡화까지도 분석을 하여 품목별 매입 단가 추이, 월별 식재료 구성비 등이 빠짐없이 모두 기재되어 있었다. 이 업주는 이 자료로 공급업체와 가격 협의를 한다고 한다. 사실 대부분의 업주들이 알고 있는 식재료 가격은 10가지 이내 정도이다.

지금 바로 테스트해 보자. 과연 나는 몇 개 품목의 가격을 알고 있는지….

그리고 가능하면 외상으로 구매하지 말고 현금으로 구매하도록 하자. 연이율이 8%라고 가정하면, 이자 부담이 월 0.6%밖에 되지 않는다. 때로는 현금 구매할 때 매입가를 5% 이상 낮출 수도 있다. 이유는 간단하다. 개인사업자나 중소업체일 경우 식자재 유통업은 항상 현금흐름에 쫓겨 다니기 때문에, 특히 매출 및 수금 목표를 달성해야만 제조업체로부터 장려금이 나오다보니 일부 거래처 5%의 매입가 인하는 공급업체로 볼 때 크게 부담이 가지 않을 수도 있다.

그리고 매월 가격 인상 품목, 판촉품목이 무엇인지도 알 필요가 있다. 품목별로 목표량을 채워야만 장려금이 나오다보니 한 번에 많은 양을 받아 가격을 싸게 받을 수 있다면, 다소의 재고를 감수하더라도 대량 매입을 할 수도 있다. 향후 손익계산에 큰 도움이 될 것이다. 예를 들면 식용유, 고추장, 된장, 쌈장, 조미료 등 가공식품뿐만 아니라 랩, 세제류 등 잡화 같은 품목들이 그렇다. 그리고 업소형태마다 차이는 있겠지만 재고를 가져가야 할 품목과 재고를 최대한 슬림화시켜야 할 품목들을 구분하여야 한다. 이때 당연히 중요 품목의 유통기한을 숙지해야 하고, 이는 직원들에게도 교육을 하여 공유해야 한다. 재고에서 로스가 발생되어서는 안 되기 때문이다.

장보고마트 등의 가격을 오픈하는 각 회사의 홈페이지를 방문하여 가격 비교를 하거나 매월 1회 하나로마트, 다농마트 등의 매장을 방문하여 가격 분석을 할 필요가 있다. 그렇게 되면 가격 비교 분석 외에 다른 상품 정보도 함께 얻을 수가 있다. 그리고 의외의 행사품목들이 눈에 띄어 싸게 살 수도 있다.

3. 자기만의 레시피 노하우를 매뉴얼화 하여 상품화하는 것을 고려하라

어떤 대박 외식업소의 경우 양념장을 아들, 며느리에게도 가르쳐주지 않고 자기 혼자서 만든다고 한다. 참으로 어리석은 일이라 생각한다. 과연 양념장을 다른 업소에게 알려주었을 때 그 업소에서도 대박이 날까? 또 설령 대박이 났다고 해도 자신의 영업에 지장을 줄까? 오히려 시야를 넓게 가지고 센트럴 키친(Central Kitchen)설비를 갖춘 식자재 유통업체와의 전략적 제휴를 하여 레시피를 같이 만드는 것은 어떨까? 그렇게 되면 원가절감은 물론 시간 절약도 될 텐데…. 더 나아가 해당 양념을 상품화를 시킨다면?

언젠가 TV프로그램에서 튀김과 떡볶이 대박집을 운영하는 사장이 나와서 진심을 갖고 사업을 해보겠다는 분들에게는 자신의 레시피 노하우(Know-how)를 전수하여 더불어 같이 잘살아보겠다고 말하는 장면이 나왔을 때 정말 훌륭한 사람이라고 생각한 적이 있었다.

이렇듯 오히려 식자재 유통업체를 잘 활용하면 자신의 점포와 노하우를 상품화하여 브랜드마케팅을 할 수 있고, 서로가 윈윈할 수 있는 기회를 만들 수도 있다.

4. 식자재 유통업체의 대표, 영업사원을 통해 외식업소의 성공 사례 등의 정보를 공유하라

외식업을 하시는 분들의 대부분이 주변 업소의 성공사례나 실패사례 등의 정보 공유에 미흡하다. 시야가 한정되어 있고 만나는 사람들도 한결같은 경우가 의외로 많다. 물론 자체 업무가 대체로 힘들기 때문에 그럴 여유가 없을 수도 있겠지만, 그럴수록 주변 분들의 얘기를 많이 들어야 한다.

한때는 정말 잘나갔던 외식업소인데도 서서히 고객들의 방문이 뜸해지고 결국 문을 닫는 경우를 종종 볼 수 있다. 식자재 유통업체의 대표나 직원들이 관련 내용을 속속들이 알고 있으므로, 그들과 자주 대화하면서 얻은 정보를 최대한 활용하여야 한다.

제2장

식자재 유통시장의 현황

제2장
식자재 유통시장의 현황

1. 시장 규모

외식업소 운영자와 관련자들은 식자재 시장의 규모에 대해 제대로 알아야 한다. 식자재 시장은 2010년 규모로 볼 때 연 29조 2천억 원(외식시장 60조 원 이상으로 추정)인데 아직은 대기업이 참여한 시장은 전체시장의 7% 정도 수준이다. 그리고 2,000여 개의 개인사업자와 중소형사업자들로 난립되어 있다. 대기업은 지금껏 위탁급식시장 41%, 기업형 외식 16%, 비위탁급식에 7% 등이고, 일반 중소형 외식시장에서의 매출 비중은 미미하다고 볼 수 있다. 아직까지 이 시장의 주도자는 없으며, 유통의 다단계로 인해 효율성이 떨어지고 있다. 또한 정형화된 모델이 없어 미국, 일본 등과 비교해볼 때 상당히 낙후된 구조로 되어 있는 실정이다.

전체 29조 2천억 원의 시장 규모를 경로별로 보면 가공식품 원료에서 8조 9천억 원, 외식에서는 20조 3천억 원이다. 상품별로는 가공식품이 9조 5천억 원, 1차 상품이 19조 7천억 원 정도 된다.

 1차 상품은 농산물이 9조 7천억 원, 축산물이 6조 5천억 원, 수산물이 3조 5천억 원인데 연평균 성장률은 수산물이 9.6%, 농산물이 4.6%인 반면, 축산물은 1.1% 성장률에 그쳤다. 구제역과 조류 독감 등의 영향이 컸던 것을 원인으로 볼 수 있다.

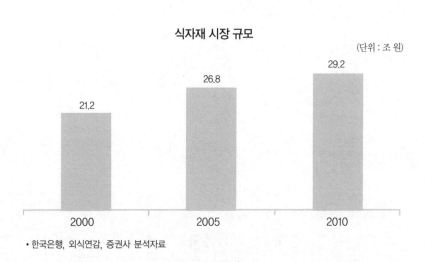

식자재 시장 규모

(단위 : 조 원)

- 한국은행, 외식연감, 증권사 분석자료

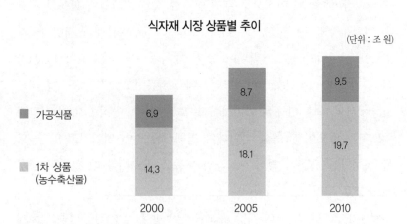

식자재 시장 상품별 추이

(단위 : 조 원)

- 한국은행, 외식연감, 증권사 분석자료

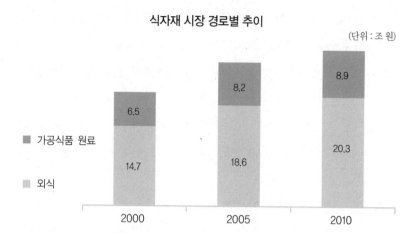

식자재 시장 경로별 추이

(단위 : 조 원)

■ 가공식품 원료

■ 외식

	2000	2005	2010
가공식품 원료	6.5	8.2	8.9
외식	14.7	18.6	20.3

• 한국은행, 외식연감, 증권사 분석자료

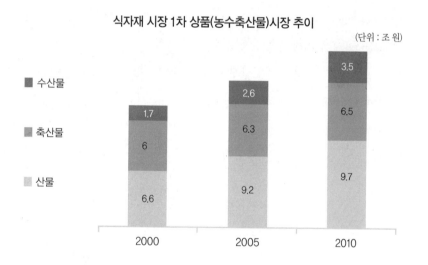

식자재 시장 1차 상품(농수축산물)시장 추이

(단위 : 조 원)

■ 수산물

■ 축산물

■ 산물

	2000	2005	2010
수산물	1.7	2.6	3.5
축산물	6	6.3	6.5
산물	6.6	9.2	9.7

　　농산물 중에는 채소류가 47%, 곡물이 45%, 과일류가 8%를 차지하고 있다. 채소류의 매출순위로는 양파, 감자, 오이, 호박, 마늘 등이다. 여기서 우리가 주목할 부분은 이런 품목들이 연중 고정단가 계약이 가능한 품목들이라는 점이다. 물론 어느 정도 물량을 소화할 수 있는 기업형 외식업체라면 유리할 수도 있을 것이다. 그러나 중소외

식업체들도 지역 연합 또는 단체를 통하여 '공동구매'로 가능할 수도 있다. 공산품과 달리 기후에 따라 작황이 많이 차이가 나기 때문에 가격이 크게 오르거나 하락하면 시장 경매가 대비 30% 상하한선 가격을 적용시키는 조건대로 한다면 서로의 리스크를 줄이면서 계약을 할 수 있다고 생각한다. 그렇게 되어야만 단순히 시세에 사서 납품받는 수준을 뛰어넘어 산지와 계약재배를 하여 중간 유통 도매마진의 손실을 줄일 수 있다.

축산물 관련 외식업이 외부 영향을 받아 위험 부담이 크다고 볼 수 있다. 그러나 한국 정서로 볼 때 설렁탕, 해장국집 등은 무난한 매출이 유지된다. 어쨌든 파트너십 선정이 중요하다. 그리고 축산물은 고객별 니즈(Needs)도 다양하고 부위별 스펙도 다양화하기 때문에 이에 맞는 외식업 전략이 필요하다.

쌀 또한 지역별, 품종별, 재배 방법, 도정일, 맛으로 다시 판단하여 자신의 업소에 맞는 것으로 선택하여야 하며, 거래업체 선정도 이 기회에 다시 고려할 필요가 있다. 특히 외식시장에서의 1차 상품 비중이 72%로 높은데 식당이 대형화되면서 도매상이나 식자재 유통기업

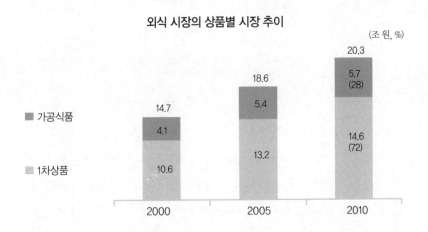

외식 시장의 상품별 시장 추이

(조 원, %)

	2000	2005	2010
가공식품	4.1	5.4	5.7 (28)
1차상품	10.6	13.2	14.6 (72)
합계	14.7	18.6	20.3

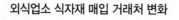

외식업소 식자재 매입 거래처 변화

(%)

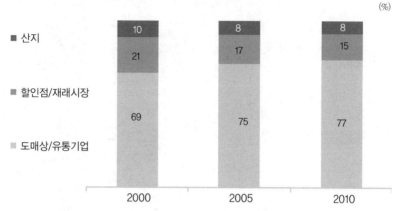

- 산지
- 할인점/재래시장
- 도매상/유통기업

	2000	2005	2010
산지	10	8	8
할인점/재래시장	21	17	15
도매상/유통기업	69	75	77

으로부터 구입하는 비중이 점차 증가하고 있기 때문이다. 주요 구매
처는 도매상·유통기업이 77%이고, 할인매장이나 재래시장에서 직
접 구매하는 것이 15%, 산지 구매가 8%다.

그러나 가공식품 원료시장은 외식과 달리 가공식품의 비중이 52%

가공식품 원료시장 추이

(단위 : 조 원)

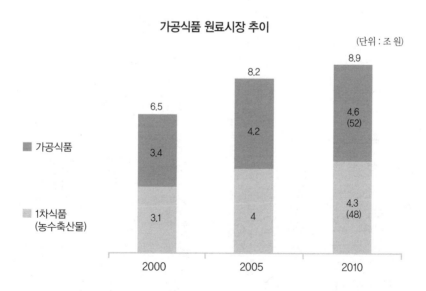

- 가공식품
- 1차식품 (농수축산물)

	2000	2005	2010
합계	6.5	8.2	8.9
가공식품	3.4	4.2	4.6 (52)
1차식품(농수축산물)	3.1	4	4.3 (48)

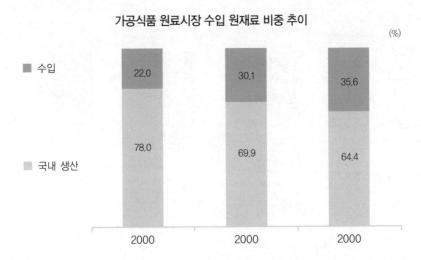

가공식품 원료시장 수입 원재료 비중 추이

(%)

■ 수입

■ 국내 생산

| | 22.0 | 30.1 | 35.6 |
| 78.0 | 69.9 | 64.4 |

2000   2000   2000

로 높으며, 곡물가 인상 및 원화가치 하락으로 인해 수입 원재료 비중이 증가되고 있다. 2000년에 22% 비중을 차지하던 수입 원재료 비중이 2008년에는 35.6%로 계속 증가하고 있다. 이는 FTA의 영향으로 인한 수입량 확대와 물가 인상, 원화가치 하락 등을 원인으로 볼 수 있다.

지금은 영세업체가 난립하고 있으나 2000년부터 시작한 대기업 진

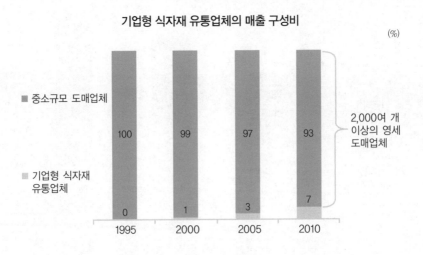

기업형 식자재 유통업체의 매출 구성비

(%)

■ 중소규모 도매업체

■ 기업형 식자재 유통업체

| 100 | 99 | 97 | 93 |
| 0 | 1 | 3 | 7 |

1995   2000   2005   2010

2,000여 개 이상의 영세 도매업체

입이 증가하고, 향후 산업화되어 자리 잡을 경우 기업형 전문 식자재 유통업체가 자리바꿈을 하게 될 것이다. 또한 FTA 영향으로 수출입을 통해 물량을 자체 소화하면서 레버리지(Leverage) 역할을 할 수 있는 역량 있는 대기업이 주도권을 잡게 될 것이다.

2. 수출입 규모

2008년 기준으로 농수축산물 수입은 3년 대비 18% 신장한 232억

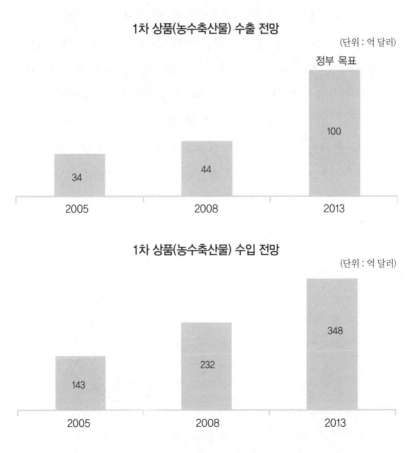

1차 상품(농수축산물) 수출 전망

(단위 : 억 달러)

정부 목표

100

44

34

2005   2008   2013

1차 상품(농수축산물) 수입 전망

(단위 : 억 달러)

348

232

143

2005   2008   2013

달러이고, 수출은 9% 신장한 44억 달러이다.

농식품 수출 및 수입 측면에서 중요 교역 국가는 중국인데 수출은 일본에 제일 많고, 수입은 미국이다. 주요 수출상품으로는 참치, 오징어, 인삼, 김치 등이 있으며, 수입상품으로는 옥수수, 과일, 쇠고기, 돼지고기 등이다.

3. 식자재 유통업의 수익성

식자재 유통사업은 수익성 측면에서 영업이익률은 높지 않으나, 시장 잠재력과 투하자본 대비 수익률이 타산업보다 비교적 높은 산업이다. 국내 산업 평균 ROIC(세후영업이익/투하자본)가 5%인 반면에 미국의 식자재 유통회사인 시스코의 경우 21%이며, 영업이익률도 5%나 된다. 식자재 유통사업은 규모의 경제가 되어야만 구매원가 인하, 물류 효율성 등으로 가격경쟁력을 가져 주도 업체로 자리 잡을 수 있다. 국내 기업형 식자재 유통업체는 아직 수익에 있어서는 미흡하지만 향후 시스코 이상이 될 수 있다고 본다.

시스코의 영업이익률과 ROIC(2010년)

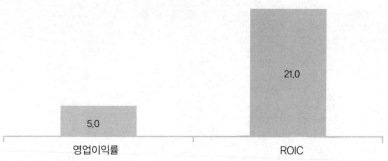

제3장

식자재 시장의 유통 경로

제3장
식자재 시장의 유통 경로

1. 현황

현재의 국내 식자재 시장은 농산, 수산, 축산 심지어 가공식품, 잡화를 포함한 공산품까지 각각 다양한 유통 경로로 형성되어 있다. 국내 생산자(농·수·축)에서부터 외식업소에 공급하기까지에는 생산자 단체(농협, 영농법인), 산지 수입상, 도매시장의 중간 상인을 통하거나 지역시장 중소 도·소매상, 행상 그리고 2,000여 개의 식자재 유통업체들을 통하여 공급되고 있는 실정이다. 그러나 향후 이 복잡한 유통채널은 축소되어 단순화될 것이다. 누가 먼저 이 역할을 주도하느냐가 주도 업체가 될 것이다.

식자재 유통시장 경로

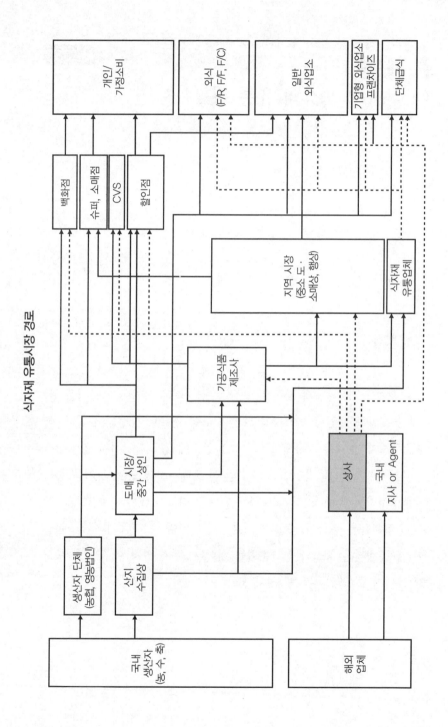

2. 유통구조 개선방안

농산물에 있어서 외식업계의 식재료와의 전쟁을 농림수산식품부의 유통구조 개선방안으로 해결하려 하고 있다. 유통단계의 축소와 수급 안정계획은 생산 농가, 외식업계가 함께 상생하는 길이기 때문이다.

농림수산식품부는 물가불안이 계속되자 2010년 10월부터 유통구조 개선 티에프(T/F)팀을 만들어, 이해관계자와 전문가의 의견 수렴을 거쳐 생산자 단체에서 농협이 유통의 중심이 되어 기반과 시스템을 구축하고 유통구조의 액션 플랜(Action Plan)을 수립했다.

우선 배추, 무 등 채소류에 대해 농협의 계약물량의 현재 8% 수준 인 것을 2011년 연말까지 15%, 2015년까지는 50%까지 확대할 계획 이라고 한다. 또한 현 5~7단계의 유통단계를 3~4단계로 줄여 유통 비용을 줄여나가기로 하였다. 물론 이해관계자간의 갈등 소지도 있지 만, 결국은 소비자, 농가, 유통인 모두가 상생하는 유통구조를 만들겠 다는 의지다. 당장 쉽지는 않겠지만 향후 농산물 가격 안정을 위한 수급안정 기능도 강화할 계획이다. 관측에 시세예측을 도입하고, 비 축도 지금껏 수입산 마늘, 고추에서 국내산 물량을 비축할 계획이다. 예를 들면 배추의 경우 관측을 통해 평년 면적보다 10%의 여유물량 을 수급조절용으로 추가 확보하는 방안을 추진하며, 도매시장과 관련 한 정가 수의·매매 확대, 가격조정제 도입, 정산조직 신설 등의 제 도 개선도 농안법 개정을 통해 추진할 계획이다.

농식품부는 이와 함께 공정거래 기반도 구축할 예정인데, 최근 소 비지에서 대형 유통업체가 성장하면서 불합리한 거래관행이 발생할 개연성이 점차 증가되기 때문이다. 공정거래법상 '대규모 소매업 고 시'가 지금껏 공산품 위주로 되어 있었지만, '농산물 거래 고시'도 확대할 계획이다.

향후 외식업의 경쟁력은 양질의 식재료를 얼마나 안정적으로 확보하느냐에 달려있다. 이렇듯 농산물 유통구조 개선은 외식업계에 큰 도움이 될 것이다. 기상이변과 구제역 등 외식업을 둘러싼 환경이 갈수록 수급이나 가격 폭등으로 연결되어 원가구조에 심각한 타격을 주고 있기 때문에 더욱 그렇다.

이번 유통구조 개선으로 농협 중심의 직거래시스템이 구축되면 유통비용을 절감시키고 시장기능에 따른 수급 조절이 가능할 것으로 예상된다.

■ 농산물 수급 안정 및 유통구조 개선 대책

① 산지 유통인 중심 채소 유통구조에서 농협 비중 대폭 확대
   - 산지 유통인 방식 도입, 다년 계약제, '영농작업단' 구성
② 산지 유통인을 제도권으로 유도. 가격 안정 기능 보완
   - 산지 유통인 매입자금 지원방식 등을 개선
③ 농협의 도·소매기능 강화를 통한 직거래 활성
   - 농협중앙회에 '전국 단위 도매물류센터' 설립, 운영
   - 재래시장, 소매상 대상 '예약 공동구매 시스템' 도입
④ 다양한 직거래 방식의 활성화
   - 사이버거래소를 활용한 B2B 거래 확대
   - 지역 농업인 중심의 로컬 푸드(Local-food) 개념 직거래 장터 확충
⑤ 농협 관측 정밀화 및 비축물량 확대
   - 기상 시나리오별 시세 예측 모형 개발, 활용
   - 관측을 고려한 여유 재배 면적 확보, 필요시 수급 조절 활용

⑥ 도매시장 제도 개선

　－ 경매제도 중심에서 정가 수의·매매 등으로 다양화

　－ 경매가격 상승폭을 완화하기 위한 가격조정제 도입

⑦ 공정거래 기반 구축

　－ 공정한 거래 질서를 위한 '농산물거래 고시', 신설 추진

예약 공공구매 시스템 개요

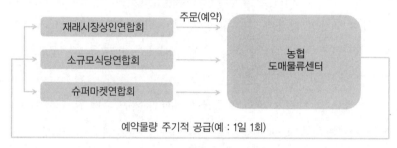

도매물류센터 개요

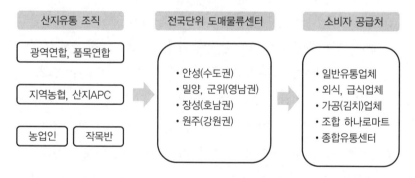

　게다가 2011년 3월 4일 신용(금융) 사업과 경제(농축산물 가공·유통·판매) 사업 분리를 골자로 한 농협법 개정안이 국회 상임위 전체회의를 통과하여 유통구조 개선이 더 탄력을 받을 수 있을 것으로 보인다. 이 법안이 오는 2011년 10일쯤 본회의를 통과하면 농협중앙회

산하에 사업부로 존재하던 신용사업이 내년 3월 농협금융지주회사로
재탄생한다.

농협금융지주회사는 2010년 말 기준 자산 229조 원으로 KB금융
(326조 1천억 원), 우리금융(326조 원), 신한금융(311조 원), 하나금융
(311조 원, 외환은행 포함)에 이은 순위에 있지만, 농촌 각 지역에 있
는 '단위 조합'과 시너지를 낼 경우 시중은행들보다 더 큰 영향력을
발휘할 수 있다. 지금껏 협동조합이라는 중앙회의 성격에 발목을 잡
혀 왔고 규모의 경제를 위해 NH생명, NH화재, NH투자증권, NH카
드 등의 자회사를 가고 있으나, 기업 인수, 합병에도 더욱 적극적일
것으로 예상된다.

반면에 농협 경제 지주는 농축산물 유통과 가공 판매 등 본연의 업
무를 강화하여 농업 지원업무(경제사업)를 더욱 강화할 수 있게 되었
다. 농협 경제 지주는 독립된 자본과 조직을 갖추고 농업인이 필요로
하는 실물 사업 투자와 지원을 하게 된다. 이를 위해 현재 비정상적
인 인력 구조인 신용 76%, 경제 14%, 교육 지원 10%를 대폭 개선하
여 경제 지주 쪽에 대폭 할당할 방침이다. 재원도 현재 경제 부문의
자본금이 2천7백억여 원에 불과하나 향후 중앙회 자본금 12조 원 가
운데 30%인 3조 6천억 원을 우선 배정받게 된다. 뿐만 아니라 추가
지원도 먼저 받을 수 있다. 이렇게 '종잣돈'을 확보하면 농축산물 유
통시설 확충과 산지 조직화 촉진 등에 더욱 탄력을 받을 것이다. 경
제지주는 회원조합 지도 · 지원 중심에서 농업인이 생산한 농축산물
을 직접 팔아주는 판매사업 중심으로 전환될 예정이다. 원예 · 양곡 ·
축산판매본부가 설치돼 판매 유통 등을 책임지게 된다. 회원조합 입
장에서는 농축산물 유통사업의 위험과 손실을 크게 줄일 수 있을 것
으로 기대된다.

농림수산식품부는 조합 출하액 가운데 중앙회 판매액이 31.1%(2009년 기준)에 불과했지만 경제지주가 출범하면 2013년에는 34.3%, 2020년에는 68.8% 수준으로 올라갈 것으로 전망하고 있다.

협동조합적인 소유와 경영의 분리도 가능해질 것으로 보인다. 현재는 중앙회의 사업 부문별 대표이사가 개별 자회사를 관리하고 있어 농업인 교육과 지도, 사업의 기능이 뒤섞여 있다. 그러나 지주회사 체제로 바뀌면 중앙회는 교육과 지도를 전담하고, 경제지주는 유통·가공·판매에 주력해 효율성이 높아질 것으로 예상된다. 향후 정부, 농업인단체 대표, 학계 전문가 등을 포함한 15명 이내의 '경제사업활성화위원회'도 만들어지고 경제 사업을 주력으로 하겠다는 방침을 명문화하여 명실상부한 농업인 대표기관으로 자리매김하게 될 것으로 전망된다.

이렇게 되면, 외식업체의 입장에서 보면 지역 외식업소연합회를 통하든, 아니면 농협과 전략적 제휴를 하고 있는 기업형 식자재 유통업체를 통하든 연간 예약 물량 계약도 가능해질 것이다.

현재 국내 대기업 식자재 진출 현황과
향후 진출이 예상되는 기업 현황

제4장
현재 국내 대기업 식자재 진출 현황과 향후 진출이 예상되는 기업 현황

식자재 시장에서는 제품 개발 능력, 대량 구매 및 산지 계약재배 등을 통해 매입 경쟁력을 갖고 수급 예측에 따른 재고 리스크를 최소화하며 전처리 및 저장 시설, 물류의 인프라를 갖춰 물류의 효율성 증대와 수출입을 주도할 수 있는 것이 주요 핵심 역량이다. 따라서 어느 정도의 내부 물량 소화 능력이 필요하기 때문에 자체 급식 및 외식사업과의 시너지 효과가 중요하다. 그래서 아워홈, 에버랜드, 신세계 등 위탁급식을 하고 있는 기업들도 식자재 시장 진출에 본격적인 준비를 하고 있다. CJ프레시웨이, 푸드머스도 식자재 시장 진출을 중점사업으로 계획하고 있다. 각각의 시장 진입 형태가 달라 향후 시장 판도에 있어 정확히 예상할 수는 없지만 시장 진입을 위한 유통업체를 먼저 확보한 대기업들이 다소 유리한 고지를 점령할 것으로 예측할 수 있다.

그룹사 내에서 시너지를 창출하는 경우는 많이 있다. CJ그룹의 경우가 그렇다. '제조'의 CJ제일제당, '식자재'의 CJ프레시웨이, '소매유통'의 CJ올리브영 · CJ오쇼핑, '외식사업'의 CJ푸드빌 등으로 연결되어 있기 때문이다.

신세계그룹은 '식자재'의 신세계푸드, '소매유통'의 이마트 · 신세계백화점 · 신세계몰, '급식 및 외식'의 조선호텔, 스타벅스 등으로 연결되어 있다.

동원그룹도 '제조업'의 동원F&B/삼조셀텍, '급식 및 식자재'의 동원홈푸드로 연결되어 있다.

삼성에버랜드도 자체급식과 식자재를 하면서 '외식'의 호텔신라와 연결되어 있다.

제조사의 물량 소화 능력을 레버리지(Leverage ; 지렛대)로 활용하면서 유통을 확대하는 것은 매력이 있을 수 있으나 얼마나 이 시장을 이해하고 어떤 방법으로 접근하느냐도 중요한 변수가 될 것이다. 다시 말해서 제조와 유통 마인드는 구분되어야 한다고 생각된다.

대상(주)은 '제조'의 대상(주), '식자재 유통'의 케터링사업본부라는 별도의 조직이 있지만, 다물에프에스(주)라는 계열회사를 두고 각지역의 영향력 있는 리딩 식자재 유통업체들의 지분을 100% 인수하는 M&A를 하고 이를 거점으로 신규 사업장을 오픈하고 있다. 각 사업장의 기존 점주와 회사 파견 인원이 역할분담을 하면서 시장에 조용하게 접근하여 2011년 2,500억 원 이상의 매출이 기대되는 등 큰 성과를 내고 있다. 그리고 2012년에는 1조 원 매출 목표까지 계획하고 있다.

최근에는 농심, SPC, 롯데 등의 대기업들도 식자재 시장이 뛰어들 준비를 하고 있는 것으로 알려지고 있다.

롯데그룹은 '제조'의 롯데제과 · 롯데햄, '유통'의 롯데쇼핑 등이 있다. 그룹 내 외식업체들에게 신선편이식품 및 유지 등의 일부 식자재를 공급하고 있는 롯데삼강이 식자재 유통사업을 담당할 것이라는 전망도 나오고 있다.

주요 기업의 식자재 사업을 살펴보도록 하자.

1. CJ프레시웨이

CJ프레시웨이는 지난 1995년 단체급식 업장을 대상으로 식자재 유통업을 시작하여 1999년부터 직거래사업팀을 신설, 2001년에 프랜차이즈, 2005년부터 개인형 외식업체까지 대상을 넓히면서 식자재 시장에 진출하였다. 미국의 시스코, 일본의 다까세와의 전략적 협의·자문을 받아가면서, 여러 가지 시행착오도 겪었지만 시장을 정형화시키고 산업화로 갈 수 있는 길목을 만드는 데 선구자적인 역할을 하였다.

최근 식자재 부문의 5년간 매출이 평균 18%로 신장하면서 2009년에는 6,020억 원 매출을 하였다. 전체 총매출 7,422억 원 중 이 회사가 81%를 차지하고 있다. 2010년에는 총매출액이 9,439억 원, 영업이익은 89억 원을 달성하였다. 식자재 부문만으로는 2011년 1조 5,500억 원, 2013년에는 2조 3,000억 원의 매출목표를 수립하고 있다.

현재 CJ프레시웨이는 가공식품, 농수축산물뿐만 아니라 주방 소모품 및 대형주방기기 등 식당 운영에 필요한 식자재 약 2만여 가지 품목을 취급하고 있다. 유통단계 축소를 위해 1차 상품의 경우 70% 이상을 산지계약을 통해 들어온다. 이에 따라 농산물의 경우 90% 이상이 국내산이며 삼겹살을 제외한 돈육과 계육은 국내산을, 우육은 수입산을 사용하고 있다. 지난 2004년 축산물이력시스템을 도입, 모든 식자재에 대한 원료육 정보를 제공하고 있다. 지난 2003년 최초로 ERP시스템을 구축하여 식자재 구입 고객을 위한 웹 수·발주시스템을 구축, 운영하고 있다. 기존의 타 업체와 차별화하여 다양한 맞춤 서비스를 제공한다. 개인형 외식업소의 경우 밤 시간대에 이뤄지는 식재 발주를 위해 본사 콜센터를 밤 11시까지 운영하고 있으며, 주문량 역시 g이나 kg, 포기, 병 등의 소량 낱개 단위까지 맞춰 공급하고 있다. 특히 신선도가 생명인 1차 농산물은 밤에 각 물류센터에 올라오면 새벽 5시부터 바로 배송을 시작, 오전 11시 이전에 각 외식업소에 도착할 수 있도록 하며, 업주의 요구에 따라 직접 업소의 냉장고에 넣어주는 풀 서비스를 진행하기도 한다. 지금 직거래를 하고 있는 RSM사업팀은 메뉴 컨설팅, 인력 알선, 공동 홍보 등의 차별화된 전략을 시도하고 있다.

2004년 식품안전센터를 설립하여 식자재의 안전성을 강화하고 있다. 모든 식자재는 물류센터 입고부터 업소 도착까지 단계별 안전성 검증과 품질적인 과정을 거치는 등 식재 안전 100%를 위해 만전을 기하고 있다. 2010년 2월에는 식약청으로부터 민간기관 최초로 노로바이러스 검사기관으로 지정되기도 하였다.

이천, 양산, 광주 등 3개 도시의 대형물류센터뿐만 아니라 일산, 안양 등 '유통 선진화 프로젝트'로 수도권 4곳을 비롯하여 전국 8곳에 기존 식자재 유통업체들과 지분을 나누면서 영업을 전개하고 있는 중이다. 특히 2011년 9월 일산, 광주에 이어 안양에는 수도권 매출 5위권 이내에 드는 기존의 영향력 있는 3개의 식자재 유통업체와 전략적 관계로 새롭게 론칭(launching)을 하게 된다. 8월에는 대전에도 오픈이 계획되어 있다.

또한 미국의 시스코처럼 단순히 식재료 공급을 떠나 전산, 위생, 조리, 신메뉴 개발, 컨설팅 서비스를 제공하고, 주방을 포함한 식당 설계, 시공, 주방조리기기 공급 서비스까지 하고 있다.

2009년 5월에는 농협중앙회와 '상생 협력 사업을 위한 양해각서'를 체결하고 농협으로부터 우수한 농산물을 공급받아 전국의 기존 식자재 유통 대리점, 체인 본부, 외식업소 등에 공급하기로 하였다.

향후 CJ프레시웨이는 '아시아 식자재 유통&서비스 리더'라는 비전을 갖고 대량구매, 지자체와의 제휴, 산지 직거래, 생산처 다변화, 전략 구매, PB 상품(Private Brand) 개발 등 다양한 전략으로 경쟁력 있는 상품을 확보해 나간다는 방침이다. 2011년에는 업계 최초로 중국에 식품안전센터를 설치해 우수한 농산물을 선별, 수입하는 것을 목표로 삼고 있다.

자체 PB인 식자재의 '이츠웰'로 약 200여 개의 제품들이 개발되어 출시, 유통 중이다. 고추장을 비롯하여 장류, 소스, 식용유, 냉동만두, 튀김류뿐만 아니라 랩, 주방세제, 고무장갑, 종이컵 등 생활용품도 다양하다.

또한 차별화된 메뉴를 제공하고 있는데 외식형 테마메뉴인 '일품 메뉴'와 '직화 메뉴'를 강화하고 있다.

2. 푸드머스

2000년에 식자재 도매업을 시작한 푸드머스는 급식사업과 일반 케터링업체에 식재료를 공급하는 것으로 식자재 유통사업을 시작하였다. '바른선', '본앤선' 등의 자체 브랜드로 활발히 식자재 유통사업을 전개하고 있는 이 업체는 주로 농산물, 수산물, 축산물, 공산품 등

종합식재료로 구성하고, 그룹 내 제조업체인 풀무원, 단체급식의 이 씨엠디(ECMD)가 지렛대 역할을 하고 있다.

최근 5년간의 매출을 보면 2009년 4,063억 원으로 연평균 약 26% 의 성장률을 보이고 있다.

2011년 3월에는 개인사업자들을 위해 온라인 메뉴북 사이트 (merce.com/menubook)를 오픈하였다. 이는 프랜차이즈 가맹점주들 이 아닌 독립 호프 주점 운영자 및 주점업종 예비창업자들을 대상으로 하는 것으로, 메뉴 개발 서비스를 하면서 식자재 시장을 공략하기 위한 사전 준비 작업이다.

또한 4월에는 푸드머스 양지C&D센터(집배 센터)를 설립하여 영농 조합 직거래를 통한 농가관리기법을 습득한 후, 향후에는 농가와의 직거래를 추진할 방침이다. 양지물류센터를 비롯해 영남 왜곡센터, 호남 장성센터, 중부 청원센터 등을 운영 중이다.

2007년부터 기존 식자재 유통업체들과 공동구매, 식자재 도매상 구매대행 등 유통채널 다각화를 하였으나, 지금은 경쟁력 있는 상품 개발 위주로 방향전환을 고려중에 있다. 그러나 식자재 유통업체의 선두주자가 되기 위해서 항상 노력하고 있는 회사다.

3. 아워홈

아워홈은 1984년 LG유통에서 출발하여 푸드서비스(Food Service) 사업부를 인수하여 LG그룹사 대상으로 식자재를 공급함으로써 출발 하였다. 1990년 초반부터는 외부 영업을 강화하고, 2000년 LG그룹 으로부터 계열분리 후 LG, GS그룹의 급식과 식자재를 전담함으로써 매년 15%씩 성장하여 업계 최초로 '1조 원 그룹'에 진입하였다. 800개 사업장에 전 국민의 2%인 100만 명에게 급식을 하고 있다. 2005년 식품분석검사실이 KOLAS 국제공인시험기관으로 인정을 받았다.

지난 2009년 매출 1조 2,000억 원을 달성하였고 식자재 부문에서만 약 3,600억 원의 매출을 달성하였는데 전체 매출액의 약 30%의 구성비를 차지하고 있다. 학교급식이 직영으로 가는 추세라 미래 성장력을 식자재 사업으로 결정하고 주요 성장사업으로 지속 육성해나갈 방침이다. 그래서 식자재 가공, 유통, 외식, 컨세션(Concession) 등으로 사업 영역을 확대하고 있다. 특히 최근에는 푸드 코트를 포함한 공항, 놀이공원, 리조트 등 다중이용시설 안에서 식음료 서비스를 제공하는 컨세션 사업 개발과 유치에 힘쓰고 있다.

현재 아워홈은 외부소싱 상품을 포함해 총 7,000개의 아이템을 제조하고 있으며, B2B 전문 식자재 브랜드 '행복한 만남'과 프리미엄급 학교급식 식자재 전문 브랜드 '행복한 만남 프리미엄'을 선보이고 있다. 일반 가정용 고객을 위한 즉석 조리식품과 냉동제품인 '수'도 출시하여 유통 중이다. 또한 지역별 식자재 전문 물류 및 식품공장 기능을 가진 9개의 첨단센터를 보유하고 있다. 산업체, 병원, 학교 등의 단체급식업체뿐 아니라 프랜차이즈 업체, 특급호텔, 웨딩, 리조트 등에까지 업장별 특화된 전문 식재를 공급하고 있는 이 업체는 이렇듯 제조 및 외식으로 밸류체인(Vaiue Chain)을 확대하고 있다. 앞으로도 고객맞춤 식자재 공급을 더욱 확대하고 해외 식자재 직소싱도 늘려 나갈 방침이다.

아워홈은 패밀리레스토랑, 패스트푸드, 프랜차이즈의 '3F'와 대형의 개인형 외식업소 등을 구분하여 영업을 전개하고 있다. 아울러 중소규모의 개인형 외식업소까지 공략하기 위하여 시스템을 개발하고 있다.

　아워홈은 각 식재별 전문가인 MD와 전세계의 식재를 조사하고 수입하는 수입팀을 중심으로 국내뿐만 아니라 해외 소싱을 통해 농산물과 축산물, 수산물 등을 공급하고 있으며, 훈제연어와 면류 등 자체 PB 상품도 개발하고 있다. 특히 직접 수입하는 축산물과 수산물에 대해 경쟁력을 갖고 있으며, 농산물은 비축 구매를 통해 안정적인 공급 및 가격 선을 유지하고 있다. 그리고 중국 가공센터를 통해 100여 가지의 가공 및 냉동야채, 전류 등의 냉동제품을 생산, 공급함으로써 가격경쟁력을 갖추고 있다.

　아워홈의 최고 경쟁력은 물류시스템이다. 용인, 구미, 안산 등 전국에 있는 5개의 물류 · 가공센터 등을 통해 공산품을 포함한 2만여 가지의 품목을 공급하며, 해당지역에 없는 식재는 타 지역 물류센터와의 연계배송을 통해 제공하고 있다. 물류센터는 콜드 체인 시스템을 구축해 식재의 오염을 방지하고 냉동식재는 콜드 박스로 배송한다. 또한 농수축산가공센터를 통해 원하는 규격에 맞게 식재를 가공해 공급한다. 특히 SCM(Supply Chain Management ; 추적 장치)을 통해 식재의 입고부터 출고, 점포 도착에 이르는 전 과정을 추적할 수 있는 과학적인 물류시스템을 구축하고 있다. 발주 시스템도 주 · 야간 구분하여 발주, 배송하며, 24시간 콜센터도 운영하고 있다.

4. 삼성에버랜드

　1994년 삼성그룹 연수원을 중심으로 푸드서비스 사업을 개시하여 FS(Food Service)사업부를 개설한 삼성에버랜드는 1998년 유통사업부로 통합했으며, 2007년 4월 '푸드컬쳐(FoodCulture)사업부'로 명칭을 변경했다. 또한 7월에는 사업부의 대표브랜드인 '웰스토리(Welstdry)'를 론칭하면서 '건강 에너지를 창출하는 초일류 Food Culture 선도 기업'이라는 비전을 선포한 바 있다.

2010년 매출은 7,477억 원(식음료 부문), 그중 식자재 부문이 약 2,075억 원으로 전체 매출의 약 28%를 차지하고 있다. 아워홈에 이어 업계 2위지만 브랜드와 자본력을 바탕으로 신규 사업장을 확대하고 있다. 올해 1위 자리를 빼앗기 위해서 백화점, 컨벤션, 병원 식음료 편의시설의 컨세션 사업 등에 집중하고 있다. 현재 식자재 공급 거래처는 2,560개다.

현재 전처리 식자재 브랜드 '미쟝쁠라스', 고품질 식자재 브랜드 '후레시스', 한복선의 '웰스토리' 등을 운영하며 약 80여 종의 PB 상품을 선보이고 있다.

향후 삼성에버랜드는 외식 프랜차이즈용 품목을 확대하고 제품력과 브랜드력을 갖춘 독점 공급 상품을 발굴하는 등 차별화된 상품의 개발과 판매에 주력, 식재료 유통 분야의 성장기반을 구축해나갈 계획이다. 이를 위해 기존의 급식사업은 프리미엄 급식으로 확대하고, 호텔신라의 역량을 활용한 고급 컨세션 사업도 확대할 예정이다.

5. 신세계푸드

신세계푸드는 높은 성장이 예상되는 국내 식품 유통시장의 공략을 위해 식품유통과 식품 제조가공 부문을 신성장동력으로 정하고 원재료의 국내 매입 및 해외 소싱, 식품 생산가공, 보관물류, 영업판매에 이르는 사업의 핵심기능을 수직 계열화하는 등 많은 투자를 통해 자체 비즈니스 인프라를 구축했다.

지금까지 단체급식, 이마트, 백화점, 호텔 중심에서 외식사업장, 외식 프랜차이즈, 복합쇼핑몰, 골프장, 리조트 등의 사업을 확대하여 1,000여 개 고객사를 확보하고 있으며, 하루 7천식을 하고 있다.

지난 2009년 식품유통·식품제조가공사업 부문의 매출은 1,304억원으로 전체 매출의 약 35%를 차지하고 있다. 그리고 2010년에는 총매출은 22.4%로 신장하여 6,187억 원, 영업이익은 401억 원을 달성하였다. 2013년에는 비중을 60%까지 확대해 매출액 1조 원 규모의 종합식품 유통기업으로의 성장목표를 수립하고 있다.

현재 신세계푸드는 육가공상품과 조각과일상품을 생산하는 이천1공장, 농수산 전처리 및 면, 떡류를 생산하는 이천2공장, 샌드위치, 삼각김밥, 도시락, 소스류를 생산하는 오산공장 등 3개의 식품 제조가공공장을 보유하고 있다.

이천에 있는 물류가공센터를 통해 급식장뿐만 아니라 호텔 및 일반 레스토랑 등에 식자재를 공급하고 있는 이 업체의 취급 품목은 농산물과 청과, 채소, 수산, 축산, 양곡, 규격가공, 잡화 등이다. 이 가운데 농산물이 35%로 가장 많고, 축산물이 15%, 나머지가 50%를 차지한다. 차별화된 구매 경쟁력이 주 무기인 신세계푸드는 '가격경쟁력 확보 및 품질 수준 향상을 위한 최적가 입찰구매'를 모토로 하고 있다. 이를 위해 각 상품별 바이어가 품질 확인을 통해 구매를 결정, 일단위로 시세에 매입하여 품질 저하를 막기 위해 최저가 입찰제인 비딩(Bidding)을 하지 않는다. 축산물은 브랜드 규격품을 중심으로 자체 식품안전센터의 샘플링 분석을 통해 안전성이 판명되었을 경우에 한해 자체 육가공센터에서 가공 및 전처리를 한 후, 콜드체인 시스템을 통한 적온 배송을 한다. 그리고 급속 해동기를 통해 드립현상, 영양분손실, 산화, 수분증발 등을 최소화해 원료육의 품질을 유지하고 있다. 이마트 등에 공급하던 양념육을 외식업소에 공급하고 있고, 과채류는 산지구매와 계약재배를 통해 들어오며, 입고되는 모든 농산물에 대해 잔류농약검사를 실시하고 있다.

이렇게 식품유통사업을 본격적으로 전개하고 있는 신세계푸드는 국내 매입과 해외 소싱 그리고 직접 제조가공한 식품 등을 상품의 차별성과 가격 및 품질 경쟁력을 갖춰 이마트와 조선호텔 등 신세계의 유통채널은 물론 일반 식품 유통시장에도 공급을 확대하고 있다.

이와 함께 신세계푸드는 앞으로 국내 독점 공급권을 갖고 있는 세계적 과일 브랜드인 치키타 바나나와 파인애플, 미국 파라마운트사의 오렌지, 뉴질랜드 제스프리 키위, 칠레산 포도 등의 농산물과 호주와 미국으로부터 수입한 축산물, 오션스프레이 음료, 카놀라유 등 브랜드 인지도가 높은 가공식품 등 해외의 다양한 우수상품을 직접 발굴하고 중간유통과정 없이 직수입하여 국내 식품 유통시장 공급을 확대해 나갈 방침이며, 노르웨이산 연어 등의 수산물로도 수입을 확대, 성장시킬 계획이다. 또한 식자재PB인 '웰채' 105종과 '행복한 입' 등을 원료구매와 제조, 가공, 생산까지의 과정을 철저한 품질 관리를 통해 위생 안정성을 확보하면서 생산, 사업장에 출시하고 있다.

신세계푸드는 최근에 소 사육업, 종자·종묘 생산 및 배양업, 첨단유리시설 온실재배 및 수경재배업 등의 사업에도 진출한다고 발표했다. 식품 안전에 소비자들이 특히 민감한 만큼 안전한 먹을거리를 직접 생산하겠다는 것이다. 소 사육업의 경우 백화점의 지정목장처럼 아예 한우를 키우고 또 최첨단 시설을 이용해 유기농채소를 만들어 내는 '온실 공장'을 개발해 청정채소를 만들어 낸다는 계획이다.

중장기적으로는 회사의 성장과 새로운 사업영역의 확대를 위해 공장의 증설과 함께 브랜드 인지도와 경쟁력을 갖춘 중소형 식품업체에 대한 인수합병 또는 OEM 생산 등의 제휴에 대해서도 긍정적으로 검토하고 있다.

6. 동원홈푸드

동원홈푸드는 2009년 11월 경기도 시흥시 시화산업단지 내에 식자재 전문 물류센터를 완공하며 식자재 사업을 더 강화하기 시작했다.

이 물류센터는 총 1만 5천평 부지에 연면적 6천평으로 단일규모로는 국내 최대이며, 농수축산물과 가공식품 등의 소분과 비축 기능을 복합적으로 수행할 수 있는 최첨단 자동시스템과 위생 안전 관리 시스템을 구축했다. 80여 대의 차량이 동시접안이 가능하고, 1일 약 1천여 대의 차량이 운영된다. 또한 고객의 요구에 적시에 대응할 수 있도록 전담 A/S사원을 두고 있으며, 24시간 운영되는 콜센터를 통해 풀가동 배송시스템을 구현하고 있다. 이밖에 기업형 식자재 유통업체가 한계를 느끼는 외식업소로부터의 급한 발주에 대응하기 위하여 A/S서비스도 하고 있다.

지역별 담당자가 발주 후 배송되지 않은 품목, 품질 불량으로 교환을 요구하는 품목 등을 바로 처리해 주고 있어 고객만족도를 높이고 있다. 급식으로 출발한 아워홈, 삼성에버랜드, 신세계와는 달리 기존의 식자재 유통업체를 인수함으로써 식자재 유통사업에 진출하여 대부분의 거래처가 오히려 개인형 외식업체다. 향후 수산물의 막강한 경쟁력을 바탕으로 뷔페, 웨딩홀, 스시 전문 레스토랑 등으로의 영업망을 확대할 계획이다.

현재 동원홈푸드는 약 1만여 종의 농·수·축·공산품을 취급하고 있으며, 식자재 전문 PB 브랜드 '조이블'과 수산물 유통 전문 브랜드 '바다사랑', '동원이의 바다생각', '소담해' 등을 운영하고 있으며, 동원산업에서 어획한 수산물을 성남, 부산, 시화유통센터를 중심으로 공급하고 있다.

회사 관계자는 "식품 전문회사로 구성된 동원그룹의 경쟁력을 강점으로 '식품을 가장 잘 아는 회사'라는 자부심 아래 양질의 상품을 안전하고 저렴하게 공급하기 위해 노력하고 있다"며 "앞으로는 그룹사 간 연계를 더욱 강화해나갈 방침"이라고 밝히고 있다.

2009년 식자재 사업에서 약 815억 원의 매출을 올렸는데, 2010년에는 동원그룹의 원료구매를 통합, 담당해 2010년 식자재 매출을 2,866억 원까지 끌어 올린다는 계획이다. 아울러 향후 2012년에는 식자재 부문 매출 8,422억 원을 포함해 총 1조 원의 매출을 달성할 계획과 함께 식자재 사업에 맞는 특화된 전산 시스템 개발도 추진할 방침이다.

7. 한화호텔앤드리조트

한화호텔앤드리조트는 한화푸디스트를 통해 식자재 사업을 진행하고 있다. 1997년 한화유통의 식자재사업부에서 출발, 2002년 계열사인 한화프라자호텔, 63시티 등에 식재를 공급했고, 2003년 복지관, 병원, 관공서 등으로 공급처를 확대했다. 2006년 식자재 영업 활성화를 위한 티에프티(TFT)를 통해 미국의 시스코 및 동종 업계의 사례를 토대로 독자적인 식자재 영업 전략을 수립했고, 2007년 우수 인력 영입, 전산시스템 구축 등을 거쳐 2008년 본격적인 사업 확대에 나섰다. 특히 2010년 호텔 부문의 통합으로 고급 식자재 라인업을 완벽하게 갖추게 됐다고 평가하고 있다.

푸디스트의 식자재 사업은 크게 3가지 유통경로로 구분되는데 급식식자재, 외식식자재, 도매사업 등이다. 2009년에는 급식식자재 518억원, 도매사업 69억 원 등 총 587억 원의 매출을 달성한 바 있으며, 2010년엔 급식식자재 700억 원, 외식식자재 100억 원, 도매사업 300억 등 총 1,100억 원의 매출을 목표로 잡았었다. 이는 전년도보다 187% 정도 성장한 것으로, 목표 달성에 성공하면 한화호텔앤드리조트 전체 매출(약 7천억 원)의 16%를 차지하게 되는 셈이다. 또한 단체급식, 식재유통, 외식사업 등의 FS 부문(3,100억 원 예상)만 본다면 약 35%를 차지하는 것이다.

앞으로 외식 식자재 부문으로 사업을 더욱 확대해 나갈 방침인 이 업체는 농수축산물 수출 비즈니스 모델 구축을 통해 국내 1차 상품 전문 무역회사로 성장해나갈 계획이다. 또한 도매유통 계열화 사업, 국내 1차 상품의 유통단계 축소, 글로벌 소싱의 확대 등의 작업을 진행할 예정이다.

한화호텔앤드리조트의 서울역과 청량리역에 있는 콩코드매장을 농협 하나로마트 이상의 개념인 '식자재 전문 백화점'으로 만든다면, 지리적 위치나 규모면에서 그와 버금가는 경쟁력 있는 입지조건은 거의 없기 때문에 국내 식자재 유통업의 새로운 장을 열수 있을 것이라고 필자는 전망해 본다. 더불어 롯데마트와도 크게 문제가 되지 않을 것으로 예상되는데, 이유는 가정용제품과 업소용제품은 고객들도 다르고, 규격, 스펙도 다르기 때문에 양자가 잘만 협의된다면 서로가 윈윈할 수 있는 소지도 있기 때문이다. 이 업체는 그야말로 '토털 솔루션 프로바이더(Total Solution Provider)'와 외식업과 관련한 다양한 사업들을 전개할 수 있는, 준비된 업체라 할 수 있다.

8. 삼양사

삼양사는 지난 2008년 외식식자재 유통시장에 진출했다. 그동안 설탕과 유지 등의 일부 제품을 외식업체에 공급해왔지만, 삼양사 고유의 외식식자재 상품은 없었다. 이에 삼양사는 외식시장과 외식식자재 유통사업의 성장세에 발맞춰 외식자재팀을 신설하고, '서양식 가공 외식자재' 시장을 공략하기 시작했다.

이를 위해 지난 2년간 이 업체는 이탈리아, 스페인, 터키, 남미 등에서 우수한 상품을 발굴하여 국내에 들여왔다. 대표적인 브랜드로는 이탈리아의 토마토 전문 브랜드 '무띠(MUTTI)', 파스타 브랜드 '안토니오 아마토(Antonio Amato)' 등이 있다. 치즈도 아르헨티나와 호주 등으로부터 공급받아 국내 시장에 선보였다. 지난 2008년에는 자체적으로 피클 전문 브랜드인 '구터스(Goodters)'를 론칭하기도 했다.

현재 삼양사는 외식업체별로 1년에 6차례에 걸쳐 세미나를 열고 신메뉴를 공동개발하고 있으며, 1년에 한 차례 그랜드 세미나를 열어 외식업계 관계자들을 대상으로 토마토 소스와 파스타 등을 활용한 요리를 선보이고 있다. 앞으로도 전략적 제휴업체를 계속 발굴하여 해외 소싱 상품을 더욱 강화할 계획이다.

9. 롯데햄

1978년 창업과 더불어 가정용 식자재 사업을 시작한 롯데햄은 지난 86년 아시안게임을 계기로 산업용 식자재 시장에 본격적으로 뛰어들었다.

현재 롯데햄은 농수축산물을 이용한 햄, 소시지, 냉동조리 식재료 등을 제조·공급하고 있다. 이중 산업용 식자재의 비중은 약 25% 정도이며, 매출은 약 2,700억 원 정도이다. 향후 5년 내 산업용 식자재에서 약 7,100억 원의 매출을 올리는 것을 목표로 하고 있다.

이러한 가운데 이 업체는 지난 2008년 처음으로 '롯데햄 신제품판촉전·전시회'를 개최해 일반 소비자용 제품과 업소용 제품 등을 선보인 바 있으며, 지난해에 개최한 제2회 롯데햄 신제품·판촉전시회에서는 B2B 브랜드 '쉘위쿡(Shall We Cook)'을 선보였다.

별도의 B2B 브랜드 론칭을 통해 롯데햄 측은 현재 좀 더 투명한 식자재 시장을 만드는 것을 목표로 하고 있다.

회사 관계자는 "현재 B2B 시장은 특별한 자료 없이 거래가 이뤄지기도 하고 품질이 낮은 제품이 유통되는 경우가 있다"고 말했다.

제품은 업소의 성격에 따라 필요로 하는 제품이 다르다는 점에서 착안, 맞춤 주문을 가능하도록 한 것이 특징이다. 향후 100여 종까지 제품 수를 늘릴 계획이며 쉘위쿡을 이용한 다양한 메뉴를 개발해 업체들에게 제안하는 방법도 모색 중이다.

10. 대상(주) · 다물에프에스(주)

1998년에 케터링사업본부를 만든 대상(주)는 기존의 지역 대리점 체제를 초월한 유통 경로를 통해 급식, 식자재, 실수요 등의 차별화한 업소용 전문 대리점을 오픈하였다. 처음에는 많은 불협화음도 있었으나 원료의 차별화, 규격의 차별화, 시장 수요에 맞는 상품 개발 등으로 극복하면서, 지난 2009년에는 식자재 유통의 케터링사업본부에서 2,000억 원의 매출을 달성하였다.

식자재 시장의 직접 진출을 틈틈이 엿보던 대상(주)는 CJ프레시웨이보다 다소 늦은 감은 있지만 2009년 12월부터 준비하여 2010년부터 다물에프에스(주)를 만들어 기존의 지역별 영향력 있는 식자재 유통업를 인수하면서 론칭하게 되었다. 2011년 4월 기준으로 기존의 식자재 유통업체 인수와 신규 사업장을 오픈하여 2011년에는 2,500억 원 이상의 매출이 예상되고, 2012년에는 1조 원 매출 목표에 도전하고 있다.

다물에프에스(주)는 CJ프레시웨이와 달리 100% 지분을 인수하면서도, 기존 점주들을 그대로 경영에 동참시키면서 시장을 만들어 가고 있다. 게다가 유난히 자사 제품 판매에 충성도(Loyalty)가 높은 사내 분위기를 불식시키고, 시장과 고객의 수요에 맞게 경쟁사 제품을 과감하고 적극적으로 판매하는 정책도 시도하고 있다. 이는 대기업이 기존의 외식업체와의 거래가 쉽지 않은 현실을 인정하고 과감하게 기존의 식자재 유통업체를 인수 · 합병하면서 일선 유통 조직부터 장악한다는 정책이다. 사실 경쟁력 있는 제품 개발과 글로벌 소싱, 1차 식품의 산지 구매를 통한 유통단계 축소도 이를 소화시킬 유통조직이 없다면 매출 확대는 쉽지 않다. 그런 의미에서 보면 이 같은 정책은 실속 있는 전략이라고 볼 수 있다.

대상(주)는 식자재 전문 PB인 '쉐프원'으로 자체 생산과 개발, OEM하여 2011년 3,000억 원의 매출을 목표로 하고 있다.

11. 현대그린푸드

현대그린푸드는 2009년 4월 의류, 관광사업의 일부 사업부를 분할한 이후 2010년 7월 식자재 유통업체인 '현대F&G', 단체급식업체인 '현대푸드시스템'이 합병하여 거대 식자재 유통기업으로 재탄생하였다.

현대그린푸드는 단체급식과 식자재 유통기업으로 '범 현대가'라는 든든한 매출처와 백화점 그룹의 유통망을 활용해 단체급식 부문에서 3위를 차지하고 있다.

현대차, 현대건설, 현대백화점 등을 기반으로 안정적인 수요를 확보하고 있는 이 업체는 2011년에는 상대적으로 급식 부문보다 더 취약한 식자재 사업을 확대할 계획이다.

식자재 유통 부문은 단체급식에 필요한 안정적인 식재료를 제공하기 위한 사업부로, 전년 대비 15%의 매출 증가세를 보이며 사업부 내 가장 높은 성장성을 나타내고 있다. 최근에는 현대그룹이 아닌 일반 회사로의 매출 비중이 30%까지 높아지면서 성장성이 더욱 기대되고 있다.

현대백화점 그룹의 실질적인 사업지주회사 역할을 담당하고 있는 현대그린푸드는 '현대푸드시스템'과 합병 이후 '현대F&G'까지 차례로 합병절차가 완료되면, 2012년 단숨에 아워홈에 이어 매출액 1조 원 기업으로 올라설 것으로 보인다.

올해 예상 매출액은 6,379억 원으로 전년 대비 61.5% 증가, 영업이익률이 6.1%, 영업이익 388억 원이다. 전년도의 3.3%에 비해 큰 폭의 개선이 가능할 것으로 전망된다. 2020년에는 매출 2조 6천억 원을 경영목표로 수립하고 있다.

2012년 합병이 완료되면 외식사업, 기업간 거래(B2B), 기업 대 개인거래(B2C) 시장 모두 진출하는 업체로 발돋움한다.

현금 2,144억 원, 보유주식 8,547억 원, 보유 토지 1,026억 원 등의 무기를 바탕으로 기존 사업과 연관되는 회사들과 M&A에도 적극적으로 나설 것으로 예상된다.

현대그린푸드는 2010년 말 엘이디(LED ; Light Emitting Diode) 업체를 인수하고 일본과 미국처럼 '친환경 식물공장'을 만드는 등 식자재 생산까지 사업을 확장하고 있다.

그리고 최근 제주도와 업무 제휴를 통해 생산농가와의 상생 및 현지사업 확대에 나선 이 업체는 유통사업과 서비스산업 전반에 걸친 포괄적 업무 제휴의 양해각서(MOU)를 체결했다. 이와 함께 현대그린푸드는 제주도의 우수 생산농가와 계약재배를 확대하고, 농수축산물 판매 활성화와 외식·관광산업 확대에도 적극 협력하게 되며, 제주도에 지사를 설립하여 현지 상품의 소싱 거점과 단체급식 및 식자재 유통의 영업거점으로 운영한다.

미래의 기업형 식자재 유통업체는 현대그린푸드의 사례와 같이 지방자치단체와의 협력관계가 더욱 중요할 것으로 보인다.

12. 농협 하나로마트

농협 고양 농수산물유통센터는 2001년 7월 일산에 처음으로 식자재 전문 매장을 오픈했다. 사업자등록을 보유한 자영업자들을 대상으로 한 전문매장이다. 오픈 당시에는 하루 고객 수 1,000명, 매출액도 하루 불과 2,200만 원에 불과하였으나, 10년이 지난 지금 고객 수는 3배로 늘고, 매출액도 10배 이상인 2억 5천만 원~3억 원의 매출을 올리고 있다.

현재 하나로클럽에서는 일산을 시작으로 서울 양재와 창동 등 전국 16곳에서 식자재 매장을 운영하며, 계속 전국적으로 확대하고 있는 중이다. 오픈된 매장은 거의 성공리에 정착하고 있다. 뿐만 아니라 2,100여 개의 하나로매장에도 일부 리뉴얼을 하여 식자재 코너를 설치하고 있고, 새로 오픈하는 신규 점포도 거의 식자재 코너를 설치하고 있다.

농협의 강점은 농산물에 있다. 신선하고 안전한 농수축산물의 품질 관리와 가격 그리고 외식업소 용도에 맞게 규격 차등화 등으로 고객에게 가까이 다가서고 있고, 공산품은 대량 구매를 무기로 행사도 자주 하고 있다.

매입금액별 일종의 '트랙 프로모션(사은행사)'도 하면서 고객 유지를 하고 있는 이 업체는 리테일 매장의 장류와 차, 면류 등 식품류 100여 개 품목의 PB인 '엄가선', 화장지와 세제, 주방용품 등 생활용품류 350여 개 품목의 PB인 '참리빙', 업소용 '하나드리', '하나르메', '하나로' 등의 PB 제품도 품목 수를 늘리면서 계속 개발하고 있다.

13. 이마트 트레이더스

이마트가 경기도 용인 보정동의 구성점을 창고형 매장과 전문점이 결합된 새로운 매장으로 오픈하였다. '트레이더스(Traders ware-house ; 상인들의 창고)'라 명한 이 업체는 대용량 매장으로 리뉴얼하였다. 4세대 할인점인 트레이더스는 지금껏 전형적인 할인점이 1세대라고 하면, 여기에 독립 전문점을 같이 운영하면서 '수평적 복합형 할인점' 형태로 구성하는 매장을 일컫는다. 트레이더스 구성점은 1층의 할인매장 이외에 2층에 480평의 가전 전문점 '매트릭스'와 150평의 애완견 숍 '몰티샵' 등으로 구성되어 있다. 이들은 독립적으로 운영되고 있다.

이곳은 지난 2006년 이마트가 인수한 월마트 점포 중 하나로, 1년여의 준비기간을 통해 기존 점포와 차별화했다. 농협이 운영하는 식자재 매장과 회원제 할인점인 코스트코의 중간적인 형태라고 할 수 있다.

목표로 하는 고객층은 외식업소, 사무실 등을 운영하는 자영업자들이지만 비회원제로 운영해 일반 고객도 이용할 수 있도록 한다는 방침이다. 고객상담 코너에는 배송 서비스, 유니폼 서비스, 부가가치세 등 세무 · 세법 서비스, 위생 · 식품 안정성 교육 등도 컨설팅해주고 있다.

'It's what's inside that matters.' '거품을 없앤 가격이 이 안에 있습니다'라는 캐치프레이즈로 마케팅 전략을 전개하고 있다. 그래서 트레이더스 매장은 편의성을 포기하는 대신 가격을 일반 대형마트보다 5~30%로 낮추고 품목 수도 4,500개로 줄여 대용량 제품을 박스 단위로 판매한다. 이마트는 매장별 평균 6만~8만 개 상품을 취급하고 농협 식자재 하나로마트가 7,000개 상품을 판매하는 것과 비교하면 상품 구색을 많이 단순화시킨 것이다. 이렇게 판매 단위를 확대하는 대신 단품 단위당 가격을 낮추고 공급 상품 수를 줄일 수 있다.

또한 이 업체가 타매장과 차별화되는 것은 식자재 시장에서 유통되는 규격을 과감히 벗어나 합리적인 규격과 포장 등으로 PB 상품을 구성하였다는 점이다. 그리고 독일의 '알디' 처럼 자체 PB 브랜드인 '트레이더스'를 많이 개발하였다. 직접 수입 또는 전문 수입업자를 통하는 등 해외 소싱을 통해 식품과 농산물, 축산물, 잡화 등을 많이 갖추어 놓았고, 국내 제조업체들로부터는 비교적 외식업소 평균 이상의 구매 단위로 박스와 용기, 규격 등을 차별화하였다. 특히 여러 스펙과 다양한 규격의 업소용 비식품 · 잡화 등을 일정한 기준을 갖고 통일시켜 놓은 것이 인상적이다. 이는 고객들에게 트레이더스 자사의 스펙으로 유도하고 있는 셈이다. 야채 등 농산물의 구색은 단조로운 것 같지만 거의 반(半)처리되어 깨끗하게 유지되고 있었고, 이마트 특유의 '신선함(Fresh)' 과 '가격(Price)' 이 돋보인다.

매장의 진열된 모든 제품은 제조업체가 납품한 그대로 매장에 진열하는 'RRP(판매 준비완료 매장)' 방식으로 운영돼 관리에 필요한 인력의 30% 정도를 줄일 수 있었으며, 자영업자들이 아침 일찍 식자재를 구입할 수 있도록 기존 점포보다 한 시간 빠른 오전 9시에 문을 열고 있다.

전체적으로는 코스트코와 비슷한 분위기 같지만 '주차장의 차별화(주차공간에 차가 있는지, 없는지 초록색, 빨간색으로 차량을 인식해 주는 서비스)' 와 자체 '트레이더스 PB 강화(향후 국내 내수 판매의 자신감을 갖고 코스트코와는 구매 경쟁력을 가질 수 있다는 자신감)', '소사업자 · 자영업자들을 위한 토털 솔루션(Total Solution) 제공의 기본 단계 시작(유니폼 제작, 세금 · 재무 서비스, 위생 · 식품 안정성 교육 등)' 등으로 한 단계 진보된 형태를 취하고 있다.

트레이더스의 확대 여부는 구성점의 성과에 달려 있지만, 이 업체는 2011년 5월 대전점을 비롯해 2012년에 5개점 등 추후 30개점까지 확대하겠다는 계획을 세워 놓은 것으로 알려졌다. 이마트 트레이더스의 2011년 매출액 목표는 3,460억 원, 영업이익은 83억 원, 영업이익률은 2.4%로 계획되어 있다.

트레이더스는 향후 기존 이마트의 막강한 구매력을 앞세워 가격을 낮추거나 기획력을 앞세워 상품의 구성을 다양화할 경우 큰 파괴력이 있을 것으로 전망된다.

이마트와 롯데마트의 향후 경쟁력을 비교해 보면,

구분		이마트	롯데마트
매출액(2010년 기준)		11조 원	8조 7,000억 원
국내 점포		130개	90개
해외 점포	중국	26개	83개
	베트남		2개
	인도네시아		22개
	기타	– 베트남 진출 확정 태국, 인도네시아 진출 검토	– VRICS(베트남, 러시아, 인도네시아, 중국) 기존 진출국은 점포 개설 확대 및 M&A하고, 러시아 진출도 검토
주요 정책		– 신가격 정책 – 도매시장 진출 – 중국시장 확대	– 상품 혁명 – 카테고리 킬러 강화 – 국외 M&A 계속 강화
식자재 유통 정책		– 용인 트레이더스 시험 매장을 거쳐 확대 전략	– 인천 항동점, 부산 동래점, 경남 웅상점 등 'Big Buy 클럽'으로 'Shop in Shop' 개념으로 시범 운영

참고사항 :
① 사실 국내 식자재 시장은 식품·비식품 제조회사의 기존 대리점 영역이라서 하나로마트를 제외하고는 서로가 눈치를 보면서 자제해 왔다. 그러나 이번 트레이더스 매장의 오픈으로 급격한 변화가 예상된다. 제조업체 입장에서도 식자재 시장의 잠재력, 대형할인매장의 파괴력 등을 생각하여 오히려 기존의 상품 스펙과 규격을 달리하여 적극적으로 달려들 것으로 예상된다.

② 롯데마트는 베트남 1호점이 2010년 국내 규모보다는 못하지만 매출 800억 원, 연평균 20% 신장을 기대하여 호치민, 하노이 등의 주요 거점을 중심으로 점포를 확대할 계획을 갖고 있다.

③ 베트남에는 국영기업인 '꿉(Coop Mart)', 프랑스계 '빅시', '맥시마크' 등이 있는데, 이 마트와는 꿉이, 롯데마트와는 맥시마크가 각각 M&A 또는 전략적 제휴가 예상된다.

④ 인도네시아에서는 롯데가 '마크로'를 인수함으로써 교두보를 굳혔지만, 지금 신흥 소비국으로 떠오르기 때문에 더 한층 M&A의 소문이 나오고 있다. 이는 인도네시아의 최대 쇼핑몰·마트인 '마따하리' 그룹과의 M&A의 소문을 말한다.

14. 아모제산업(주)

지난 2007년 마르쉐와 오므토 토마토 등의 FR(Family restaurent) 사업과 컨세션 등의 외식사업에 성공한 아모제가 기존의 300여 개 점포에 대한 식재료 공급과 체인 중심의 유통 경로를 활용해 식자재 사업에 진출하였다. 거래처는 대부분 프랜차이즈 위주로 거래한다.

아모제는 '식자재 서비스기업'으로 15년간 외식업을 운영하면서 축적된 메뉴 개발의 DB(Data Base)를 함께 나눈다는 기업이념으로 세 가지의 경쟁력을 갖추고 있다.

첫째, 현재 국내 식자재 유통업체 중 CK(Central Kitchen ; 식자재 가공공장)를 갖춘 업체는 많지 않다. 그러나 아모제산업(주)는 충북 음성에 CK공장을 갖추고 외식기업들이 요구하는 맞춤형 메뉴에 최적화시스템을 갖추고 있으며, 우수한 연구 및 메뉴 개발 인력을 확보하고 있다.

둘째, 공산품, 농수축산물 등 분야별로 전문 소싱 파트들로 구성하여 급식보다는 외식업 식자재 소싱에 특화하고, 전 업종의 식자재를 골고루 갖추고 있다.

셋째, 기존의 아모제 사업장과 패밀리레스토랑, 패스트푸드, 백화점 내 레스토랑, 델리, 푸드 코트, 리조트, 웨딩홀 그리고 커피 및 주점 브랜드 등 1,500여 개의 사업장에 일일 배송하는 물류시스템이 구축 되어 있다.

이렇듯 B2B사업을 본격적으로 시작하기 위한 인프라인 물류센터와 3,000평의 CK 등을 구축하고 있는 경쟁력 있는 업체인데도 불구하 고 아모제는 영업에 있어서는 아직 모든 경로의 영업을 전개하지 않 고 있다. 개인형 외식업소도 같이 거래하면서 손익 배분도 균형 있게 가야 하는데, 현재는 FC 중심의 거래처 영업만 전개하고 있다. 향후 거래처의 다각화를 위해서 여러 가지를 검토, 준비하고 있다.

프랜차이즈를 통한 거래의 집중화로 계약이 되면 적게는 수십 개, 많게는 수백 개의 가맹점과 동시에 계약할 수 있는 장점이 있기 때문 에 매출을 올리는 데 좋고, 또한 각각의 가맹점이 위치해 있는 상권 을 중심으로 새로운 물류망이 구축됨에 따라 신규 거래처를 확보할 수 있다는 장점도 있다.

프랜차이즈 업체와의 계약은 본사와 계약을 하는 경우와 각각의 가맹점과 별도 계약을 하는 2가지 형태로 구분된다. 가맹점에 대한 본사의 영향력 정도에 따라 다소 차이는 있지만 보통 본사와 계약 을 할 경우 가맹점과 자동계약이 체결되며, 결제시스템도 본사에서 총괄하게 되어 결재에 대한 리스크 부담은 없다. 다만 적게는 2~ 3%, 많게는 6~7%의 수수료를 본사에 제공하기 때문에 영업이익 이 개인형 외식업체와 거래하는 것과 비교하면 5~10% 정도 차이 가 있다.

물론 CK를 활용하여 소량다품목의 오더 메이드(Order-made ; 주 문제품) 사업도 적극적으로 전개하는 것도 중요하지만, 매출 볼륨도 있고 매출이익률도 높은 '캐시 카우(Cash-cow ; 고수익) 품목'도 개발하여 '아모제' 자체의 브랜드로 시장에 접근해보는 것도 검토해볼 만하다.

이 업체는 양식, 일식 부문에 노하우가 있고, 실제로 외식사업을 성공적으로 하고 있기 때문에 '차별화된 메뉴 제안력'으로 승부를 낼 수 있을 것이다. 그리고 회사의 '웰빙' 분위기를 살려 리테일 상품과 범업소용 자체 브랜드 상품 출시도 충분히 고려해볼 수 있는 업체다. 소스, 드레싱 등 자체 개발과 글로벌 수입을 바탕으로 일본 도쿄의 수도권에서 성공한 '구제(KUZE)'의 모델과 비슷한 유형이라 할 수 있겠다.

15. 다농마트

다농마트는 1985년 가락시장에서 1호점을 오픈하였다. 오픈 때부터 많은 기록을 남긴 매장이다. 할인매장이 없던 시절 하루 매출액이 롯데백화점과 버금간다는 기록도 가지고 있다. 현재 국내에서 평당 매장 평균 매출액의 1위는 단연 '가락시장 다농마트'일 것이다. 300평 정도의 매장에서 하루 평균 매출액이 3억 원이나 된다. 청주도 하루 평균 2억 원 가까이, 전주도 하루 평균 매출이 1억 원 가까이 된다. 상암점까지 합하여 연간 매출액이 2,000억 원이 넘는다.

다농마트는 식자재 전문 매장은 아니다. 그러나 국내 최초의 식자재 매장이라고 할 수도 있다. 당시의 슈퍼마켓에서는 업소용은 거의 취급하지 않는데, 다농마트는 업소용 상품들을 많이 개발하여 매장에서 진열, 판매하였다. 현재 고객 중에 외식업소가 차지하는 구성비는 매장마다 차이는 있겠지만 일반 가정(Retail) 고객과 50대 50 정도 될 것이다. 그래서 타 매장과 달리 많은 품목(SKU)들을 취급하고 있다. 매장마다 차이는 다소 있지만 35,000여 개 SKU가 등록되어 있고, 평균 13,000여 개의 SKU가 판매되고 있다. 식자재 전용 농협 하나로마트가 7,000여 개의 SKU인 것에 비하면 더 많은 SKU를 취급하고 있다. 일반적으로 매장별로 오전 5시 30분 또는 6시에 오픈하여 밤 9시에서 10시까지 영업을 한다. 새벽부터 오전에는 외식업소의 고객들이 많이 방문하고, 저녁에는 일반 가정(Retail) 고객들이 주로 방문한다.

이 업체는 매장 위치가 시장 내에 있어서 우월한 지리적 메리트(Merit)도 있지만, 상품 개발, 상품 구색력, 구매 경쟁력으로 오늘의 성공을 만들어 냈다. 막강한 구매 경쟁력으로 공산품, 잡화, 농산물까지 '다농' 자체 브랜드들로 많이 개발되어 있다. 특히 고춧가루, 건야채 등 농산물의 자체 PB 상품들이 강세다. 앞으로 청주점, 전주점 등 다농L마트는 전문경영인까지 영입하여 신규 대형매장을 오픈할 계획을 갖고 있다.

다농마트는 향후 제2의 도약을 위한 행보에 많은 관심이 기대되는 업체이다. 회사의 연혁에 비해 매장 수는 4곳에 불과하지만, 매장마다 구매력을 높이는 폭발력을 가지고 있기 때문이다.

16. (주)장보고유통

(주)장보고유통은 2006년 대구에서 시작하여 현재 1개의 물류센터와 4개의 마트형태의 매장을 운영하면서 현재 월평균 60억 원의 매

출을 올리고 있다. 곧이어 대구 시내에 800평 매장 오픈도 준비하고 있는 이 업체는 향후 대기업이 아닌 개인회사로, 1,000억 원대의 매출을 달성할 수 있을 것으로 보인다.

대체적으로 재래시장이 발달된 도시는 마트가 취약한데, (주)장보고유통은 그런 점을 극복하면서 성공하였고, 매출의 10% 정도만을 배송하고 있어 매장의 '흡인력'이 대단하다.

타매장과 달리 과감하게 홈페이지에 가격을 오픈하고 있을 정도로 구매 경쟁력 면에서 자신감을 갖고 있는 이 업체는 상품과 가격관리 등을 효율적으로 하고 있어 앞으로 경쟁력 있는 식자재 유통업체로의 성장이 예상된다. 특히 야채류에 있어서 경쟁력이 높은 (주)장보고유통은 이마트와 같이 '신선함'과 '가격'으로 공격적인 영업을 하고 있는데, 야채류 매출이 매장 매출의 30%를 차지하고 있다. 경산점의 경우에는 시장 내 야채상들이 구매 후 다시 팔 정도다.

지금은 대구지역 중심으로 '장보고'의 브랜드를 확고히 굳혔지만, 부산과 수도권에 진출하기에는 좀 더 준비를 완벽히 갖추어서 도전할 예정이다. 향후 사업전개가 더 주목되는 업체다.

17. 기타 식자재 유통업체

전국에 2,000여 개의 식자재 유통업체들이 있다. 그중에는 대전에 있는 (주)동그랑처럼 오히려 대기업에 뒤지지 않는 구매 경쟁력과 영업력을 갖고 있는 곳도 있다. 식자재 유통업체들은 일반적으로 한식과 일식, 양식, 중식, 안주 호프, 에스닉, 웨딩·뷔페 등으로 구분되어 있고, 경로 또한 급식과 외식업소로 명확하게 구분되어 있다. 그러나 전 경로를 업종에 상관없이 영업을 하고 있는 (주)동그랑은 경쟁력 있는 업체다. 대전에 본사가 있고, 천안에 지점이 있는 이 업체는 중부권과 호남지역까지도 도매물류를 하고 있다.

이와 비슷한 경쟁력을 가진 업체들이 대체적으로 시군별로 몇 곳씩 분포되어 있다. 서울·수도권에는 대교식품, 정푸드빌, 푸드원서비스, 삼원푸드, 한양식자재마트 등과 부산에 거성상회, 신안상사, (주)남산푸드시스템, 수도권에는 강원식품, 식자재DC마트, 다솜종합유통, 좋은마을 등이 있다. 그리고 호남권에는 태평양유통, 삼해상사, 서니상사, 광일푸드시스템, 21C상미유통 등이 있다.

그러나 이들 업체들이 최근 많은 어려움을 겪고 있는데, 그 이유는 다음과 같다.

첫째, 점점 높아가는 외식업소 '폐점률'이다. 신규 개점률보다 폐점률이 높아지고 있다. 그렇게 되면 거래가 중단되어 매출이 떨어지고 결제도 받지 못해 부실채권액이 증가하게 된다. 사전에 매출 분석을 하여 매출이 급속히, 또는 서서히 떨어지는 거래처들은 특별 관리를 하여야 한다. 대체적으로 이런 거래처들은 사전에 어느 정도 징후가 나타나기 때문이다. 그래서 평소 거래처별 추정매출 분석, 손익 분석 등의 툴(Tool)을 최대한 활용하여 프로그램을 만들고 시스템화해야 한다.

둘째, 가격이 오픈되고 경쟁이 치열하다보니 많은 거래처들이 기존 거래처에서 벗어나 거래처를 바꾸던지, 직접 도매시장이나 마트에 가서 구매를 하는 것이다. 이는 외식업소 '이탈률'이다. 미국이나 일본에서는 10% 이내로 관리되지만 국내에서는 일반적으로 50% 대에 이른다. 이를 극복하기 위해서는 나름대로 특화된 차별화전략을 가지고 있어야 한다. 가장 쉽게 접근할 수 있는 것이 바로 인력 소싱을 할 수 있는 네트워크(Network)를 갖는 것이다. 외식업소에서는 많은 사람들이 이직을 한다. 직원들이 사전에 이야기도 하지 않고 그 다음에 출근하지 않으면 외식업소 입장에서는 정말 난감할 것이다. 이를 대비하여 평상시에 인력에 관한 소싱 인맥을 가져야 한다. 그리고 구매 경쟁력을 확보하기 위하여 동종업체끼리 '공동구매' 형태로 산지계약을 하던지, 공산품이라도 회전성이 빠른 품목 같으면 물류 효율성을 위해 '공동 대량 구매'를 해야 한다. 그렇게 해서 구매 경쟁력을 갖추어야만 어느 정도 거래처 이탈을 방지할 수 있다.

셋째, 경쟁이 날로 치열해지고 공급받는 가격은 인상되었는데도 판매가를 제대로 못 받는 등 매출이익률이 계속 떨어지는 문제다. 끊임없이 상품을 공부하고 자기만의 상품을 개발하여야 한다. 사실 대기업 제품이나 중소업체 제품이 품질 등에서 큰 차이가 나지 않은 것들이 적지 않다. 그런 중소업체의 품질 좋고 경쟁력 있는 제품 등을 키워 자기 것으로 만드는 노력이 필요다. 그렇게 하여 그 지역에 대한 독자적인 판매권(Exclusive)을 갖는 아이템을 많이 갖추거나, 아니면 대기업 제품이라도 너무 많은 브랜드를 갖고 갈 필요 없이 특정 브랜드의 제품을 집중적으로 홍보하고 볼륨을 높이는 것이다. 어느 기업이라도 전략품목에 대한 판촉안이 있기 때문에 이를 적극적으로 활용해야 한다. 물론 쉬운 일은 아니지만 생존을 위해서는 2배로 뛰어야 하기 때문이다.

넷째, 서비스를 강화해야 한다. 특히 매출이 큰 거래처들은 집중 밀착관리를 하면서 인맥을 유지하여야 한다. 그리고 식자재 공급에만 급급할 것이 아니라, 외식업소에 도움을 줄 수 있는 정보, 시장 상황, 상품 정보 등을 줄 수 있도록 공부하고 업주와 실무자들과 공유하여야 한다. 또 업소에서 일할 사람이 필요할 때는 본인 또는 직원이라도 보낼 모든 준비가 갖추어져 있어야 한다.

다섯째, 대체적으로 공산품 또는 야채류 한 품목군으로만 거래하는 경우가 대부분인데, 이는 창고도 협소하고 물류시스템도 열악하여 모든 품목을 취급할 수 없는 경우가 많다. 그러나 이제는 물류창고에 맞게 거래처를 오히려 줄이더라도 모든 품목을 취급하는 것도 검토하여야 한다. 그렇게 하려면 각 상품군에 대해서 공부도 많이 하고, 농산물의 경우는 도매시장의 공동마케팅사업단을 조직하게끔 하고, 그 사업단을 최대로 활용할 수도 있어야 한다. 각 도매시장에는 양채류와 엽채류, 구근류, 버섯류, 과채류 등을 구분하여 중도매인들이 있는데, 각 중도매인들 중 산지를 갖고 있거나 산지를 계약재배하는 등 영향력이 있는 곳들을 선정하여 공동마케팅사업단을 조직하고 배송은 그중 한 업체에서 맡아서 하는 것이다. 그렇게 되면 중간단계 유통마진과 물류비 등을 효율적으로 운영되어 어느 정도 가격경쟁력을 갖게 되고, 최악의 상황에서도 수급 걱정을 하지 않아도 된다.

여섯 번째, 지금까지는 학생들을 상대로 한 급식업체에 있어서 식재료의 안정성과 위생에 관해 많이 언급되어 왔지만, 앞으로는 외식업소와 식자재 유통업체에서 많이 논의가 될 것이다. 꼭 창고가 클 필요는 없지만, 청결하고 표준화시켜 잘 관리되어야 한다. 특히 냉동·냉장고와 냉동·냉장차량의 온도 관리는 물론 유통기간 관리도 철저히 하여야 한다.

일곱 번째, 동종업종끼리 전략적 제휴를 한다든지, 아니면 품목군이 다른 업체와의 전략적 제휴를 한다든지 하여 돌파구를 모색하여야 한다. 식자재 시장은 규모의 경제이기 때문에 어느 정도의 양이 되어 구매를 해야만 경쟁력이 생긴다. 그리고 공산품을 취급하고 있는 업체라면 이제는 모든 품목을 취급하지 않으면 버틸 수 없게 된다. 미리 정보를 갖고 준비를 하지 않으면 안 된다는 말이다.

여덟 번째, 개인으로서 한계를 느낀다면, 대기업 식자재 유통업체와의 전략적 제휴, 또는 M&A에 참여하는 것도 한 방법이다. CJ프레시웨이, 대상(주)의 계열회사인 다물에프에스와의 파트너십을 갖고 일하는 것인데, 지분관계와 파트너십의 형태가 어떤 형태가 되든지 간에 대기업을 배경삼아 회사를 같이 키울 수도 있는 것이다.

기존의 식자재 유통업체의 유형별 특징을 보면 다음의 표와 같다.

구분	특징	시사점
한식	업종별로 또 다시 많이 세분화되나 장류와 조미료군의 매출이 크다. 보통 분식유통까지 같이하기도 한다.	- 한식도 많이 표준화되어 가고 있고, 많은 상품을 CK에서 개발하여야 한다.
일식	전문화된 일식 유통경로다. 많은 품목에 대해서 전문적인 상품 지식이 있어야 한다.	- 계속적인 상품 개발을 하여야 하고 일본의 시시각각 변화하고 있는 식재료 시장 정보에 민감하여야 한다.
중식	배달을 전문으로 하는 중식 전문 유통업체와 요릿집을 전문으로 하는 요리 전문 유통업체와 구분되어 있다. 밀가루와 식용유 가격에 민감하고 식재료의 등급에 따라 가격차가 크다. 거래처 결제가 늦은 편이다.	- 배달 전문 식자재 유통업체에게는 가격이 중요하고, 요리 전문 유통업체는 많은 상품 구색력을 갖추어야 한다.
분식	저가, 편의성, 반조리제품 등의 식재료가 많다.	- 편의성 신제품 등이 많이 개발되어야 한다.
양식	일반양식, 스파게티 전문점 등을 상대로 하는 유통업체이며, 수입제품, 소스류 등이 중요하다. 전문적인 유통대리점이 많지 않다.	- 한 단계 레벨업된 메뉴 개발, Order-made(주문제품) 영업을 하여야 한다. - 영업은 식품 전공, 조리 전공을 한 인재를 채용한다.
에스닉	향후 계속 신장되는 전망 좋은 시장이다. 개인점이 많지 않고, 프랜차이즈 가맹점이 많다.	- 수입 경쟁력도 키워야 하지만, 국내 개발도 하여 상품화하여야 한다.
피자	피자 전문점에 공급하는 유통업체다. 고가 · 저가의 차이가 크고 소스와 치즈, 마요네즈, 샐러드, 피클 등의 품목은 상대적으로 많지 않다.	- 부가가치 있고, 웰빙의 신상품을 많이 개발하여야 한다.
안주 · 호프	안주 전용의 시장이기 때문에 야간 발주가 이루어지는 유통업체다. 캔류, 소스류, 반제품 등이 많다.	- 반제품 개발과 신메뉴 개발을 연구해야 한다.

구분	특징	시사점
웨딩홀 · 뷔페	단위 거래처당 매출이 크다. 냉동수산물과 냉동제품, 냉동야채, 수입품 등의 매출이 큰 비중을 차지한다. 매출액이 크고 결제일이 길기 때문에 상황을 잘 파악하고 거래를 해야 한다.	– 냉동수산물에 대해서 품질 좋고 가격경쟁력이 있는 상품들을 개발하여야 한다.
급식	지금은 학교들이 거의 직영급식을 하고 있어서 대기업 제품과 국내산, 친환경 농산물 등을 사용한다.	– 국내 친환경단지와 계약재배를 추진하고 전처리시설을 경쟁력 있게 갖춘다. – 신선식품과 후식 · 디저트 식품, 오븐요리제품 등의 급식제품을 많이 연구, 개발하여야 한다.

제5장

해외 식자재 유통업체 연구

제5장
해외 식자재 유통업체 연구

1. 시스코

시스코는 1969년 설립하여 1970년부터 상장하였으며, 〈포춘(Fortune)〉이 선정한 미국 500대 기업 중 매출액 순위로 66위에 랭크되어 있다. 북미 식자재 유통시장에서 M/S(시장점유율) 15%의 점유를 가지고 매출액, 영업이익률에 있어서도 북미는 물론 세계 제1위의 식자재 유통업체이다. 2010년 매출액은 372억 달러(한화 41조 원), 영업이익은 19억 달러(한화 2조 1천억 원), 영업이익률은 5% 이상이다.

'Help Our Customers Succeed' 라는 회사 미션을 갖고 있는 시스코는 미국과 캐나다 지역에 150개의 영업기지와 직원 47,800명, MA(Marketing Associate) 8,000명의 조직으로 구성되어 있으며, 거래처는 420,000의 고객 중 외식업소 63%, 병원 10%, 학교 6%, 호텔 6%, 기타 15%의 구성비로 되어 있다.

또한 300,000개(SKU)의 상품 중 신선과 냉동육 19%, 캔류 18%,

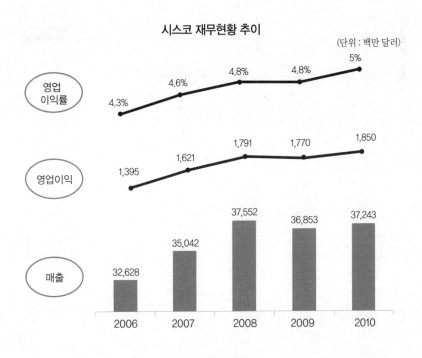

시스코 재무현황 추이

(단위 : 백만 달러)

영업
이익률

4.3%　4.6%　4.8%　4.8%　5%

영업이익

1,395　1,621　1,791　1,770　1,850

매출

32,628　35,042　37,552　36,853　37,243

2006　2007　2008　2009　2010

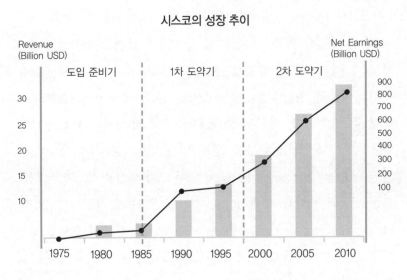

시스코의 성장 추이

Revenue
(Billion USD)

Net Earnings
(Billion USD)

도입 준비기　1차 도약기　2차 도약기

30

25

20

15

10

900
800
700
600
500
400
300
200
100

1975　1980　1985　1990　1995　2000　2005　2010

냉동과일과 야채류 14%, 가금류 11%, 일배상품 9%, 신선 야채류

8%, 비식품 · 잡화 8%, 수산물 5% 등으로 분포되어 있다.

북미 식자재 시장 규모는 약 220여 조가 되는데, 10개의 대기업 식
자재 유통업체가 35%의 시장을 점유하고 있다. 그중에서도 규모의
경제를 실현할 수 있는 시스코가 15%, US Food service가 10%의 시
장 점유를 하고 있고, 그 외 PFGC과 Gordon's, FSA 등이 각각 3%
미만의 시장을 갖고 있다.

북미 업무용 식자재 유통 시장   **북미 기업형 식자재 유통 업체 M/S**

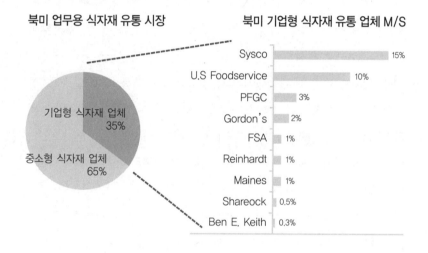

시스코는, 30여 년 동안 매출은 연평균 17%, 당기순이익은 18%의
성장을 해 왔다. 설립 후 15여 년 동안은 내부 시스템과 역량을 업그
레이드하고, 영향력 있는 각 지역 유통업체(Local distributor)의
M&A를 통해 점진적인 성장을 추구하여오다가 80년대 중반 이후 90
년대 중반까지 전략적 M&A 및 다양한 상품 개발을 통해 1차 도약을
하였다. 그 후 90년도 중반 이후에도 규모의 경제를 실현하여 2차 도
약을 이루고 있다.

시스코는 MA의 서비스영업 강화, PB 브랜드 매출 확대, 각 지역의
강력한 식자재 유통업 인수, 1차 상품에 대한 역량 강화에서 New-

port Meat Company, Buckhead Beef 등의 축산물 회사들과 Fresh Point holdings 등의 농산물회사를 인수하면서 확장해 왔다. 그리고 지역별로 월 매출 1,000억 원 이상이 되면 과감하게 물류센터를 신설하였다.

수익은 모든 고객층을 대상으로 분석 'Customer Mix(고객조합)', 'Customer Penetration(고객침투)', 'Customer Retention(고객유지)', 'Customer Stratification(고객차별화)' 등을 통하여 향상되었으며, PB 상품 매출 확대, 성과 대비 활동성과를 통한 동기부여(Motivation)로 개선되어 왔다.

PB 상품을 단순 대체상품에서 벗어나 테마별 제품 개발 및 이를 상업화하기 위한 포괄적 서비스를 하는 MD활동과 고객의 성공을 지원하기 위하여 품질과 가격, 정확하고 적시에 배송하는 기본 서비스, 메뉴 개발 지원, 재무 분석 지원, 위생 안전 지원, 대출 지원 등 고객의 어려움을 경감시켜주는 솔루션을 제시하고 있는 시스코는 부가가치 서비스를 제공하는 MA의 영업 활동, 완벽한 물류 서비스, GMP's · GAP's, HACCP, 위생시설, 해충 통제, 리콜 프로그램, 잔류 농약, 중금속 검출 등을 통한 품질보증으로 '고객으로부터의 신뢰'를 쌓으면서 성장해 왔다.

제9장의 실행방안 5번 항에서 시스코의 실질적인 경영사례를 더 자세히 벤치마킹(Benchmarking)하도록 하자.

2. US Food Service

미국의 시스코 다음으로 매출을 올리고 있는 US Food Service는

2010년에 190억 달러(한화 21조 원)의 매출을 올렸다. 미국 전역에 2만 5,000명의 직원이 근무하며 일반 외식업소와 정부 기관, 병원, 교육기관, 패밀리레스토랑 등에서 약 25만 명의 고객을 확보하고 있다. 그리고 상품은 약 35만 개의 아이템을 취급한다. 본사는 일리노이주 로즈몬트에 있고, 2007년에 Clayton, Dubilier & Rice사와 Kohlberg Kravis & Roberts & Co.사가 운용하는 펀드들에 의해 공동 인수되어 운영되고 있다.

고객에 대한 서비스를 개선하기 위해 이 업체는 신규 시설과 기술에 1.6억 달러를 투자하였다.

그래서 US Food Service는 -

첫째, 최고 수준의 청렴성을 요구한다.

둘째, 고객들과 윈윈(Win-win)한다.

셋째, 비교될 수 없는 식품안전과 품질을 제공한다.

넷째, 근무하기 좋은 직장으로 만든다.

다섯째, 장기로 투자한다.

- 로 경영 방침을 수립, 최상의 상품과 서비스를 제공하여 업계를 선도하고자 노력하고 있다.

2008년에 US Food Service는 옥수수와 사탕수수, 감자녹말 등 재생 가능 자원으로 제조된 독점적인 'Monogram Sustain' 일회용 제품 라인을 도입하였다. 이 제품들은 퇴비로 사용 가능하고 자연 분해성이며, 석유도 사용하지 않았다. 이런 일회성 품목 외에도 튀김기와 제빙기, 냉장고, 냉동고, 찜통 및 다양한 고에너지 효율의 EPA 인증된 설비들을 고객에게 제공하고 있는 US Food Service는 자연산 및 양식 해산물에도 인증된 상품으로 최초의 다수 공급라인을 보유한 공급업체이기도 하다.

기대치 이상으로 식자재 구매와 메뉴 개발 등으로 고객들의 업무 부담을 덜어주어 외식업 본연의 업무에 충실하도록 전 경로의 거래처에 최선을 다하고 있는 US Food Service는 'Our Brands can power you Beyond Success', 'Your Partner Beyond the Plate'로서, 세계 최고 품질의 식품과 설비 및 자재를 다양하게 제공하고 있으며, 독점적 브랜드 컬렉션과 전국 각지에서 소싱하여 개발된 브랜드 상품들을 고객들에게 제공하여 선택의 기회를 넓혀 주고 있다. 뿐만 아니라 세계 곳곳에서 독특하고 맛이 있는 최고의 특별상품들을 개발하여 공급하고 있는 이 업체는 전세계에 걸쳐서 시시각각으로 발생하는 상황에 대해서 앞서 가고 있으며, 각 외식업소 고객의 입맛을 예측할 수 있도록 해 주는 혁신적인 아이디어를 제공하고 있다.

아울러 고객들이 특별하게 무엇을 원한다면 찾아주는 그런 상품 서비스도 하고 있다.

예를 들면,

- 스페인산 뼈를 발라낸 멸치
- 이태리산 방향성 식초
- 프랑스산 거위간과 다진 고기
- 태국, 인도, 중국, 일본의 특별 음식 등.

US Food Service는 2011년 4월에 일리노이 로즈몬트에 소재한 Buffalo의 WVO Industry를 인수하였다. WVO사는 폐식용유로부터 수분과 음식 찌꺼기 및 다른 불순물들을 채집하여 제거한 후, US Food Service의 Lexington S.C의 콜롬비아사업부에서 수백 대의 배송차량의 연료로 활용되는 'B20'이라 불리는 디젤·바이오 혼합연료를 생산하도록 생물적 공급 원료를 처리장으로 보내고 있다. 환경보호기구에 의하면, 식용유로 제조된 바이오디젤을 사용하면 탄소에 기반을 둔 디젤보다 탄소배출을 80% 감축시킬 수 있다고 한다.

US Food Service는 2009년부터 WVO사의 독점적인 수집 총판으로 외식업소의 튀김기로부터 나온 폐식용유를 수집해 왔다. 폐식용유는 외식업소에서 사용하기에 편리하고 용이하게 특별히 설계된 밀봉되는 캔에 의해 수집된다. 폐식용유 수집 차량은 식자재의 품질과 안전을 위해 기존의 식자재 배송차량과 엄격히 분리하고 있다. 이렇게 폐식용유를 매립지로 보내지 않고 재활용하는 방안을 가지고 환경에 기여하고 있는 것이다. 그리고 WVO사를 Lexington 유통센터의 폐기장으로 이전시켜 2011년부터 가동할 예정이며, 연간 5백만 파운드의 폐유를 40만 갤런의 생물적 공급 원료로 전환시킬 계획이다. 그래서 연간 20만 갤런의 식용유에서 전환된 바이오디젤을 자체 사용하고, 잔여 물량은 외부 타 업체에 공급할 예정이다. 이렇게 이 업체는 석유 의존을 낮추고 온실가스 배출을 줄임으로써 환경의 지속성에 기여하고 있다.

US Food Service는 '녹색 포토 폴리오' 프로그램의 일환으로 2007년부터 2009년 사이 배송차량의 물류 효율성을 5% 개선하고, 유통센터의 에너지 효율을 15% 높임으로써 101,000입방 톤의 온실가스 배출을 절감하였다. 이는 8천대의 배송차량을 정지하거나, 8,600가구에서 전원 플러그를 제거한 에너지의 양과 상응한다.

US Food Service는 다음과 같은 계열회사를 두고 있다.

- **Next Day Gourmet LLC** : 설비 및 주방기기의 직접 주문 및 온라인(On-line)구매를 담당한다.

- **Stock Yards** : 인증된 'Angus Beef'를 포함하여 고품질의 상품 등을 공급하는 회사다.

- **Monarch Food Group** : 25개의 독점적 고유 PB 브랜드 포트폴

리오 구성과 1만여 개의 상품을 취급한다. 특히 이 업체는 지역사회와 환경을 위하여 US Food Service의 설비와 차량들이 배출하는 탄소 발생을 줄이고, 고객들에게 환경면에서 선호하는 상품들을 확대하고 있다. 예를 들면, 한 대학병원에 퇴비프로그램을 지원하여 기존에 사용 중인 접시를 사탕수수접시로 교체하고, 녹색 분해 가능성 봉지를 사용하게끔 하여 쓰레기를 84%나 감축시켰다.

US Food Service는 이렇듯 타 식자재 유통업체와 달리 녹색환경운동을 자체, 그리고 고객들에게 참여케 하는 점이 이 업체만의 차별화된 경쟁력이라 할 수 있다.

3. 다까세

다까세는 자본금이 20억 엔, 매출액 1조 원, 경상이익률 1.8%가 되는 회사로, 종업원 수가 1,200명이다.

지역의 영향력 있는 기존의 식자재 유통업체들을 지분 100%와 인원, 점포, 설비, 상권들을 그대로 인수받고 시스템만 자사 시스템으로 교체하면서 M&A하였다. M&A 대상 거래처는 매입 거래처와 대리점, 금융기관 등으로부터 소개받았다.

거래처는 서양 요리와 일본 요리, 중화 요리 등 전문점 30%, 호텔 10%, 이자까야(IZAKAYA) 15%, 패밀리레스토랑 10%, 도시락점 등 테이크아웃(Take out) 매장 10%, 골프장·놀이공원 등 레저 시설 10%, 급식 5%, 베이커리 등 중소형 제조업체 10%로 구성되어 있다. 체인점 25%와 개별 독립점포 75%의 구성비를 가지며, 그중 양식재가 강한 회사다.

상품은 NB(National brand) 상품 45,000개와 PB 상품 1,200개 등 농수축산, 가공식품, 비식품 · 잡화, 수입 상품 등으로 구성되어 있다.

4개의 광역 물류센터와 60개 영업소에 150~300평 규모의 지역 물류센터를 보유하고 있는 다까세의 물류 거점 인프라 목표는 30km 범위로 영업소 거점에 배치하는 것이다. 재고 보유는 D-1일 주문 익일 배송이 가능한 양만 보유하는 형태이고, 냉동차 10톤 2대와 2톤 380대, 1톤 10대의 배송차량을 갖추고 있다.

영업과 배송을 구분하는 '상물 분리 원칙'을 하고 있는 이 업체는 영업사원 1인당 100개 점포 관리, 배송사원은 하루 30~40개의 점포를 책임진다. 즉, 영업사원 1인당 2명의 배송인원으로 한 팀을 구성한다.

영업사원은 주문접수와 클레임 처리 등의 기본 업무와 메뉴 제안을 주 영업 활동으로 하고 있다.

'상품 구색력'과 '제안력'이 이 업체의 큰 무기다.

4. 구제

구제는 1950년에 설립하였으며, 자본금 3억 엔, 직원 225명, 매출 4,500억 원을 올리는 회사다. 일본 외식 시장을 약 25조 엔, 식자재 시장을 8조 엔, 동경 중심 수도권 내 식자재 시장을 9천억 엔으로 볼 때, 구제는 수도권 시장의 약 4% M/S를 갖고 있다.

상품 경쟁력을 갖고 제안 영업으로 차별화하여 성장한 기업인 구제는 야채와 수산물 등 1차 식품을 취급하는 FRESH One(주)과 업무용 고급 스프, 소스 등을 제조하여 판매하는 KISCO FOODS 등의 계열 회사를 소유하고 있다.

호텔, 레스토랑, 패스트푸드, 케터링, 델리, 기내식 등에 식자재 판매와 해외 식자재 수입 판매, 메뉴 제안이 구제의 주 무기라 할 수 있는데, 식자재 카탈로그 판매와 고급 식자재의 통신판매가 이 업체의 차별화된 판매 전략이다.

구제의 사업 전략은 소스와 냉동 등 차별화된 상품 보유, 메뉴·상품 개발을 위한 전문 조직 운영, 특히 'CFD(Customized Food Development)팀'을 두어 고객 요구에 의해 공동 개발을 하고 있는, 자신 고유의 콘셉트(Concept)를 전파하는 회사로 인식할 수 있다. 이렇듯 구제는 차별화된 MD 전략과 철저한 품질관리를 하고 있다.

영업은 수도권 60~70%의 거래처가 프랜차이즈인 만큼 메뉴 제안이 주 영업이고, 상물 분리 전략, 영업 이원화로 활동한다.

물류는 통합 주문센터를 '커스토머센터(Customer Center)'로 운영하며 인터넷 주문이 70%, 팩스 20%, 전화 10%로 타 업체보다 인터넷 주문이 활성화되어 있다.

모든 점포가 일일 배송, 배송 누락 및 재고 리스트에 없는 주문 발생시 퀵서비스 등으로 신속하게 처리하고 있다. 다까세와 달리 배송은 5개사, 창고관리는 3개 용역사로 아웃소싱 전략을 쓰고 있다.

구제의 계열회사인 KISCO Foods는 1954년 자본금 3천만 엔으로 직원이 106명인 업무용 소스제조회사다.

이 업체의 기본 방침은 다음과 같이 '안전-안심-맛'을 충실하게 수행하고 있다.

첫째, 외식업체의 요구에 의하여 합리화된 상품 개발을 한다.

둘째, 조리기술에 기본을 둔다.

셋째, 첨가물 사용을 지양하고, 소재 자체의 맛을 살려 자연취향을 살린다.

넷째, 건강하고 즐거운 식생활에 공헌한다.

그리고 KUZE Freshone이라는 계열회사도 있는데, 이 회사는 신선한 야채류 등의 농산물을 취급하고 있는 회사다.

국내에서는 아모제 산업(주)와 (주)MSC, (주)시아스, 삼조셀텍(주) 등 제품 개발 능력이 뛰어난 식품 가공업체들이 스터디해볼 만한 회사다.

구제의 사업영역

5. 하나마사(HANAMASA)

하나마사는 매출 3,000억 원, 직원 300명(임시직 1,153명)으로 이루어진 회사다. 동경 시내 중심으로 41개 슈퍼마켓 형태로 식자재 매장을 운영하는 이 업체는 식당 밀집지역에 24시간 소형 매장을 개설하여 운영한다. 주차도 안 되지만 고객이 가까운 곳에서 신속하게 구매할 수 있는 장점을 갖고 있는 하나마사의 주 고객은 개인이 운영하는 소형 식당이고, 일부는 가정용 고객도 있다.

국내에는 풀무원, 푸드머스의 계열회사인 지오푸드시스템(본앤선마트)이 하나마사와 비슷한 콘셉트로 운영하고 있다. 본앤선마트는 2007년 부천의 중심 상권에서 조금 떨어진 곳에 오픈하였고, 지금은 중심 상권 내로 진입하여 소형 주차시설을 갖추고 영업하고 있다. 처음 3년간은 손실도 보고 시행착오도 있었지만, 지금은 손익분기점을 넘기고 있다.

6. A-Price

A-Price는 토호그룹에서 운영하며, 4,000억 원의 매출을 올리는 지역밀착형으로 성공한 회사로, 쿠슈 중심 도시 외곽에 중소형 매장 86개를 운영하고 있다. 나름대로 가격경쟁력도 있고, 주차장이 완비되어 있어 많은 외식 업주들이 방문하여 구매한다. 주 고객은 개인 운영 외식 업주와 일부 가정용 고객이다.

1987년에 1호점을 개점한 이래 회원제로 10만여 명의 고객을 확보하고 있는 A-Price는 '언제나 주방의 한가운데' 라는 캐치프레이즈로 고객에게 안심하고 이용할 수 있는 '어머니의 맛' 으로 개발된 메뉴와 좋은 식품을 공급하고 있다. '안심-안전' 과 '건강', '환경' 을 테마로 다양한 상품을 개발하고 있는 이 업체는 전국 어항으로부터 공급되는 어류가 경쟁력이 있는데 위생 · 안전 관리를 충실히 하고 있다. 그리고 회원들에게 매입에 도움이 되는 정보를 다이렉트 메일 발송으로 전략 상품과 신상품에 대한 정보를 제공하며, 포인트 시스템에 의한 특전도 부여한다. 또한 점 내의 서비스 카운터에서는 커피의 시음 서비스를 하면서 미니키친에서 시식 서비스도 하여 제품 개발에 대한 정보도 제공해주고 있다. 또한 A-Price는 규격 쇼핑봉투 사용과 환경에 좋은 상품을 선정하는 등 점포 운영의 다양한 면에서 환경보존 활동에 적극적이다.

A-Price는 '중기 경영 3개년 계획(IMPACT 2011)'을 수립하고 추진 중이다.

첫째, 사업의 선택과 집중

둘째, 'Build & Scrap', 계획적 오픈

셋째, 'M&A', 'Alliance(자본 업무 제휴)' 등으로의 사업 확대

넷째, 지역 내 식자재 시장의 1위 유지

다섯째, 새로운 비즈니스 모델 창출

여섯째, 비용 절감

일곱 번째, 인사-급여 제도의 개혁 등.

그리고 '음식을 통한 사회에의 공헌'의 일환으로, 음식의 고마움을 아이들에게 느끼게 하기 위해 체험학습의 장소를 제공하고 있다. 이 체험학습은 아이들에게 야채의 재배와 수확, 판매, 조리까지 체험을 통하여 음식의 중요함을 체험케 하는 것이다.

국내에는 이보다는 다소 규모를 크게 운영하고 있는 장보고유통이 있다. 일본의 마트형 매장과 비교할 때, 매장 규모와 상품 구색, 가격 정책, 매장 고객 흡인력 등에 있어서 결코 뒤지지 않는다고 할 수 있으나, '반조리 상품 개발'과 '오더 메이드(Order-made) 상품 개발' 등에 있어서는 아직 미흡하다고 할 수 있다.

7. 메트로(METRO)

 메트로는 2002년에 독일 메트로(METRO)와 일본 마루베니가 JV 형태로 설립하였다. 동경 외곽에 2개점이 있는데, 매장 규모는 2,000평 정도다. 상품 구색력이 뛰어나고, 개인이 운영하는 외식 업주가 주 고객이다.
 일본에서는 제대로 정착하지 못했지만, 국내에서는 하나로마트와 코스트코가 성공을 거두었다. 양국의 고객행동 등 문화의 차이에서 오는 이유 때문으로 추측된다.

8. 시닥스(SHIDAX)

 시닥스(SHIDAX)는 2001년 4월 자스닥에 상장된 회사다. 2010년 매출액이 2,026억 엔, 영업이익이 71억 엔(영업이익률 3.5%)을 기록하였다. 자본금은 107억 엔이며, 순자산액이 230억 엔, 주당 당기순이익금액이 21.56엔, 주당 순자산이 560.41엔인 견실한 식자재 유통회사다. 동종업계인 다까세, 구제보다도 경영지표가 훨씬 좋은 회사다. 물론 식자재 유통보다는 급식에 큰 비중을 둔 회사이기 때문이라고 할 수 있다. 국내도 아워홈과 삼성에버랜드, 신세계, 현대그린푸드 등 급식이 강한 회사들이 식자재에 더 비중을 둔 CJ프레시웨이와 아모제산업(주)보다 영업이익률이 높다. 그러나 10년 뒤면 이러한 상황은 뒤바뀔 것으로 예상된다.
 시닥스는 '외식'의 종합기업으로, 뉴욕과 로스앤젤레스, 도쿄, 오사카 등에서 외식업으로 출발해 보육원과 학교, 기업체 사원식당,

병원 등 3,500여 개 업장에서 하루 평균 60만 식을 제공하는 급식 업체다.

'Mother Food(만물의 근원인 지구가 기른 풍부한 대지와 바다의 은혜를, 모든 고객에게 어머니와 같은 정성을 담아 전달합니다)' 라는 생각을 갖고 건강 지향 산업과 사회문제 해결 기업으로 '고객에게의 애정', '지구에의 애정' 을 진지하게 인식하고 있는 회사. 또한 자동차 관리로 시작해 지자체의 업무를 일괄 수탁하는 등 '토털 아웃소싱(Total Outsourcing)' 서비스를 전개하는 '오신동' 을 계열회사로 맞이해 음식과 함께 여러 가지 서비스가 가능한 '종합 서비스 기업 그룹' 을 목표로 하고 있다. 편리성과 매출만을 생각하며 기계적으로 만들어 제공하는 음식이 아니라 이 업체는 '감사하는 마음' 과 '사람과의 원활한 커뮤니케이션' 을 생각하며 식재료를 음미하고, 조리하는 회사를 지향하고 있는 회사다.

병원과 학교 등의 급식사업과 함께 델리와 레스토랑 등의 외식사업도 함께하고 있는 시닥스 푸드 서비스가 목표로 하는 것은 품질과 맛 · 건강 · 매니지먼트의 융합을 도모하면서, 품질에 타협하지 않은 자세로 먹을거리와 관련된 모든 분야에서 고품질의 서비스를 실현하고자 함이다.

제6장

10년 후 미래의
식자재 시장

제6장
10년 후 미래의 식자재 시장

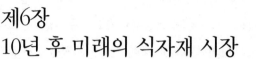

고객의 구매 패턴 변화와 산업화를 유도하는 정부 정책 및 대기업들의 적극적인 시장 진입 등으로 국내 식자재 유통시장에 있어서 큰 변화가 예측된다.

1. 고객의 구매 패턴 변화

과거 재래시장이나 할인매장 등의 소매점에 직접 방문하여 구매하는 형태에서 앞으론 식자재 유통업체에 주문하고 배송 받는 형태가 늘어날 것으로 전망된다. 그러나 이와 함께 하나로마트 등의 식자재 전용매장의 매출도 확대될 것으로 보인다. 대형 외식업소는 Cash & Delivery(배송) 형태가 농산물과 수산물, 축산물, 공산품 등 여러 업체에서 구매하다가 통합 형태로 갈 것이나, 중소형업체는 직접 매장을 방문하여 행사제품이나 품질 대비 가격경쟁력 있는 제품들을 골라 구매할 것으로 예상된다.

그리고 외식업소들도 어느 정도 교통정리가 되면서 일부 '소문난 맛집'을 제외하고는 대형외식업소와 프랜차이즈 회원점들이 증가될 것으로 보인다. 그래서 지금껏 단순하게 식재료를 공급받는 이상의 메뉴의 공동 개발과 기타 서비스 등을 할 수 있는 기업형 식자재 유통업체를 선호하게 될 것이다.

식자재 유통시장의 산업화에 따라 외식업체들은 이제 믿고 신뢰할 수 있는 식자재 유통업체에 소싱을 위임하고, 매장관리에 더 치중하는 나름대로 '역할 분담'의 파트너십을 가질 것으로 예상된다.

처음에는 물류가 잘되고, 배송 누락, 기대 이하의 품질일 때의 클레임 처리할 수 있는 '콜센터(Call center)'가 잘되는 기업들을 선택하게 될 것이다. 물론 그때쯤이면 각 업체별 가격 비교 사이트는 오픈될 것으로 예상되기 때문에 가격의 경쟁력은 기본이라 할 수 있다.

기업형 외식업소와 개인 외식업소의 구매 분석

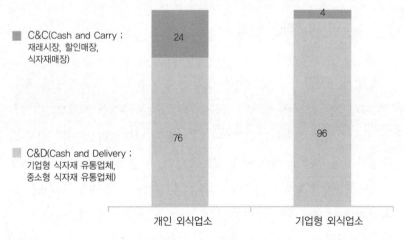

■ C&C(Cash and Carry ; 재래시장, 할인매장, 식자재매장)

■ C&D(Cash and Delivery ; 기업형 식자재 유통업체, 중소형 식자재 유통업체)

	개인 외식업소	기업형 외식업소
C&C	24	4
C&D	76	96

기업형 외식업소 구매 구성비 추이

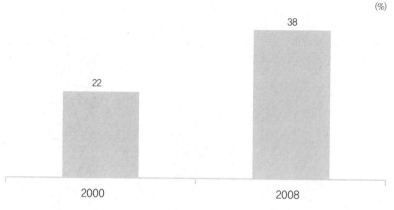

(%)

38

22

2000   2008

외식업소 구매형태(Cash & Delivery) 구성비 추이

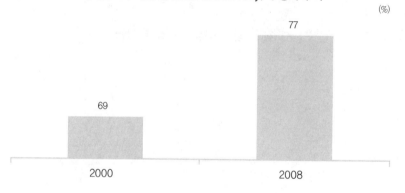

(%)

77

69

2000   2008

    가공식품을 제조하는 중소업체도 대기업의 OEM 증가와 소매상품의 PB 상품 매출 증가 등으로 가공원료 시장 성장률이 증가할 것으로 추정된다. 그때쯤 되면 기업형 식자재 유통업체의 구매단가도 매력이 있을 것이고, 소량의 다품목 구매도 수월하기 때문에 기업형 식자재 유통업체를 더욱 선호하게 될 것이다.

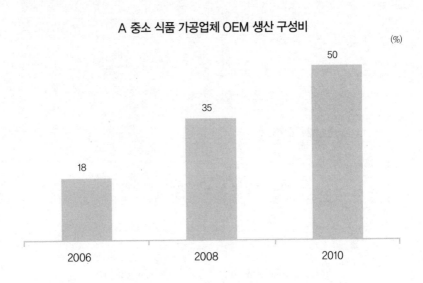

A 중소 식품 가공업체 OEM 생산 구성비

(%)

- 2006: 18
- 2008: 35
- 2010: 50

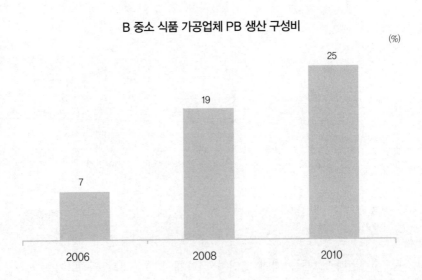

B 중소 식품 가공업체 PB 생산 구성비

(%)

- 2006: 7
- 2008: 19
- 2010: 25

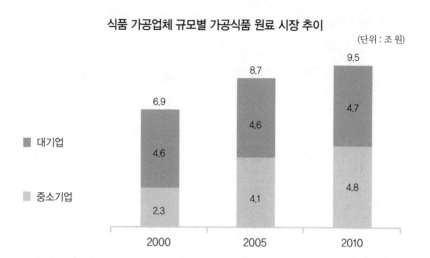

식품 가공업체 규모별 가공식품 원료 시장 추이

(단위 : 조 원)

■ 대기업

▨ 중소기업

2. 정부의 정책

향후 정부의 식자재 유통업의 규제 및 정책은 대기업 식자재 유통업체에게 유리한 상황으로 전개될 것으로 예상된다. 앞으로 거래 투명성이 더욱 강화되고, 식품 유통 안정성이 더욱 강화될 것으로 보기 때문이다.

사실 지금껏 급식시장의 위생 안정성에 대해 많이 언급되고 문제시되어 왔지만, 외식업소와 유통경로에 대해서는 크게 이슈화되지 않았던 것이 현실이다. 그러나 앞으로 농산물과 수산물, 축산물 등에 대한 원산지 표시는 더욱 강화되고 이력 추적까지 시행될 것으로 보인다. 또한 식품 제조가공업, 유통전문 도소매업, 수입업자, 단체급식업자, 식품접객업 등에도 식품 이물질이나 기타 클레임 등에 대한 행정처분이 강화될 것이다.

또한 일반 고객들도 신용카드 매출세액 공제 때문에 신용카드 사용

율이 높아지고, 외식업소의 매출·매입·지출도 투명성이 더욱 강조
될 것으로 보인다. 외식업의 의제매입세액 공제 제도로 일반 무자료
업자보다 사업자(대기업 식자재 유통업체)를 선호하게 될 것이다.

3. 대기업의 식자재 시장 전략

식자재 유통시장에서 기존의 대기업 업체들은 더욱 미래의 성장 동
력으로 삼고 전력투구할 것이며 또 신규로 진입을 시도할 업체들은
시장 정착을 위한 더 큰 경쟁이 예상된다. 그러나 이 시장은 어쨌든
더욱 구체화되고 체계화될 것이다.

지금껏 대기업의 시장 진출로 시장이 산업화에 성공한 경우가 많
다. 이마트 등의 진출로 소매시장이 성숙하고 급신장하였고, CJ의 진
출로 영화산업이 발전하였다. 그리고 품목별로 보면 풀무원과 CJ의
두부시장, 대상(주)과 CJ의 장류시장 등이다.

대기업 식자재 유통업체들이 각사의 보유 역량을 활용하고, 시장
진입 형태도 다양하여 예측이 쉽지 않은 각축전도 예상된다.

4. 10년 후 식자재 유통시장 규모

2020년 식자재 유통시장은 연평균 약 5%가 성장하여 2010년 시장
규모 대비 약 1.7배 규모인 49조 원에 달할 전망이다. 외식이 33조
원, 가공식품 원료가 16조 원으로 예상된다. 외식이 연평균 5.4%, 가
공식품 원료가 연평균 3.9% 성장이 예상된다.

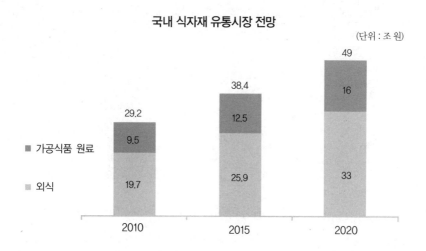

국내 식자재 유통시장 전망

(단위 : 조 원)

- 가공식품 원료
- 외식

연도	외식	가공식품 원료	합계
2010	19.7	9.5	29.2
2015	25.9	12.5	38.4
2020	33	16	49

그리고 기업형 식자재 유통업체가 접근 가능한 시장 규모는 유통 경로로 볼 때 외식 25조 원, 가공식품 원료 7조 원 등 총 32조 원에 달할 전망이다. 또 상품별로 보면 가공식품 등 공산품이 12조 원, 1차 상품이 20조 원에 달한다. 이는 명목 GDP 성장률 등 거시경제지표와 상품별 소비량, 고객 구매 패턴 변화 등을 감안하여 예측하였다.

이는 2020년 GDP 성장률 6%, 물가상승률 3%, 가계소비 지출과 그중 외식비 지출 비중 추이 등 거시경제지표와 농수축산 상품별 소비량 추이, 가공식품 제조업체 원재료비 추이, 가공식품 제조업체 매출 추이 등을 상품별로 분석하고 외식업 성장 추이, 가공식품 제조업체 아웃소싱 추이 등을 고려하여 예측한 수치이다.

대기업 식자재 유통업체가 접근할 수 있는 시장 규모는 연평균 약 30% 성장하여 32조 원에 달할 전망인데, 이는 전체 시장 성장률 4.8%의 6배나 된다.

미국 식자재 유통시장이 정형화되고 산업화된 것이 80년대 후반이라고 볼 수 있는데, 이는 현재의 국내 경제지표와 비슷하다고 볼 수

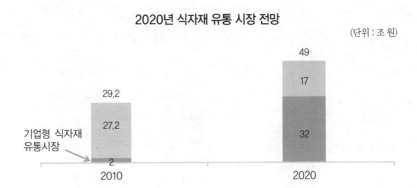

2020년 식자재 유통 시장 전망

(단위 : 조 원)

기업형 식자재 유통시장

2010: 29.2 (27.2 / 2)
2020: 49 (17 / 32)

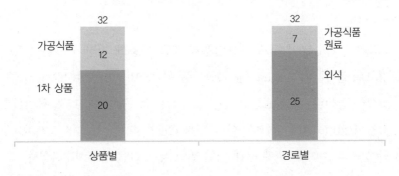

2020년 기업형 식자재 유통업체가 접근할 수 있는 시장 전망

(단위 : 조 원)

상품별: 32 (가공식품 12 / 1차 상품 20)
경로별: 32 (가공식품 원료 7 / 외식 25)

있다. 1986년부터 1989년 3개년 동안 2배 이상 급신장하였다. 미국의 87년과 한국의 2008년을 비교하면 1인당 GDP가 가각 19,524달러, 19,504달러, 식료품 중 외식비 비중이 43%, 46% 그리고 여성의 경제활동 참여율이 56%, 50%로 흡사하다. 이렇듯 2008년부터 2011년이 국내 식자재 유통시장의 큰 변환점이라고 할 수 있다.

한식 세계화 및 FTA 등에 따라 농식품 수출입도 지속적으로 증가할 것으로 전망된다. 수출은 2008년 44억 달러에서 연평균 8.8%가 성장하여 2020년에는 122억 달러로, 수입은 2008년 232억 달러에서 매년 7.4%가 성장하여 2020년에는 545억 달러가 될 것으로 예상된다.

  수출입 시장에서 과연 누가 주도적으로 글로벌 소싱 능력을 가지느냐가 향후 식자재 시장을 누가 리드하느냐와 같다고 해도 과언이 아닐 것이다.

현재 기업형 식자재
유통업체의 역량

제7장
현재 기업형 식자재
유통업체의 역량

1. 현황

각 업체들의 매출은 고성장을 하는 듯하였으나, 내용면에서 보면 매출금액 베이스로는 신장하였지만 매출 물량으로 보면 큰 신장이 없었다고 할 수 있다. 또한 그룹 내의 구매창구를 일원화해서 얻는 매출실적과 자체 외식사업의 매출을 경로별로 보면 접근하기 쉬운 프랜차이즈(FR) 거래와의 성과가 있었지만, 기존의 재래 외식시장 침투에는 한계가 있었다.

일반적으로 기업형 식자재 유통업체들의 실적을 보면, 가공식품과 비식품 등에 있어서는 나름대로 성과가 있었다. 물론 축산물은 외부의 영향 탓도 있어서 예외로 한다고 하지만, 특히 농산물의 경우는 아직 산지 계약재배 등 해야 할 과제는 많지만 성과는 미흡한 편이다.

미국 시스코의 경우 1차 상품 비중이 가공식품보다 크다. 1차 상품이 57%, 가공식품이 29%, 주방용품 등 기타가 14%가 된다.

영업이익률도 자체 급식을 하는 아워홈, 삼성에버랜드, 신세계푸드 등이 6~10% 정도이지만 식자재 유통을 주도로 하는 CJ프레시웨이나 푸드머스 등은 1~1.3% 등에서 머물고 있다. 투하자본 수익률(ROIC)도 미흡하다.

그리고 매출 대비 주요 비용 중 매출원가의 비중이 매우 높다. 물론 제조가 아니고 단순 유통이기 때문에 부가가치는 매우 낮은 편이다. 수익성 개선을 위해서는 매출 원가절감이 우선이다. 즉, 규모의 경제이어야 한다. 자체 상품을 개발하거나 품질 대비 원가경쟁력이 있는 상품을 PB로 개발해야 하는 배경 또한 여기에 있는 것이다. 대체적으로 이 식자재 유통업계는 인건비가 3~4%대, 물류비가 5~7%대, 본사 공통비 배분이 2~3%대, 기타 경비가 3~4%로 보면 된다.

장기적으로 볼 때 투자는 꼭 해야 하나, 현재의 매출액 대비 물류 창고와 CK공장 등 투자가 만만치 않은 것이 현실이다. 보통 물류센터가 3,000평 규모에 150억 원에서 300억 원, CK공장 건설에 200억 원에서 300억 원 정도가 투자된다. 투자를 위해서는 수익성 개선을 위한 현금 창출이 필요하나 아직은 인프라 투자에 자기자본이나 금융권을 이용하는 실정이다.

2. 차별화된 핵심역량

모든 기업들이 식자재 시장의 잠재력을 갖고 도전은 하고 있지만 현실은 핵심 역량이 미미하다. 이 시장은 '생산자와 고객을 연결하는 네트워크 사업'이라고 정의할 수 있다. 이때 핵심 역량은 생산자(공급자)의 입장에서 보면 MD(Merchandising) 역량과 고객(외식업소, 가공식품 공장 등)의 데이터베이스, 관리 시스템, 고객의 이해 및 관계 구축 역량과 물류, SCM 역량, 생산자와 고객, 물류 네트워크 등이 잘 조화되어야만 성공할 수 있는 사업이다.

그러나 농가와의 신뢰 속에서 산지 개발·계약 등을 할 수 있는 인력·시스템의 한계와 해외 소싱의 한계, 신상품 및 대형 상품 등 부가가치 있는 경쟁력 있는 상품 개발의 한계 등 관련업은 아직까지 많은 어려움들을 갖고 있다. 현재는 생산자가 생산하는 다양한 상품을 고객이 원하는 다양한 상품과 적시적소에 배송해주는 물류 인프라를 통해 상호 연결해주는 단순 네트워크 수준에 머무르고 있다.

그리고 지금은 무엇보다도 '인맥'과 '가격'이 중요시되기 때문에 현재의 상황으로 보면 기업형 식자재 유통업체의 거래처 개척과 고객 유지율도 쉽지 않은 편이다. 고객 이해 능력과 기존 식자재 유통업체의 거래처 개척의 어려움 등 세일즈 네트워크(Sales Network)의 한계와 기존의 식자재 유통업체와의 차별화된 서비스, 제안력 등이 부족한 현실이다.

물류 핵심 역량 중 물류 인프라의 요소는 통합센터 운영과 물류 정보시스템이다. 이를 보유한 업체는 단체급식 매출 비중이 높은 아워홈과 삼성에버랜드, 한화, 신세계 등에 불과하다.

그리고 프로세스 효율성의 요소로는 입출고 관리와 재고 관리, 배송 관리, 마감 시간 운영 등이 있는데, 그나마 이 분야에서는 대체적으로 각각 정해진 목표치를 향하여 각사가 개선되어 가는 모습이다.

대기업 식자재 유통업체의
중장기 전략 방향

제8장
대기업 식자재 유통업체의
중장기 전략 방향

식자재 유통사업은 시장 규모가 크고 경쟁 강도가 낮은 매력적인 사업이다. 그러나 국내 기업형 식자재 유통업체는 이렇다 할 가시적이며 구체적인 보유 역량을 갖고 있지 못하는 실정이다. 시장을 선도하는 식자재 유통업체는 없고 20개 미만의 기업형 식자재 유통업체들이 전체 29조 2천억 원 시장의 7% 매출 비중을 갖고 있다. 그래서 수단과 방법을 가리지 않고 M/S(시장 점유율)를 확대하여 시장 지배력을 가져야 하는 숙제를 가지고 있다.

숙제를 해결하기 위해서는 현재 가공식품 위주의 사업을 1차 상품, 글로벌 사업 확대 등으로 전략을 수립하고 단계별로 세부 전략을 수립하여야 한다.

일단 기존의 유통시장을 인정하고, 그들의 네트워크 형성에 가장 밀접한 식자재 유통업체와 도매업자, '중상(소사장)'을 제도권으로 끌어들여 양적, 질적으로 강화시켜 체계화시키는 일이다. 즉, 기존 식자재 진입을 위한 교두보를 확보하고 시스템화해야 한다는 말이다.

1. 시장 진입

국내 외식업소는 6십만 개가 있는데, 이 외식업소를 기업형 식자재 유통업체가 직거래한다는 것은 쉽지 않다. 기존의 외식업소의 93%가 개인사업자 또는 중소 식자재 유통업체들과 거래를 한다고 보면 된다. 외식 점주 또는 실무 담당자들과의 친분 관계나 세금계산서 문제, 배송클레임 처리 등 긴밀한 유대관계를 갖고 있기 때문에 거래처 개척이 쉽지는 않다.

물론 거래처를 유지하기도 쉽지는 않다. 외식업소의 요구 사항과 클레임 처리들이 제대로 해결되지 않으면 언제든지 매입 거래처는 바뀔 수가 있다. 특히 요즘같이 농수축산물, 심지어 공산품까지도 가격 변화가 많이 있을 때는 더욱 그렇다.

CJ프레시웨이나 대상(주), 삼성에버랜드, 푸드머스 등의 대기업도 실제로 이 시장에 직접 도전해봤지만 가시적인 성과를 거두지는 못했다. 대기업 상품들을 기존의 중소 식자재 유통업체가 취급하고 있기 때문에 거래처들의 눈치를 볼 수밖에 없다. 이런 이유도 이들 업체가 과감하게 시장을 직접 개척할 수 없는 현실이다.

어쨌든 제일 먼저 해야 할 일은 양적, 질적으로 우수한 네트워크를 많이 갖는 것이다. 전국에 2,000여 개의 식자재 유통업체 중에서 양적, 질적으로 역할을 담당할 수 있는 업체들은 300개 업체 정도에 불과하다. 월매출이 5억 원 이상이면서, 직영과 소사장제를 운영하고, 10대의 차량과 100평 정도의 창고를 운영하는 곳이 전국에 300개 업체 정도란 뜻이다.

또한 국내 식자재 유통업체 중 외식업체와 학교급식 업체를 함께 운영하는 곳은 전국에 30여 개 이내인데, 이는 영업 방식과 취급 품목, 시스템 등이 다르기 때문이다. 그리고 공산품과 농수축산 1차 상품을 다 같이 하는 곳도 전국에 50여 개 정도에 불과한데, 자본과 상품에 대한 지식과 소싱 능력의 한계가 있기 때문이다. 미국, 일본과 차이가 나는 것은 양식, 주점·호프, 중식, 일식, 분식, 한식 등 전문 유통업체가 다른데, 이 또한 영업 방식과 취급 품목의 매입거래처와 배송 및 결제 방식이 다르기 때문이다.

그리고 실제 일식을 제외하고는 업종별 런닝(Running ; 관리운영) 되는 품목들은 단순하다. 불과 700개 품목 내외로 한정된다. 국내 제 1의 매출액을 가지는 킹스가 3,500개, 하나로마트가 농수축산을 포함하여 7,000개 정도다(미국 시스코의 경우는 430,000개, 일본 다까세의 경우는 46,200개). 그렇기 때문에 이렇게 영세성을 면하지 못하고 있는 이 300개의 식자재 유통업체 중 누가 먼저 더 양질의 업체와 전략적 제휴 또는 인수하느냐가 우선 과제가 될 것이다. MD의 경쟁력이나 기존 조직을 통한 영업 확대는 그 다음 문제다.

그러면 어떤 방식으로 인수하는 것이 바람직할까? 정답은 없고 기업마다 접근 방법 또한 다르다.

CJ프레시웨이는 물류창고를 회사에서 짓고 지역의 영향력 있는 대리점들을 입점시켜 통합 운영한다. 1차(10%), 2차(41%), 3차(49%)로 구분하여 지분 인수를 하고, 100% 인수 전까지는 기존의 경영권을 존중한다. 반면, 대상(주)의 계열회사인 다물에프에스(주)는 지금껏 전국에 약 20개의 식자재 유통업체를 인수하였는데 지분을 100% 인수함에도 기존의 대표가 경영토록 하고 있다. 회사에서는 본부장급이 파견 나가 있는 형태이다. 푸드머스는 지분인수보다는 공동구매 형태로 공동 매입을 하고, 일정 이익을 공제한 후 식자재 유통업체에게 매출을 하였으며, 대신 결제기간을 2개월로 하였다. 식자재 유통업체에 대한 구속력은 없다. 현재는 참여 업체가 다소 미흡한 편이다.

이를 보면 CJ프레시웨이가 이상적인 모델이라고 할 수 있으나 100% 인수 전까지 정책 결정 등의 의견 수렴이 쉽지는 않을 것으로 예상된다. 반면, 다물에프에스(주)는 통합물류창고와 시스템 통합 등의 과제 이전에 시장의 교두보 확보에 더 주력하고 있다. 처음부터 지분 100%를 인수하고 기존의 대표와 회사의 대표의 차이를 두지 않고 경영능력과 영업력을 인정하면서 제도권으로 흡수, 공동 경영하는 것이다.

인수 대상 식자재 유통업체의 성격에 따라 지분 평가 금액은 달라진다. 영업 형태가 직접 영업사원을 두고 거래처 관리를 하느냐?, 소사장 시스템을 운영하면서 직접 또는 간접 관리하느냐?, 도매물류 벤더의 성격이냐? 등과 도소매 매출액의 구성비에 따라 달라진다. 물론 대외 신뢰도와 평판에 따라 달라지고 제일 중요한 손익 구조에 따라 달라진다. 향후 매출액과 DCF(Discounted Cash Flow Method ; 현금흐름할인법), EV/Sals, EV/EVITA(현금흐름배수), 투자금 회수 기간 등의 요소에 따라 평가되고, 이 모든 것을 고려하여 종합적으로 인수 금액이 결정된다. 일반적으로는 월매출(연간 매출의 1/12) 정도, 2년의 영업이익 정도가 기준이 된다. 이와 함께 기존의 식자재 유통업체 M&A에 관심이 많은 기업형 식자재 유통업체들은 '식자재 유통업체 인수팀'으로 전담팀을 구성하고 세부적인 기본 프로세스와 운영안, 가치 평가 기준 등을 만들어 계속적인 노하우를 축적하고 있다.

사실 기존의 식자재 유통업체를 인수할 시 적지 않은 돈이 투자되지만 유통업체는 '통합 구매'로 원가절감 1~2%, 임차료 절감, 인건비, 관리비 절감을 할 수 있다. 그리고 대기업 입장에서도 '통합 구매', 인건비, 물류비 등에서 효율적인 운영의 묘를 찾을 수 있다. 그리고 계속적인 식자재 유통업체 인수와 소사장 추가 영입을 통해 규모의 경제를 넓히면서 영업 간접비 절감, 1차 상품 확대 등으로 사업장별, 소사장별, 외식업소별 매출액을 끌어 올린다. 그렇게 하려면 지역 내 거점 유통업체 인근의 식자재 유통업체를 우선적으로 인수하고 또 가격경쟁력과 상품 구색력을 무기로 소사장을 과감하게 모집하여 영업능력(Skill)과 상품 교육 등 교육을 잘하여야 한다. 더불어 '칭찬' 위주로 성공사례 모델도 확대하여야 한다.

기존 식자재 유통업체 인수 시 '점주와 소사장 동반 이탈 가능성'과 '점주 경영 자율성의 한계와 회사와의 마찰', '소사장이 회사 시스템에 적응치 못해 고객과 함께 이탈', '자료 처리 문제' 등의 적지 않은 리스크(Risk)가 따르게 된다. 이를 극복하기 위한 방안으로는 '단계적 통합', '공동 경영' 등이 있을 수 있으며, 중요한 것은 사전에 지분율과 영업 정책, 경영 등에 있어서 세밀한 목표와 구체적인 행동 계획의 수립이 필요하다. 무엇보다도 기존 점주들과 '진정한 파트너십'과 '비전 공유'가 중요할 것이다.

어쨌든 우수 식자재 유통업체를 많이 인수하여 식당 고객 및 유통 채널을 선점하여 진입 장벽을 구축하고, 서서히 식자재의 품질과 안정성, 거래의 투명화 등을 통해 식자재 시장을 산업화·체계화시키는데 선도업체로서 누가 주도적으로 진행하느냐가 앞으로의 큰 핵심이라고 할 수 있다.

그리고 매장 형태의 진입도 검토해볼 만하다. 품질, 배송 클레임 처리, 일방적인 가격 요구, 고객 관리도 만만치 않으며, 결제도 쉽지 않기 때문에 고객을 끌어들이는 방안으로 생각해 볼 수 있다. 눈으로 보고 확인하는 '구매행동'을 가진 외식 업주들은 이렇게 매장을 방문하여 구매하는 경향이 늘고 있는 추세다. 더욱이 요즘 농수축산의 1차 상품뿐만 아니라 공산품까지 가격이 폭등하는 등 불안한 시장상황에서는 한 푼이라도 싸게 구매하고, '눈'으로 가격과 품질을 확인하려고 하고 또 심심치 않게 '행사품목'도 있어 또 다른 이득을 챙길 수 있는 이유도 있기 때문이다. 사실 제조업체에서 주력 상품, 신상품을 소개할 때는 배송 위주의 영업형태를 가진 식자재 유통업체보다는 매장형태의 영업형태를 가진 식자재 유통업체를 이용하는 것이 판촉에 있어서 훨씬 큰 성과를 낼 수 있기 때문에 과감한 판촉을 통한 투자를 아끼지 않는다.

일본에서는 '문화와 환경의 차이'로 대형매장인 메트로가 큰 성과를 못내는 반면, 중소형의 HANAMASA나 A-price 등은 그런대로 영업을 잘하고 있다. 국내에서는 일반 가정용 고객, 업소용 고객을 함께 수용하는 회원제의 코스트코와 사업자 전용 회원의 하나로마트 등이 성공하여 정착하였고, 지방의 대구에 있는 장보고유통 또한 300~800평의 '지역 밀착형 식자재 매장'으로 성공을 하였다. 앞으로 300평 규모의 전국 '다점포 전략'이나 '식자재 백화점'을 검토해 볼 수도 있을 것이다.

'다점포 전략'은 그야말로 전국 어디서 주문하거나 방문하든 고객이 원하는 대로 구매하는 것이다. 그리고 상품 구색, 가격도 지역 상황에 맞게 탄력적으로 운영하면 된다. 투자비도 타사업 모델보다 부담이 없다. 전국에 인구 150,000명 기준에 1개 점포를 두면 320개 점포가 된다. 외식업소 기준으로 보면 1,875개 업소 중에 1개 점포를 둔다는 것이다. 점포당 매출액은 6개월 또는 1년 정착 후 월 10억 매출로 보면 되겠다. 단지 문제점이 있다면 매력 있는 점포 후보지 물색이 쉽지는 않을 것이라는 점이다. 식당 밀집 지역이나 재래시장 주변이면 좋겠지만 점포 후보지 물색이 만만치는 않을 것 같다. 하지만 처음 30개 점포만 전략적인 위치에 오픈하고 홍보하면 그 다음은 상권에서 어느 정도 떨어진 위치라도 무난할 것으로 예상된다. 일반 리테일 매장과는 차이가 있기 때문인데, 쉽게 접근하기 위해서는 기존의 일반 리테일 마트를 인수하여 식자재마트로 리뉴얼(Renewal)하는 방안도 검토해볼 만하다. 예를 들어 상권과 입지로 보면 가시성, 시장 근접성, 외식업 밀접지역 등이 뛰어난 BYC매장을 생각해 볼 수 있겠다. 만약에 BYC매장들이 식자재마트로 전환되었다면 전국적으로 엄청난 파괴력을 가질 것이라고 생각된다.

그리고 '식자재 백화점'은 오래전부터 꿈꾸어 왔던 프로젝트인데 지금쯤은 대기업에서 검토해볼 만한 프로젝트라고 예상된다. 외식업을 하는 업주들의 대부분이 시야가 한정되어 있고, 의외로 보수적이고, 남의 말에 귀를 기울이지 않은 경향이 있다. 문제가 있어도 맘속에 끙끙 앓고 오픈을 하지 않는다. 더구나 사실 속 시원히 이야기할 상대도 없고 또 솔루션(Solution)을 제공하는 장(場)도 없다. 그래서 이런 업주들을 클리닉하고 솔루션을 제공하는 공간을 만들어 주어야 한다. 당연히 이와 관련되는 사업에는 업소 중개업, 주방인원·홀인원 소개, 인테리어, 주방 설비, 유니폼업, 프랜차이즈 소개업 등이 있다. 그러나 이들 업체들을 철저하게 검증한 후 입점시켜야 한다. 그리고 신상품, 신메뉴 개발 상품을 소개하고, 더 중요한 것을 원하면 외식업소의 여러 문제점들을 진단하고 클리닉해 주어야 한다. 또 외식업 관련 인사들을 초청하여 강연도 하고, '대박집'을 만든 점주들을 초청하여 성공사례를 공유하는 장(場)으로도 연출해야 한다. 뿐만 아니라 식품 개발이 뛰어난 중소업체의 상품 소개와 설비 인테리어 업체의 창의적인 아이디어 등이 그들에게 기회의 장으로도 만들어 준다면 성공 가능성이 있을 것이다. 예를 들어 추천한다면 서울역의 한화 콩코드 매장이 식자재 백화점 입지로 좋을 것이다.

한편 소스, 드레싱, 에이드, 기타 식품 소재 개발이 뛰어난 회사들은 일본의 '구제'와 같이 '상품 공동 개발과 제안'을 무기로 식자재 유통업으로 진출할 수 있다. 국내에는 'MSC', '삼조셀텍', '시아스' 등과 같은 회사들이 있는데, MSC는 유통보다는 그 핵심 역량을 외식 프랜차이즈사업에 더 관심을 많이 갖고 과거 '수라우동'을 시작으로 하여 '가마메'와 일본 생라멘 전문점인 '히노아지' 사업을 전개하고 있다. 처음 제조 중심의 마인드로 사업을 시작하여 시행착오도 겪었지만 가까운 시일 내에 프랜차이즈사업으로 성공할 것으로 전망된다. 식자재 유통에 관심을 가졌으면 하는 아쉬움이 남는 이 업체는 앞으로 외식업소의 '맛'을 창조하는 데 많은 도움을 줄 수 있는 경쟁력 있는 '식품소재전문회사'다.

삼조셀텍은 국내 최초 외식업체와 공동으로 'Order-made' 다품목 소량으로 상품을 개발하였다. 국내 프랜차이즈가 정착하게 되는 데 큰 역할을 하였으나, 지금은 동원그룹에 흡수되었다. 조만간에 동원홈푸드와의 식자재 사업에 있어서 큰 역할을 할 것으로 기대된다.

시아스는 우수한 연구 인력의 제품 개발 능력과 전문화된 영업 인력, 우수한 설비 등을 바탕으로 '미스터 피자', '피쉬앤그릴' 그리고 한식의 '원앤원' 등의 외식업계와 상품을 공동 개발하면서 활발하게 거래를 하고 있으며, '풀무원', '푸드머스', '이마트' 등에 OEM도 해주고 있다. 이 업체는 2008년에 마요네즈 생산을 시작으로 업소용 소스, 드레싱, 에이드 등을 자체 브랜드로 하여 처음에는 공격적으로 식자재 시장에 뛰어들었으나, 'Order-made' 사고의 한계를 벗어나지 못하고 '브랜드 마케팅', '물류의 인프라' 등의 벽을 뚫지 못하였다. 그러나 언제든지 식자재 유통 진입을 할 수 있는 경쟁력을 갖추고 있는 회사다.

과거와 달리 외식업도 변화하고 있고 공부 또한 많이 하고 있다. 외식 업주들의 학력 수준도 높아졌고, 외식업에 대한 고객의 요구도 달라지고 있기 때문에 이제는 이 시장을 구체화시키고 어떤 시스템을 갖춰서 가야 하는 것을 결정하는 상당히 중요한 시기가 되었다.

지금껏 외식업계와 기존 식자재 유통시장에서 상품의 안정성 관리, 세무 자료, 창고 재고 관리 등에서 무심했던 것이 사실이다. 이제는 동종업계들이 필요하다면 힘을 합하여 이 시장을 수면 위에 띄워 투명하게 체계화시키고 산업화시켜야 하며, 그 이후 선의의 경쟁이 필요하다.

공산품은 취급 유통업체에 따라 가격 위주로 단순하게 거래되었지만, 농수축산물의 1차 식품은 이제 대기업 식자재 유통업체가 교통정리하고, 유통단계 축소와 산지 거래의 신뢰성 및 투명성, 계약재배 등을 시스템화하는 데 앞장서야 대기업 식자재 유통업체와 외식업체가 상생하는 길이 된다. 그리고 더욱 전문화되어 유통·가공·판매에 주력하는 농협 경제지주와의 협력 관계도 간과해서는 안 된다.

2. 사업 확대

1차 상품의 사업 확대가 중요한 사업 성공의 열쇠(Key)다. 국내 시장에 있어서 도매시장과 농산물회사의 전략적 제휴, 전략적 파트너 검토, 지자체 또는 시·군유통회사와의 업무 제휴, 농협 경제지주와의 공동 전략, 글로벌로 위생과 안정성을 바탕으로 소싱하는 시스템 구축, 1차 상품을 고객의 욕구에 맞는 스펙으로 전처리, 가공식품화 등을 적극적으로 검토하여야 한다.

농업회사법인의 설립 근거를 보면 2008년 6월 22일 이후에는 농업·농촌 및 식품산업 기본법 29조, 또 2009년 11월 27일부터는 '농어업 경영체 육성 및 지원에 관한 법률'로 이관되어 있다. 이는 농지의 취득 문제 때문이다. 기업적 농업 경영, 농산물의 유통, 가공·위탁 영농을 대행하는 것으로, 영농에 필요한 자재의 생산, 공급, 영농에 필요한 종묘생산 및 종균 배양 사업, 농림수산물의 매취, 비축사업, 농업기계, 기타 장비의 수리·보관, 소규모 관계시설의 수탁 관리사업 등도 부대사업으로 하고 있다. 회사의 형태는 상법상 합명, 합자, 유한, 주식회사 등이다.

국내 지자체는 지역에서 생산되는 농수축산물의 판매 루트를 개척하기 위하여 시·군 유통 등의 회사를 만들고 있다. 지자체마다 차이는 있지만 대체적으로 지자체가 50%, 농협 및 지역 영농조합과 농민들이 50%씩 투자하여 만든 회사인데, 지금껏 크게 성과를 낸 회사는 많지 않다. 현재 전국에 9개 정도가 운영되고 있다. 경영은 농업실무 경험이 없는 대기업 식품회사 CEO, 또는 임원 출신들이 3개월 과정의 '농업 CEO MBA과정'을 거쳐 임용되고 있다. 원래의 취지는 좋았으나 현실적으로 볼 때 어려움들이 나타나고 있다. 농업법인이 성공하기 위해서는 식품 제조회사와 달리 적정 규모의 매출액을 만들어야 하고, 원물 확보 능력이 있어야 하는데, 실무 영업 경험이 없는 경영자가 일선 농가와 인맥을 형성하고 있지 않아 원물 확보에 있어서 많은 어려움이 발생한다. 즉, 수탁판매로는 이익 창출이 어렵기 때문에 결국엔 '계약재배' 등으로 일정 비율을 확보해야 하는데 원물 확보의 어려움과 적잖은 리스크 때문에 경영자 입장에서 쉽게 결정을 내릴 수도 없다. 또한 수요처 확보의 어려움과 설령 수요처가 확보되었더라도 작황이 어려워 가격이 폭등하여 농가가 약속한 물량을 지키지 못할 경우에 취할 수 있는 제재조치의 한계 등의 어려움도 뒤따른다. 물론 대농 위주의 원물 확보가 중요한데, 농산물은 현금거래를 하기 때문에 선급금 지급, 담보 확보 등의 어려움들이 적지 않은 실정이다.

농업법인은 이러한 산지 조직과 마케팅을 이해하고 접근하여야 하며, 막연하게 전략적 제휴를 맺는 것보다는 보다 더 구체적으로 각각의 역할 분담과 같이 협력하여 판매 시장 및 원물 조달 가능성을 체계적으로 분석하여 실현가능한 단기계획과 3년 정도의 중장기 계획을 수립하여야 한다. 더불어 고정성 경비를 줄이고 신속한 손익분기점 도달을 위하여 품목을 최소화하여 계약하고, 그 이후 품목을 다양화하는 방안도 검토되어야 할 것이다.

또한 지자체와의 제휴를 확대하여 지역별 특화 상품의 원활한 소싱 및 지역 유통사업을 위해서는 안정적인 고객을 확보해야 한다. 그렇게 하기 위해서는 각 지역의 지자체가 투자한 농업법인과 공동 브랜드 마케팅도 바람직할 것이다. 한 회사의 PB보다는 공동 브랜드로 전처리하고, CK 제품을 공동 브랜드화해야만 부가가치를 기대할 수 있다. 그리고 생산업자로부터 당연히 지역 물류창고로 직소싱하여야 하며, 지자체가 출자한 유통회사와 농수축산물 공급, 공산 가공품 공급 등의 역할 분담도 하여야 한다.

예를 들어 축산물의 경우 정부에서 추진하고 있는 '한우사업단'을 최대한 활용하여 외식업체, 가공원료, B2C 유통 등에 우월적 공급 지위를 확보해야 하는데, 통일된 품질과 안정성을 기반으로 대규모 생산·공급 기반을 2012년까지 전국에 12개소를 확보한다는 정부의 정책을 최대한 활용하면 좋을 듯하다. 그렇게 하기 위해 정부가 지정한 한우 육성업체와 공동 지분으로 참여하여 외식업소 공급 물량에 대한 공급권의 유리한 출구를 확보하여야 하며, 유통단계를 축소한 만큼 거둬들이는 수익과 가격경쟁력을 외식업체와 공유해야 한다.

더불어 지역 기관과 관공서 등에도 인맥을 갖고 영업을 하면서 지역 경제 활성화와 국가 경제에 기여하는 모습을 보여 주어야 한다. 특히 산지별 경쟁력 있는 품목 위주로 지자체와 협력관계를 구축하여야 하고, 신뢰가 갈 수 있도록 수매에도 같이 참여하여야 한다. 그리고 재무상황도 공유하여 실무 담당들은 서로 교차 업무를 해보는 것도 좋은 방안이다.

국내 농산물 유통은 과거 산지 시장과 공판장, 수집상, 도매시장으로 구성된 전통적인 시스템에서 1990년 중반 이후부터 새로운 시스템으로 크게 변모하고 있다. 산지에는 산지유통센터가 전국적으로 건설되어 운영되고 있고, 도매단계에서는 종합유통센터가 등장했고, 소매단계에서는 대형유통업체가 규모화되고 체인화되고 있다.

우리나라의 농산물 유통 정책은 산지 유통과 소비지 유통, 물류 효율화, 농산물 수출 촉진 등 네 가지의 시책으로 분류되어 추진되고 있다. 산지 유통은 산지유통센터와 전문조직, 거점산지유통센터 등의 사업이 추진되고 있으며, 물류 효율화 사업은 표준규격 공동 출하와 물류기기 지원, 공동 수 · 배송체계 구축 사업이 추진되고 있다. 소비지 유통은 농산물종합유통센터, 직거래 연결 지원 사업 등이 추진되고 있다. 이렇듯 농산물과 관련하여 사업들이 다양하게 추진되고 있으나, 계획 대비 예산 확보율은 아직까지 매우 낮은 수준이다. 그러나 농협 경제지주가 거대한 자본력으로 본연의 업무에 충실하고 또 대기업이 체계적으로 진입한다면 농산물시장은 지금보다 더 많이 달라질 것으로 보인다.

고객들의 구매 패턴도 달라질 것이다. 편의성과 안정성, 고품질의 상품을 요구하고 또 고객의 트렌드 변화에 맞춰 산지에서도 고객 중심의 새로운 품종을 개발하고, 이에 맞는 재배기술도 향상되어야 한다.

또한 '친환경농법'이 관행농법과 분리되어 단지화되고 있다. 포장 단계에서도 선별과정이 더욱 엄밀해졌고, 소포장이나 특색포장상품, 반(半)가공 상품 등으로 부가가치를 높이고 있다. 2006년 농산물의 품목별 평균 포장 출하 비율은 88.7%로 꾸준히 상승하고 있고 있다. 기준 표준규격 출하율도 73.2%로 증가하고 있는데 이는 적재 효율을 증가시켜 운송비 절감과 도매시장의 환경 개선, 경매장의 운영 효율을 높이고 또한 도매시장의 청소비용과 쓰레기비용도 감소시킬 수 있다. 이와 함께 표준규격 출하로 유통 능률이 향상되고 품질에 따른 가격 차별화가 가능하다.

우리나라 농산물 유통은 일본과 유사한 반면, 미국이나 유럽과는 많은 차이가 있다. 농가 생산규모와 거래규모는 소규모인 반면, 국내 운송거리는 짧은 것이 특징이다. 산지 유통 주체는 외국은 협동조합인 반면, 우리나라는 소규모 생산조직 위주이다.

향후 농산물 유통시스템은 산지에 흩어져 있는 농가들이 판로를 다양화하고 유통채널의 선택의 폭이 확대되어 복잡한 유통체계가 될 것으로 예측된다. 산지시장에서는 출하 주체가 분화되어 각 주체가 목표시장(Target market)을 겨냥한 출하 패턴이 형성될 것이고, 지역적으로 생산자들이 분화되어 시장 출하 지향형 농가 이외에도 비상품화 농산물이 판매되는 '파머스마켓(Farmer's market)' 유형이나 '지역 지원농업(Community Supported Agriculture)'이 발전할 것으로 예상된다.

도매시장은 시장유통에서 일정 비중을 차지하여 다양한 구색 상품의 수집·분산처로서의 기능을 할 것으로 전망된다. 또한 종합유통센터와 대형유통업체의 물류센터에서 일정부분의 도매기능을 담당할 것으로도 예상된다. 이 때문에 통합유통 물류센터가 필요하다. 소비시장에서는 대형유통업체들의 시장 지배력이 커지지만 '소비자 밀착적(Customer oriented)인 중소형 소매점' 들의 '틈새시장(Niche market)'도 형성될 것이다. 또한 외식시장과 학교급식시장 등도 더 전문화되고 체계화될 것이다.

산지에서 소비지까지에 걸친 복잡한 유통경로가 존재하지만 앞으로 대형유통업체 중심으로 형성된 SCM(Supply Chain Management)이나 도매시장, 산지유통센터 중심의 SCM 등의 수직적 공급체인망이 형성될 것으로 전망된다. 이는 기업형 식자재 유통업체가 선도업체로서의 자리매김을 하기 위해서는 꼭 해야 할 과제다.

미국의 시스코와 같이 서울의 가락시장이나, 각 지역의 재래시장 청과 도매법인과의 전략적 제휴도 검토해볼 만하다. 아니면 지역별 영향력 있는 영농조합법인의 인수도 대안이 될 수 있다.

그리고 장기적으로 국내 농산물로서는 국내 수요의 한계가 있으므로 중국, 동남아시아, 남미까지도 글로벌 소싱을 강화해야 한다. 그래서 향후 글로벌 네트워크를 형성하여 산지 거래와 국제간 거래, 고품질의 국내 농산물의 수출 등도 고려해야 한다.

아울러 국내 또는 해외에서 CK·전처리 상품을 개발하고 지자체와 연계하여 PB 상품 개발도 하여야 한다.

이제 구체적으로 살펴보도록 하자.

국내 관련사업의 기반을 다지기 위해 지자체와 연계하여 각 지역별 특화 상품 확보와 지역 식자재 유통업의 '거점기지'를 안정적인 수급처로 활용하는 방안이다.

그래서 국내 생산물량의 안정적인 네트워크를 위하여 가락시장 내 도매법인과 청과 회사와의 전략적 제휴, 영농조합법인 인수 등을 적극적으로 추진해야 한다. 이는 특히 해외에서 소싱되는 품목들의 안정적인 판매처로서도 필요한 사항이다.

글로벌 소싱과 수출 면에서도 살펴보자.

아직껏 수입 농수축산물에 대한 고객들의 반응은 냉담하다. 그러나 국내 농수축산물과는 가격경쟁력에서 월등하고, 품질 안정성만 확보된다면 고객들의 반응도 달라진다고 생각된다. 현재 농산물은 중국, 수산물은 동남아시아, 육류는 호주 그리고 남미다. 각 지역에 자체 또는 지역의 식품안전센터와 전략적 제휴를 하고 연구원도 파견하여 안정성을 확보한다면 상황은 달라질 수 있을 것이다. 지금껏 그러한 노력이나 시스템 등에 대한 투자를 하지 않았으니 그런 결과가 초래되지 않았을까 하고 반문해 본다.

앞으로 그런 인프라를 구축하고 소프트웨어에 과감하게 투자해야 한다. 당연히 국내 시장뿐만 아니라 해당 국가는 물론 제3국까지도 판매 루트를 찾을 수 있을 것이다. 예를 들면 국내에는 지금 중국에서 생산한 식품이나 업소용 비닐장갑까지도 일본 브랜드로 수입해 들어오고 있는 실정이다. 품질과 가격, 안정성만 확보된다면 국내산과 중국산은 문제가 되지 않는 것이 식자재 유통시장이다. 외식업소에 종사하는 사람들은 나름대로 품목별로 전문가이기 때문에 일반 가정용 고객과 같이 '브랜드'에 크게 좌지우지하지 않는다. 중국, 동남아시아, 남미에도 내수 시장의 거점으로 확보하면서 주변 제3국에 마케팅할 수 있도록 글로벌 네트워크를 가져야 한다. 이렇게 시스템이 구축되면 농수축산물뿐만 아니라 공산품, 잡화, 주방 설비, 소모품까지 통합 구매하는, 선진화된 식자재 유통 조직을 만들어야 한다. 앞으로 10년 뒤면 국가별로 물류비와 관세를 포함한 상품별 가격 비교 사이트가 나올 수도 있을 것이다.

해외에 도매물류 회사를 설립하는 것도 검토해볼 만한 과제다. 주변에 보면 영국의 도매물류회사인 'Crown crest'의 회장이 평소 '친맥(親脈)'이 두터웠던 현대종합상사 부사장 출신을 영입하여 서울에 법인을 설립하였다. 영국뿐만 아니라 유럽 전체에 판매망을 갖고 있는 이 회사는 매출액이 1조 원이 넘는 중견업체로, 상품 소싱 능력도 세계 곳곳이 대상이다. '대량으로 싸게 사서 최대한 싸게 판다'는 회사 운영 정책을 갖고 있는 이 회사는 영국 내 300여 개 매장을 가진 유통회사도 인수하여 'Pound & strecher'라는 브랜드로 판매하고 있다. 아마 10년 후에는 국내에서도 큰 성과가 나올 것으로 기대되는 회사다.

지금은 국내산 식자재의 수출이 미미하지만 앞으로는 달라질 것이다. 정부와 외식업계에서도 '한식의 세계화'에 주력하고 있고 또 중국뿐만 아니라 북미지역, 싱가포르 등에서도 불고기와 김치, 비빔밥 등을 통해서 성과를 내고 있다. 지금까지는 한식당을 중심으로 한인 유통 조직을 이용했지만, 그 지역의 현지인과 화교들의 유통 조직도 최대한 활용해야 한다. 그리고 '한상(韓商)조직'의 네트워크 활용도 검토해야 한다.

더불어 국내는 당연히 해외에서 소싱한 농수축산물을 규격화하여 전처리하고 상품화하여야 할 것이다. 공산품은 물론 1차 상품을 가공 식품화하여 PB 브랜드로 만들어서 미국의 시스코처럼 고객의 욕구에 따라 상품을 등급(Grade)별로 차별화해 생산하여야 한다.

농산물 유통에 있어서는 현재 국내 1차 상품유통의 밸류체인(Vaiue Chain)의 핵심 거점(Key Position)인 도매법인과의 전략적 제휴도 검토될 수 있다. 현재는 산지 도매인 중도매상 식자재 유통회사 외식 업체 및 식품 제조회사였으나, 향후에는 산지에서 직접 소싱하여 외식업체와 식품 제조회사에 공급하는 것이다. 이제는 기업형 식자재 유통업체가 할 수 있다면 직접 도매인이 되어 경매 기능까지 수행하는 것도 검토되어야 한다. 정부는 도매인의 직접 경매를 일정량 인정하고 있고, 서울특별시 농수산물공사는 시설 현대화를 위해 저장시설 및 CK 시설 현대화를 추진하고 있다. 이렇게 되면 산지 생산자와 생산 물량, 시간대별 가격 동향도 파악하는 등 정보 네트워크를 구축할 수 있고 글로벌 소싱 품목의 공동 판매처도 될 수 있다.

어쨌든 제일 중요한 것은 산지 직거래와 해외 소싱 물량을 소화시킬 수 있는 안정적인 기능으로 역할을 수행할 수 있게 되었다는 점이다. 이와 함께 경매시장을 좀 더 현대화하여 업그레이드한다면 다품목 소량 상품에 있어서도 경쟁력을 갖출 수 있을 것이다.

수수료만 매출로 인식하여 리스크가 적고 이익률이 높은 안정적인 사업인 도매법인은 전략적 제휴 가능성이 절대적으로 어려운 사업은 아닌 것 같다. 가락시장의 경우 한국청과 등 4개 도매법인을 살펴보면 2008년 기준 평균 매출액이 224억 원(수수료 매출), 업체별 평균 경매금액 4,452억 원, 수수료율은 평균 5% 정도이며, 영업이익도 매출액 대비 15.4%인 34억 5천만 원이다. 평균적으로 248개 중도매상을 보유하고 있는 이 도매법인의 자본금은 50억 원, 직원은 80~90명 정도이다. 이 사업은 안정적인 현금 창출이 가능하기 때문에 전략적 제휴를 하면 매력이 있는 분야가 될 수 있다.

정부 주도로 농수산물 도매시장의 시설이 현대화될 계획이다. 인프라 개선 등 도매시장의 전반적인 기능 개선이 세 단계에 걸쳐 개선될 것으로 예상된다.

먼저 1단계(2009년~2011년)로 관리서비스동을 신축하여 '복합 다기능'의 미래형 도매시장을 신축하여 도소매 분리로 기능별 시장 기능도 극대화시킨다.

2단계(2012년~2019년)에는 도매시설을 재건축하여 유통비용을 획기적으로 절감시키기 위한 시스템을 구축하고 안전한 농수산물 공급체계를 구축한다. 세부적인 내용으로는 콜드체인 시스템, 물류 동선을 최적화하고 HACCP체계 도입과 품질 관리 시스템을 강화한다.

3단계(2019년~2020년)에는 물류시설을 신축하는 것이다. 저온창고, 냉동창고 등 저장시설을 확보하고, 배송, 전처리 설비, 식품 가공 시스템 강화 등이다.

이렇게 되면 물류 인프라 개선과 도매시장으로서 기능을 확대하고 저온창고, 콜드체인 시스템 등 저장, 보관과 관련된 안정성을 도모하고 안정적인 농수산물 소싱 및 매매 기반을 확보하게 되는 것이다.

멀리 시야를 돌려보자.

중국 내 복합 신선유통센터를 운영할 필요가 있다. 단기적으로는 중국산 1차 상품 소싱에 주력하고 중장기적으로는 중국 내수 시장 공략의 거점과 제3국 수출기지로 활용할 수 있다. 1차 상품 소싱 확대를 위해서는 농산물 집하장과 함께 식품안전센터 설립이 꼭 필수적으로 병행되어야 한다. 국내 가공식품과 외식시장에 있어서 중국산 1차 식품은 대단히 중요한 역할을 한다. 실제로 산지에 가서 보면, 특히 내몽고지역 같은 곳은 그야말로 청정지역이자 유기농 지역이다. 문제는 관리와 유통이다. 지금은 효율성이 떨어지지만 장기적으로 보면 식품안전센터를 오히려 국내보다도 내용면에서 해당 지역에서 더 충실하게 점검하는 시스템을 갖추어야 한다. 그래서 안정성을 확보한 후 국내 식자재 시장, 심지어 학교급식시장까지도 마케팅 대상으로 삼아야 한다. 이에 대한 방안으로는 중국 내 1차 식품 가공업체를 인수하든지, 아니면 전략적 제휴를 하여 현지 도매시장을 통하여 유통시장에 진입하는 것도 본격적인 검토가 필요하다.

또한 현지 가공식품업체나 도매상, 현지 유통회사, 전문 벤더와의 거래 계약이 꼭 필요하다. 예를 들면 산동성의 경우 고추는 국내 생산량의 2배 이상, 마늘은 1,300배 이상, 양파는 1.7배 이상이다. 기후 조건이 한국과 비슷하며 국내 시장에서 요구되는 품종의 생산이 가능한 곳이다. 마늘은 '스페인산'이며, 고추는 '한국산' 품종이다. 그리고 고추, 마늘, 양파의 주요 산지가 밀접해 있어 물류비에 있어서도 절감 효과가 있다. 그리고 산동성은 이미 한국 회사가 10,000여 개 이상 진출하고 있고, 투자액도 250억 달러 이상으로 가장 교역이 활발한 지역이다. 투자환경도 우호적인 편이다. 산지와 연간 고정단가 계약이 가능하고, 수출전문 식품 가공회사, 전문 도매시장과의 제휴도 유리한 지역이다. 이 지역은 생산, 유통, 가공, 수출과 관련된 관련 기업들이 5,000여 개 이상 있고, 전문 도매시장도 440여 개 이상이 있다.

중국 내수시장 공략을 위해서는 일단 북경과 상해 등 대도시 지역을 먼저 단계적으로 접근하여야 한다. 중국 식자재 시장은 2000년 30조 원, 2008년에는 108조 원이었지만, 2013년에는 250조 원으로 예상된다. 2008년 주요 도시별 식자재 시장은 상해가 20조 원, 북경이 16조 원, 청도가 7조 원이다. 3개 도시의 식자재 시장이 중국 전체 시장의 거의 40%를 차지하고 있다.

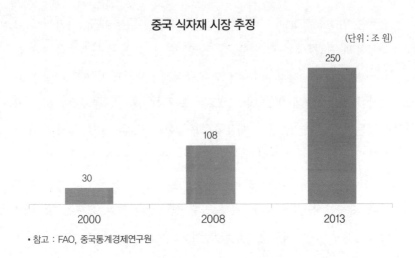

중국 식자재 시장 추정

(단위 : 조 원)

- 2000 : 30
- 2008 : 108
- 2013 : 250

• 참고 : FAO, 중국통계경제연구원

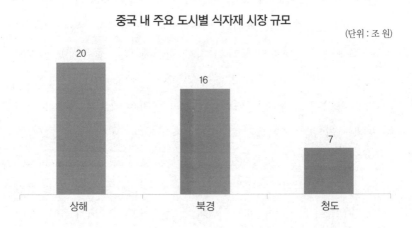

중국 내 주요 도시별 식자재 시장 규모

(단위 : 조 원)

- 상해 : 20
- 북경 : 16
- 청도 : 7

중국 내수시장 공략을 위해서는 먼저 현지 1차 가공업체를 인수 또는 전략적 제휴를 하고 산지를 확보해야 한다. 그리고 도시별 강한 도매 벤더를 찾아서 매출 확대와 많은 물량을 소화시킬 수 있는 체인 형태의 외식업체 개척도 잊어서는 안 된다.

중국 내 복합신선유통센터의 식품안전센터는 먼저 국내 및 중국 내에서 신뢰도를 구축하는 일이 중요하다. 국내보다 더 업그레이드한

첨단 장비를 설비하고 안정성테스트도 더 다양화하고 전문화시켜 오히려 국내보다 더 까다롭게 운영하는 설비와 시스템을 갖추어야 한다. 상주 인원도 국내 우수 인력과 중국 내 우수인력뿐만 아니라 일본, 미국 등 제3국의 우수한 인력까지 채용하여 그야말로 '글로벌식품안전센터'를 설립한다. 그 후 국내 식품 가공업체, 유통업체, 외식업 관련업체 임직원을 초청 또는 견학을 오게 하여 신뢰도를 쌓는 것이다. 사실 일반 고객들은 중국산 수입품에 대해 배타적이지만, 이와 관련되어 사업을 하는 사람들에게는 관리만 잘되면 결코 품질에 있어서는 국내산보다 뒤지지 않는다고 생각하고 있다. 이 회사(식품안전센터)가 인정하면 전혀 문제가 없다는 것을 적극 홍보하여야 한다. 그렇게 되면 국내 식품 가공회사와 외식업계, 식자재 유통업계에 선도업체로서의 자리를 선점할 수 있다. 당연히 일반 농산물뿐 아니라 전처리야채 등으로 차별화하여야 한다.

현재 국내 시장은 급식, 프랜차이즈 등 일부 유통을 제외하고는 아직 전처리에 대해서는 시장의 인식이 미미하다. 그러나 다양한 스펙과 가격경쟁력이 있다면 향후 이 시장은 엄청난 속도로 발전해갈 것이다. 예를 들면 깐 마늘, 다진 마늘, 세척 당근, 무청 등은 이미 국내 시장에 진입하였고, 절임배추, 무, 꼭지제거 전 양파, 고구마, 감자 등도 잠재력을 가질 수 있는 품목들이다.

단기적으로는 고추, 마늘, 양파 등 '냉동양념채소류'를 중심으로 수입을 하다가 향후 신뢰도가 구축되고 FTA가 체결되면 '신선야채류'도 스터디하여야 한다. 노하우가 축적되면 품목 수도 늘릴 수 있다. 실제로 지난 2000년부터 2007년까지 7년 동안을 비교 분석한 결과 고춧가루는 7배, 마늘은 2.5배, 양파는 11배 이상을 수입하였고, 가격도 고춧가루는 국내산의 59%, 마늘은 52% 정도의 가격이다. 사실 마늘 같은 경우 국내산과 품질을 비교할 때 전문가들도 국내산에 비해서 품질이 그렇게 떨어지지 않는다고 한다.

원물 및 신선 상품으로 수입할 때는 관세가 270% 등으로 사실 수입이 어렵지만, 전처리하여 수입할 때는 관세율이 품목에 따라 차이는 있지만 냉동고추, 다진 양념일 경우 관세율은 27%다. 중국 내에서 어느 정도의 물량을 소화시킬 수 있는 업체를 M&A하는 것도 바람직하다고 생각된다.

수산·축산물은 아직 유통 물량과 전문적인 노하우가 필요하기 때문에 메이저급 유통업자와 전략적인 제휴를 가지고 가는 것이 낫다. 국내 '판매권(Exclusive)', 아니 필요하다면 인수나 자본투자를 통해 파트너십을 갖는 것이 좋겠다. 그러나 계속 해외 시장을 살피면서 중소형의 현지 유통 업자를 발굴하는 데 노력하여야 할 것이다. 사실 식자재 유통시장에 있어서 수입육의 시장 규모는 계속 늘어날 것이다. 지금부터 이 분야에 전문성을 갖추기 위한 준비를 하여야 한다.

축육 사업은 구매 시에 고객별(식자재마트, 외식업소, 프랜차이즈 등)로 다양한 니즈가 존재하기 때문에, 즉 경로별로 원하는 부위가 다르다. 소·돼지 한 마리 작업 시 여러 부위가 파생되며 각각의 원하는 부위가 다르다. 그래서 기존 업체, 타 업체들과 동시에 구매할 수 있는 '통합 구매'를 검토해야 한다. 우육의 경우 미국에는 Tyson, Cargill, Swift의 3대 메이저 공급자의 시장 장악력이 굉장히 높은 회사들이 있다. 이런 문제를 고려하여 PB 상품을 개발하여야 한다.

축육 사업은 시스코처럼 재고 관리에 있어서 현 재고에서 새로운 재고가 들어올 시 재고 가격에 맞추어서 가격재책정(Repricing)이 되어야 한다. 재고 관리의 주체는 MD이지만, 판가를 결정하는 것은 MA(Marketing Associate)와의 균형을 유지해야 하기 때문이다. 축산물 구매 시 추측(Speculation)에 대한 부분이 존재하며, 특정한 수요·공급 및 가격에 대한 패턴을 만들어 향후 발생하는 이익과 손실에 대비하여야 한다.

 축육 전문 업체 M&A가 축육 영업을 조기에 활성화하고 시장 지위를 높이는 데 제일 빠른 수단과 대안으로 유력한 벤더 업체를 선정하여 매주 영업사원에게 이론 중심의 필기교육을 실시하고, 우수한 사원에게는 시상도 하는 등 동기부여를 한다. 당연히 축육 전문가(Specialist)와 동행, 코칭하여 축육 협력업체 실습 등을 하여야 한다.

 축산물도 부위 및 용도별로 다양한 상품으로 개발되어야 하고, 유통채널별로 그레이드를 차별화하여야 한다. 급식과 고급 외식업소, 프랜차이즈, 일반 기업체 급식 등 무조건 가격과 품질로만 차별화하는 것이 아니라, 그레이드별 '셀링포인트(Selling Point)'가 분명해야 한다. 수입 축산물도 PB화한다.

 미국 시스코의 경우를 살펴보도록 하자.

 '아웃백스테이크하우스'의 운영형태를 보면 아웃백은 프랜차이즈 특성상 이익은 적지만 매출량(Sales Volume)이 커서 시스코에 있어서 매력이 있는 거래처다. 시스코는 600개(SKU) 이상의 거래처는 SYGMA(Chain Business를 하는 계열사)가 담당한다. 농산물 공급은 계열회사인 'Fresh Point'가 담당하고, 육류 및 수산물은 'Performance'가 담당한다. 'Performance'는 미국 시스코, US Foodservice 다음의 매출액 3위인 업체인데 전략적 협의를 하는 것이다. 'Performance'는 여러 도축장(Meat Cutter)과 수산물 공급업체(Seafood Supplier)들로부터 공급받는다. 시스코의 경우 1차 상품 구성비는 농산 9%, 수산 9%, 축산 15% 정도이기 때문에 축육의 중요도, 전문성은 크다고 할 수 있다. 이렇듯 축산물은 전문성 있는 업체와의 전략적 제휴는 필수적인 사항이다.

다음으로 수산물 유통에 대해서 알아보자.

수산물은 강한 부패성을 가지고 있어 상품가치가 매우 심하다. 유통에 있어 시간적, 수량적 제한을 받아 신선도에 따라 가격 차이를 많이 가져 온다. 그래서 선물거래도 불가능하고 등급 매김 거래도 어렵다. 일반 공산품과 달리 수산물은 선도, 규격, 생산 시기, 생산량의 불확실성 등으로 가격이 매우 다양하다. 또한 수산물 자체의 특성뿐만 아니라 생산의 영세성과 어업인의 판매가격 결정 참여 곤란 등으로 생산자에서 소비자에 이르기까지 유통과정이 길고 복잡하다.

유통경로로 연근해 수산물과 원양어획물로 구분하는 수산물은 시장기능 면으로 구분하면 산지 수집, 경매 · 입찰, 소비지로 반출, 재경매를 통한 1차적 소비지 분산, 도매과정을 통한 광범위한 분산 등으로 나누어진다.

또한 수산물의 생산자와 소비자 간의 수급의 적절한 결합, 상품의 집배, 판매대금의 신속한 결제 등 전문적인 상적 기능을 수행하는 수산물도매시장은 수산물 특성상 선도 변화가 심하고 표준화가 곤란해 대량의 물량을 특정 장소에 모아 집중거래를 하게 하여 가격형성과 능률적인 분산을 수행하는 곳이다. 이곳은 수산물 구매자가 적절한 종류와 수량의 수산물을 구매요청하면, 광범위한 집하기능과 생산자에 대한 계속적이고 안정적인 출하를 촉진시킴으로써 안정된 가격으로 주선할 수 있게 하고, 매매 쌍방이 납득할 만한 적정가격을 형성하게 하여 능률적인 집하와 분산을 통해 거래가 되게끔 한다.

수산물은 조직화된 수협 유통조직을 통해서 판매할 때 영세한 개개

생산자의 의사표시를 통제할 수 있다. 그리고 통일된 의사에 의해 거래될 수 있어 어업인의 이익을 대변해주고, 판매되는 소요시간과 경비를 줄여주며, 적정가격과 원활한 공급의 기능을 하고 있다. 그러나 아직 수산물은 생산자의 판매가격과 최종 소비자 가격과는 많은 단계가 남아 있어, 이 과제를 미래의 기업형 식자재 유통업체가 해결해야 할 것이다.

수입 수산물은 '수입수산물추적관리시스템(RFID ; Radio Frequency Identification)'을 통하여 수입 시점부터 유통과정의 각 단계별 정보를 기록·관리한다. RFID는 문제 발생 시 이동경로(수입업체, 냉동창고, 급식업체 등)를 따라 추적하며, 신속한 원인 규명을 통해 수산물의 안정성을 확보할 수 있고, 이러한 수산물의 이력을 소비자에게 공개함으로써 수산물을 안심하고 선택할 수 있도록 도와주는 시스템이다.

수산물의 수협 계통 판매 총액 추이를 보면, 2008년 2조 6,585억 원, 2009년 3조 4,208억 원, 2010년 4조 1,504억 원으로, 최근 2년 동안 56% 신장하면서 시장이 커지고 있다. 이 가운데 2010년 어종별 수산물 계통 판매고를 구분하면 어류 2조 3,934억 원, 갑각류 4,095억 원, 패류 2,134억 원, 연체동물 8,165억 원, 기타 220억 원 등이다.

외식시장에 있어서 수산물 사용량은 계속 신장하고 있다. 그리고 급식시장처럼 외식시장에서도 수산물 표준화와 규격화가 요구되고 있고, 식재 공급에 대한 위생법규가 강화되고 있어 소규모 업체는 쇠퇴하는 추세다. 따라서 기업형 업체에게는 기회 요소가 많은 시장이다. 더욱이 아세안 FTA에 의해 동남아로부터 수입 수산물의 공급이 확대되고 있다. 그래서 기업형 식자재 유통업체에서는 식자재 유통의 원스톱 서비스(One-Stop-Service)의 실현을 위해 수산물 가공공장을 준비하고, 식재안전센터 운영을 통해 안정성을 확보해야 한다. 아울러 수산 전문 인력을 채용하고, 향후 비축 및 재고 운영 프로세스를 연구하여 수산물의 인프라와 시스템을 구축해야 한다.

이제 수산물의 구매 혁신 프로그램을 연구해 보자.

첫째, 갈치, 동태, 임연수 등 직수입 품목을 확대하고 산지 중매인을 통한 직구매를 할 수 있는 시스템을 만들어야 한다. 해외 직수입은 러시아, 미국, 중국, 베트남 등 해외 주산지별 구매 네트워크를 구축해서, 비축품목도 비축 운영프로세스를 거쳐 확대할 수 있는 시스템을 갖추어야 하고 국내산 어종의 비축량도 확대하여야 한다. 그래서 규모의 경제를 실현하기 위하여 자체 소화할 물량 이외의 거래처를 개척하여야 한다.

둘째, 전처리와 절단이 동시에 작업될 수 있도록 가공공장 운영을 하여야 한다. 경로별로 출고되는 스펙이 다르기 때문에 수율 및 단가 등을 고려하여 작업이 프로세스화 되도록 시스템화하고, 가공비 절감을 위한 프로세스도 갖추어서 가격경쟁력을 갖도록 하여야 한다.

셋째, 어쨌든 규모의 경제이기 때문에 구매의 경쟁력을 갖기 위해서는 동종업계와의 '공동구매'를 해서라도 도매시장 및 가공업체에 판매 루트를 개척하여야 한다.

넷째, 고객별 니즈를 파악하고, 각 지역별 특색이나 장단점을 알고 진행해야 한다. 물론 공통분모를 찾을 수 있는 부문들을 많이 찾아내어 스펙을 규격화하고 통합하는 작업도 필요하다. 예를 들면 참치의 경우 동남아, 유럽, 미국, 남미 등 전세계의 시황과 현황에 대해 알고 고유의 전문성을 갖고 진행해야 한다.

일본 종합상사의 예를 들어보자.

일본 미쓰비시, 소지쯔 등의 종합상사들은 해외에 자체 생산 기반을 확보하고 유통과 가공 사업의 계열화를 통해 상호 확장이 가능한 선순환 사업 구조로 구축되어 있다. 현지 산지에 지분 투자를 하여 독점 수매권을 확보하고 있는 이들 상사는 유통 전문 자회사와 식품 가공 전문 자회사에 통합 공급하고 제3국에도 수출을 한다. 이렇듯 안정적인 수급원 확보와 현지 유통을 강화하면서 제3국에 수출함으로써 '수급과 공급'의 균형을 맞춰나가는 것이다. 농산물과 냉동수산물, 육류 등에서 미쓰비시상사는 세계 80개국에, 소지쯔상사는 92개국에 거점을 확보하고 있다. 이렇게 미래 기업형 식자재 유통업체들은 해외 주산지별 네트워크와 판매 루트를 갖고 있는 일본 종합상사들의 사례를 벤치마킹할 필요가 있다.

앞으로 국내산 식자재 해외 수출도 지금과 달리 속도를 낼 것으로 예상된다. 정부의 지원(물류비, 정책자금 등)을 최대 활용하여 수출 확대를 위한 인프라(Infra)를 구축하고, 전략상품을 발굴하고, 해외 한식당에도 국내산 식자재를 수출해야 한다. 지금껏 미국에서 많은 매장을 갖고 있는 '한아름'과 '각시'처럼 국내에 법인을 설립한 경우 외에는 아직까지 개인이 수입을 하여 공급하는 정도에 불과한 실정이다.

수출전략상품도 지자체와 협력적 관계를 가지면서 지역 특화상품을 발굴, 육성하고 각 지자체의 수출 지원프로그램을 최대한 활용해야 한다. 그리고 정부의 '한식 세계화' 전략에 적극 동참하고 해외 한식 업체 및 한인이 운영하는 현지 외식업체 등을 DB화하여 영업 전략을 수립해야 한다. 옥션 신화로 유명한 이금룡 회장이 만든 '(주)코글로닷컴'을 활용하여 '한상(韓商) 네트워크'와의 전략적 제휴도 가능하다. 그리고 코트라(KOTRA) 수출물류센터를 활용하여 물류비도 절감할 수 있다.

또한 CK · 전처리 상품 및 1차 상품 PB를 개발하여 고객을 만들어야 한다. 외식업체가 대형화 · 체인화됨에 따라 식자재는 구매 · 가공 · 시스템화되고, 메뉴도 표준화됨에 따라 표준화된 식재료의 스펙에 대한 니즈가 요구되고 있다. 향후 일반 외식업계도 가격경쟁력과 품질만 인정되면 이 시장은 많이 늘어날 것으로 전망된다. 일차로 수요가 많은 급식시장에서 CK · 전처리 역량을 키워 중장기적으로 외식 경로 CK 상품 개발 및 수출형 CK도 개발할 것이며, 한식 메뉴에 대한 CK를 개발하여 DB도 구축하게 될 것이다.

1차 상품, 특히 특화상품은 지자체와 PB를 만들어 공동 마케팅을 한다. 수산물, 축산물도 마찬가지다. 일본의 경우, 외식업이 발달함에 따라 전처리, CK 상품 등 1차 상품의 가공식품화도 진행되고 있는 상황이다.

일본의 경우 CK · 가공제조 품목 비율은 소스류가 92%, 육가공품이 54%, 전처리가 39%, 과일도 15%가 된다. 이렇듯 외식업의 발전에 따라 체인업체를 중심으로 한 전처리 및 CK 상품에 대한 의존도가 높아지고 있다. 체인업체 등 대형 외식업체는 다점포가 진행되면서 전 과정을 시스템화한다. 구매와 조리 가공, 서비스까지 전 과정을 시스템화하여 비용 절감에 주력하고 있는 것이다. 뿐만 아니라 이렇게 조리시간 단축과 비용 절감, 위생적인 측면까지 추구하는 경영의 선진화를 추구하고 있는 일본은 메뉴와 식자재의 표준화 등의 효율성을 올리기 위하여 소스류, 육가공품을 중심으로 CK 제조 품목을 확대하고 있다. 인건비 절감과 절전 · 절수 및 쓰레기 처리 비용 등을 감소시키고, 가능하면 최대한 주방 및 주방 설비를 축소시킨다. 그리고 체인 점포 간 메뉴, 조리방법, 맛 등을 통일시켜야 하기 때문에 전처리도 중요한 역할을 하는데, 70년대에는 전처리업체가 10여 곳에 불과하였으나 80년대 이후 50여 개 업체로 급속하게 늘어났다.

국내는 지금 단체급식, 체인, 프랜차이즈 등 대형외식업소에서만 전처리와 CK 등이 요구되고 일반 외식업소는 단어 자체도 모르고 있는 실정이다. 물론 국내는 일본과 문화, 음식조리 스타일 등에 차이가 있기 때문에 빠른 속도의 변화는 아니겠지만, 앞으로 서서히 변하게 될 것이다.

실제로 한국 고유의 정서에는 '정성' 과 '손맛' 등 규격화할 수 없는 요소들이 많기 때문에 한식의 매뉴얼화, 소스의 스펙 통일화 등은 쉽지는 않을 것이다. 이제는 고추장도 비빔용, 찌개용, 양념용 등으로 구분되고, 된장도 국용, 찌개용, 양념용, 무침용 등 용도에 따라 규격화될 때가 왔다. 어느 정도 물량이 되면 개인 업소에서도 양념류 등이 용도에 따라 식자재 유통업체와 공동 개발을 시도할 것이라는 말이다.

또 최근 2008년의 애그플레이션(Agflation)과 2010년의 채소 파동, 연말 연초의 구제역 관련 고기파동 등을 거치면서 식품에 대한 '안정적인 수급' 을 요구하게 되었다. 구매에서 배달까지 한 번에 해결해 주고 1차 식품, 전처리 농산물을 공급해 줄 수 있는 업체의 수요들이 차츰 늘어가고 있는 추세인 것이다. 이러한 상황들이 대기업 식자재 유통업체에게는 유리한 상황으로 전개되고 있다. 1997년에는 연간 1억 원 이상의 매출업체가 불과 9.8%, 2008년에는 31.5%로 과거 대비 중대형 외식업체가 늘어가고 있는 추세다. 또한 체인점은 1억 원 이상의 큰 규모의 매출 발생 비중이 단독점이 29.4%인 반면, 38%로 10% 이상의 갭(Gap)이 있다. 이제는 특별한 '맛' 의 노하우를 갖지 않고서는 개인 외식업자는 버틸 수 없는 시대가 온 것이다. 그래도 체인점의 경우에는 폐점률이 상대적으로 개인점보다는 떨어진다. 그렇게 되면 체인점의 구성비는 점차 늘어날 것이다. 물론 프랜차이즈도 점포와 고객 관리를 어떻게 하느냐에 따라 교통정리가 될 것으로 보인다. 이런 상황이 되면 시장에서는 대기업 식자재 유통업체들을 더욱 요구하게 될 것이며, 자연스럽게 외식업과 식자재 유통업의 '역할 분담'이 자리를 잡게 될 것이다. 또한 외식업소들은 전문 유통업체에 맡기고 매장 관리에 치중하는 시대가 될 것으로 전망된다.

앞으로 기후에 따라 작황도 불안해지고, 가격이 폭등하면서, 전처리 그리고 냉동 야채를 자연스럽게 취급하는 외식 구매 패턴의 변화가 올 것이다.

향후 급증할 것으로 예상되는 CK, 전처리 상품의 니즈에 대응하기 위해 관련 상품 개발 역량의 축적과 외식 경로 상품의 개발 및 수출형 상품 개발의 단계적인 전략을 추진하여야 한다.

1차 상품의 전처리화를 위해서 외식 관련 모임, 단체, 기관 등을 통해서 계속적으로 홍보하고 교육을 해야 한다. 외식 업주들에게 인건비 절감, 절전·절수 등의 관리 비용 절감, 폐기물 감소, 주방 및 설비 축소로 투자비 축소 등 미국과 일본 시장의 예를 들며 구체적인 수치로 알려야 하며, 필요하면 정부 관련 기관 등과의 협력 관계도 유지하여야 한다.

현재 단체급식 분야에 있어서 전처리 상품은 많이 개발되어 있지만 일반 외식업소 분야에서는 상당히 미흡한 편이다. 연구 개발을 통해 DB화하여야 하고, 품목별 '계약재배·구매'를 하여 연중 고정단가로 공급할 수 있는 경쟁력을 갖춰야 한다. CK 또한 다품목 소량체제를 구축할 수 있는 시스템과 공통분모를 찾을 수 있는 품목들로 묶을 수 있는 것으로 구분하여 생산성과 효율성을 생각하면서 고객의 욕구에 맞춰야 한다. 사실 '맛집'의 경우 레시피를 공개하지 않으려는 경향도 많지만 '고객 비밀 유지', '상품화 약속' 등을 지속하면서 영업을 하여야 한다.

현재 소스·드레싱 업체에서 한식 레시피로 개발한 것은 많지 않다. 지금부터라도 투자를 하여 개발하여야 한다. 식품 대기업에서도 수십 번의 개발을 하여 제시하였는데도 결국은 실패한 '떡볶이용 소스', '양념장' 등을 본 적이 많았다. 사실 한식 분야에서 개발할 것들이 많은데 제대로 못하고 있는 실정이다. 국내 식품 회사들의 CK 개발 역량이 부족한 점 때문이다. 발효와 연계한 CK 개발과 더불어. 한식 메뉴에 대한 CK 개발의 DB 구축도 해야 한다. DB는 포뮬러(Formula ; 레시피의 공식화), 생산 공정, 보관 등에 필요한 DB를 말한다. 앞으로 '한식의 세계화', '외국인이 운영하는 한식집'의 시대가 곧 올 것이다. 물론 공동으로 개발하는 '맞춤형 상품 공동 개발'에도 힘써야 한다. 필요하다면 한식 CK 시설도 현지화 하여 대상국(미국, 일본, 중국, 태국, 인도네시아, 베트남, 영국, 프랑스, 독일, 인도 등)의 CK와 협력적 제휴도 필요하다고 생각된다.

1차 상품의 PB 개발을 위해 전문 브랜드 개발과 생산자 및 농업법인과의 제휴를 통한 판매권 확보도 추진해야 한다. 농산물의 경우 최소 2~3등급의 그레이드를 나누어 PB로 하여야 한다. 학교급식과 고급 외식업소에는 '친환경', '상품(上品)' 등으로 한다. 예를 들면 학교에는 깐 양파, 깐 감자 등은 크기, 품질 등 요구하는 스펙이 다르다. 일반 외식업소는 크기 등은 크게 문제시 하지 않고 신선하기만 하면 된다. 물론 다양한 품목을 준비하여야 한다. 지역 특산물은 브랜드화 하여 학교와 고급 식당에 홍보를 하여 브랜드 가치를 높여야 한다. 또 이를 해외와 수출도 할 수 있다. 수입 농산물은 원물과 가공품을 동시에 취급하기 때문에 '듀얼 브랜드'로 하는 것도 검토할 필요가 있다.

'규모의 경제'의 경쟁력 수단으로 가공식품 원료 사업을 확대한다. 통합 구매의 명목으로 가공식품 공장을 '고정 단가 계약' 등의 무기로 개척한다. 국내산 농산품, 수입산 농산품도 마찬가지다. 향후 식자재 유통업을 위하여 서로 전략적인 협의가 요구되는 중대형 식품업체들이 많다. 때로는 시장에서 경쟁이 된다 하더라도 심각하게 긍정적으로 검토해볼 필요가 있다. 현재 식자재 유통시장에서 절대적인 주자가 없기 때문에 누가 먼저 원료 확보와 네트워크를 갖고 물량을 소화할 수 있는 능력이 있는가가 중요하다. 일단 다품목 라인업(Line-up)도 필요하지만 한 품목이라도 지배할 수 있도록 다각적인 면을 갖고 액션플랜(Action Plan)을 수립하여야 한다.

이미 식품회사라든가 단체급식회사라면 자체 소화할 수 있는 양, 계열회사에서 소화할 수 있는 양 등이 '지렛대(Leverage)' 역할을 할 수 있으면 원가경쟁력으로 거래처 개척이 더욱 수월해질 수 있다. 타 식품 제조 기업과의 통합 구매로 더욱 경쟁력을 가질 수 있다. 또한 수입산일 때는 세계적인 딜러와 해외 식품 제조회사와의 전략적 구매도 검토할 수 있다. 때로는 딜러보다 더 큰 식품 제조회사와 '공동 계약재배' 등으로 고정단가계약을 유도할 수도 있을 것이다.

국내 식품회사의 품목별 사용금액의 정보를 파악하여 대형 품목별로 해당 업체들과 통합 구매를 해야 한다. 예를 들면 육가공업체와는 우육과 돈육으로, 수산가공업체와는 오징어와 연어 등의 수산물로, 유가공업체와는 아이스크림 원료로, 김치제조업체와는 배추, 고춧가루 등으로, 식품 제조업체와는 양파, 마늘 등으로 전략적 제휴를 하여야 한다.

이제는 시장을 넓게 보고 편협된 시야로 동종업계를 경쟁자로만 보지 말고 때로는 파트너로, 때로는 전략적 정보 공유자로 보는 시각을 가져야 한다. 이제 세계는 글로벌화되고 경쟁사 상품이라도 고객이 원하면 뭐든지 갖다 줘야 하는 '제조' 마인드에서 '유통' 마인드로 바뀌어야 한다. 그래야만 이 글로벌 소싱에서 경쟁력을 가질 수 있다. 미래에는 '비밀(Secret)'이 없다. 누가 먼저 빨리 시장을 읽고, 누가 먼저 정보를 갖느냐가 중요한 것이다.

최근 정보기술(IT)과 생명공학기술(BT), 나노기술(NT), 환경기술(ET) 등 첨단 기술 발달과 함께 산업간 융복합이 잘 이뤄져 농업 부문은 더 이상의 사양 산업이 아니라 각광받는 첨단산업으로 탈바꿈하고 있다. '카길(Cargill)' 등의 다국적 곡물메이저들이 식량 생산과 유통을 장악하고 있고, '신젠타(Syngenta)' 등의 종자 생산 메이저들은 산업 전체를 휘두르고 있다. 농업이 '돈 되는 산업'으로 비즈니스화되고 있는 상황인 것이다.

일본의 경우를 살펴보자.

일본은 농민 고령화로 인해 자국의 농업 생산력이 떨어져 식량 자급률이 39%에 불과하기 때문에 식량문제를 '잠재적 위기'로 예측하고 있다. 세계에서 가장 많은 농산물을 수입하고 있는 일본은 그래서 국내 생산을 적극 권장하고 있으며, 해외로부터 안정적인 공급을 확보하기 위하여 대기업의 농업 진출을 허용하고 있고, 해외 농장 투자도 적극 유도하고 있다. 이로 인해 유통업체인 '이온'은 직영 농장을 설립하는가 하면 '노무라증권'은 농업 컨설팅에도 참여하고 있다. 이밖에 여러 종합상사들은 러시아 곡물 시장과 브라질 등의 해외 농장 매입에도 진출하고 있다.

일본에는 지금 '식물공장' 붐이 한창이다. 농업 생산자조직과 기업 차원에서 기술을 이용해 공장식으로 채소와 화훼를 생산, 공급하고 있다. 이는 채소와 꽃 등을 재배하기 위해 필요한 빛과 온도, 습도, 이산화탄소, 농도, 양분, 수분 등을 최적으로 유지하도록 실내 환경을 고도로 제어하는 것으로, 계절과 기후에 상관없이 1년 내내 안정적이고 계획적으로 생산하는 시스템이다. 태양광, 고압 나트륨램프, 발광 다이오드(LED) 등 여러 형태로 사용한다. 대부분 흙을 사용치 않고 물과 수용성 영양분을 이용한 수경재배를 하고 있는데, 일본 식물공장의 경우 현재 50여 개 정도로 100억 엔대의 농산물을 생산하고 있다. 정부 보조금도 146억 엔이나 된다. 2012년까지 150개 정도를 계획하고 있는 식물공장에 대해 일본 기업들도 농업을 '신성장동력'으로 생각하고 활발하게 진출하고 있다. 식물공장에서 생산되는 농산물은 농약이 없고 식품안전에 문제가 없기 때문에 일본인에게는 인기가 좋다. 심지어 철강업체인 'JFE홀딩스'도 2009년 이바라키현에 식물공장을 설립하였다.

미래의 농업을 그려보면서 가장 걱정되는 것은 급격한 기후 변화다. 이는 기온, 강수량, 일사량 등을 변화시켜 농업의 생산성을 약화시킬 게 자명하기 때문이다. 최근 그것을 증명이라도 하듯이 집중호우, 초대형 태풍, 가뭄, 지진 등의 기상이변으로 인해 안정적인 농작물 재배가 타격을 입는 경우가 늘고 있다. 일본, 뉴질랜드, 아이티의 대지진, 파키스탄 대홍수, 러시아 폭염과 산불, 중국의 산사태 등 겨울에는 폭설과 혹한으로, 여름에는 폭우와 폭염으로 지구 곳곳에서 극심한 기상재난을 맞고 있다.

우리나라 농업도 예측할 수 없는 이상기후로 인한 피해가 현실로 나타나고 있다. 2010년 1월 이상한파로 최저기온이 영하 10℃로 내려간 날은 13.9일이다. 이는 1973년 이후 37년 만의 기록이라고 한다. 계절이 뚜렷한 한반도의 기상이변인 동절기 한파는 난방비 부담으로 인한 경영 악화를 야기하고, 하절기의 폭염과 태풍은 작물생산 체계를 붕괴시켰다. 지난해 여름의 계속된 강우와 일조량 부족은 배추 수확량 감소에 따른 '배추파동'을 초래했다.

이러한 기상환경에 대해 제약 없이 연중 작물 재배가 가능해 미래 인류의 먹을거리 문제를 안정적으로 해결할 수 있는 대안 중의 하나가 바로 '식물공장'이다. 식물공장은 기상이변 등 외부환경에 영향을 받지 않으면서 좁은 면적에서 인공조명을 이용한 다단재배가 가능하기 때문에 단위 면적당 많은 양의 작물을 재배할 수 있다. 도시의 식물공장에서 생산된 먹을거리는 생산자의 유통비용을 절감할 수 있을 뿐만 아니라 무농약 재배가 가능하여 신선한 농산물을 제공받는 소비자 입장에서도 매력적이다.

경기도 농업기술원은 지난 2010년 LG CNS와 공동으로 로봇을 이용한 자동화된 식물공장을 구축하고, 엽채류 공장형 자동화생산 시스템 실용화 연구에도 박차를 가하고 있다. 2011년에는 작목별 광환경 규명 등 미세 환경제어기술 개발과 식물공장에 필요한 광을, 태양광 전력을 이용한 생산 시스템으로 구축할 계획이다. 앞으로 식물공장 연구는 부가가치 창출을 위해 미세 환경제어가 가능한 곳에서 생산성이 높은 특수작물 개발과 식물의 기능성분 증대 등의 응용연구를 강화하여 원격감시 환경제어 시스템을 개발할 계획이다.

앞서 언급되었듯이 일본의 경우에는 대기업들이 활발하게 진출하고 있으나, 우리나라는 몇몇 대기업에서만 관심을 보이고 있다. 그리고 몇 군데의 식물공장이 있으나 아직은 초보단계 수준이다. 식물공장은 시설 투자 등 초기투자비가 많아 당장은 경제적인 측면에서 투자비용 대비 효과가 크지 않다. 그래서 현재보다는 미래의 대안으로 생각하여 장기적인 안목을 갖고 미래 농업을 위한 기술 투자로 추진되어야 할 것이다. 특히 지금은 IT 강국의 장점을 살려 첨단기술의 융복합 산업으로 자리매김할 수 있는 장기적인 투자가 이루어져야 할 때다.

요즘은 LED 식물공장이 업계의 '블루오션'으로 떠오르고 있다. 이는 LED조명을 이용해 식물의 성장 속도를 빠르게 해 출하시기를 앞당기는 것이 주된 목적이다. 국내에서는 유양디엔유, 화우테크놀러지, 인성테크 등 발광다이오드(LED) 조명업체들이 연구·개발을 하고 있다. LED 식물공장에서는 LED 조명도 중요하지만, 배양액과 공조, 제어 등 요소기술들의 시스템화가 중요하다. 그리고 LED에서 방출되는 열처리에 대한 문제도 해결해야 한다. 그렇지 않고선 식물공장 내부의 온도가 상승해 식물 성장 및 LED 조명의 수명, 효율성 저하 등을 동반할 수 있다.

이밖에 '빌딩형 식물공장(Vertical)'도 있다.

공장형 첨단 농업은 통제된 시설 안에서 생물의 생육환경을 인공적으로 제어하여 계절이나 장소에 상관없이 농축산물을 공산품처럼 규격과 품질을 균일하게 연속 생산하는, 시스템화되어 가는 농업 형태다. 도심의 마천루처럼 여겨지는 유리온실의 빌딩농장은 연중 생산을 통해 도시소비자들에게 신선한 농산물을 공급하고, 운송비용과 보관 비용도 절감하는 효과가 있다.

빌딩농장은 우리나라에서도 송도국제도시 청라지구와 부천 신도시에서 계획하고 있으며, 남양주시도 2012년 '세계 유기농대회'를 맞추어 계획하고 있다. 미국의 라스베이거스와 스웨덴, 북유럽, 중국 등도 현재 준비 중이다. 뉴욕 맨해튼의 30층 '수직 농장'과 캐나다 토론토에서는 50층 빌딩을 구상하고 있으며, 스웨덴에서도 '플랜타곤(Plantagon)' 건설 프로젝트를 이미 발표하였다.

네덜란드에서는 2020년까지 자급 에너지 뉴트럴 온실 시스템을 구축할 계획이다. 2006년에는 '에너지를 생산하는 온실로의 변혁 프로그램'을 만들어 온실 자체가 에너지를 생산, 온실 내의 에너지 투입과 에너지 산출이 제로섬이 되는 획기적인 '에너지 뉴트럴(Energy Neutral) 온실 시스템'을 이미 구축한 바 있다. 이는 환경에 미치는 영향을 최소화하는 동시에 유리온실에의 에너지 비용을 줄이는 것을 목표로 한다. 이렇듯 세계는 에너지 절감, 작물 보호, 생산 증대 등 다목적 프로그램들이 수립되어 운영되고 있는 상황이다. 또한 온실 농산물 생산과 관련해 발생한 생물학적 폐기물을 활용한 바이오 발전, 지열 발전 등 다양한 프로젝트를 진행하고 있다. 그중 태양열로만 에너지를 생산하는 '자체 발전 미래 온실 프로젝트'가 가능성이 가장 높은 것으로 전망되고 있다.

일본의 해외 농업 개발 사례를 살펴보자.

일본의 종합상사인 미쓰비시, 미쓰이물산, 스미토모상사, 소지쯔상사 등은 철강, 비철, 기계류, 휴대폰, 선박, 자동차, 플랜트, 석유화학, 생활용품 등과 함께 곡류, 농산물 사업에도 적극적이다.

미쓰이물산은 브라질에서 농업생산 분야에 직접 뛰어들어 대두와 밀을 확보하고 있다. 캐나다에서는 유채 착유공장을 건설하여 연간 30만 톤의 유채유와 50만 톤의 사료용 유채 밀을 생산할 계획이다.

마루베니상사는 2005년에 프랑스계 곡물상사인 '아그렝코그룹'으로부터 남미산 곡물의 일본, 동아시아에 대한 판매권을 취득하는 데

합의하고, '아그렝코그룹'이 소유하고 있는 항만터미널업체인 테르로구에 대해 출자비율을 25.5%로 확대하였다.

스미모토상사는 지금껏 북미를 중심으로 연간 60만 톤의 대두를 수입하였으나, 향후 남미에서 직접 개발, 수입을 추진할 계획이다.

한 사례로 '소지쯔상사'의 러시아 진출에 대해 살펴보자.

소찌즈상사는 파트너기업과 함께 곡물저장시설에 적합한 장소를 물색하던 중 시베리아 곡물 잠재력을 분석하게 되었다. 2010년 12월 25일에 일본 대표단은 극동의 항구를 통해 아시아시장으로의 수출을 위해 러시아 시베리아 연방 관구에서 곡물을 상시적으로 구매할 수 있는 가능성 조사를 하였다. 알타이주에 있는 '니나둡소카곡물평가센터'에서 알타이주에서 재배되는 곡물의 품질과 러시아에서 독자적인 품질평가시험 사용방법의 사용에 대한 자료를 제공받았다. 그리고 2009년에 물류그룹 '페스코'와 '시베리아농업홀딩'이 곡물터미널 건설 협약에 서명을 하고, 양측은 노보시비르스키주에 있는 '시베리아농업홀딩'의 농장으로부터 곡물이 터미널로 오는 것으로 구체적인 공동 작업 계획을 수립하였다. 물론 러시아 곡물 수출은 7월 1일 이전에는 불가능하다. 러시아 곡물연합은 만약 내년에 곡물을 8천만 톤을 수확하지 못할 경우, 2011년 7월 1일 이후에도 곡물 수출 금지를 연장할 수 있다고 언급하고 있기 때문이다.

곡물뿐만 아니라 채소류에 있어서도 해외 소싱을 하고 있는 사례도 있다. 태국 정부의 협력 지원을 받아 무농약 아스파라거스를 생산해 매일 비행기 편으로 일본에 공급하는 경우다.

일본뿐만 아니라 중국이나 중동 국가들도 해외 농업 개발에 적극적이다.

중국은 지금 대규모 자본을 아프리카 국가들에게 개발·원조함과 동시에 해외 농업 개발에 주력하고 있다. 과거 1990년 중반 이후에는 농업의 비즈니스를 위해 농업지역인 산동성을 비롯해 농업산업화정책으로 농산물 수출에 힘써왔다. 사실 중국 내 농가 단위 재배면적은 0.5ha에 불과하지만 그간 가공 수출기업을 중심으로 이들 영세농가와 계약해 종자와 비료, 농약 등을 제공하고 수확 후 수집하여 수출상품으로 가공, 상품화하여 한국과 일본, 미국에 수출하여 왔다. 이제는 오히려 해외에서 거점기지를 찾고 있는 중이다.

중국은 지금 13억 중국인의 식탁 메뉴가 바뀌고 있다. 중국뿐만 아니라 세계 식품시장이 이제 '잉여(剩餘)의 시대'에서 '부족(不足)의 시대'로 패러다임이 바뀌고 있는 상황이다. 최근 중국 출장을 다녀온 사람이라면 많은 변화를 보고, 듣고, 느꼈을 것이다. 원래 중국 사람들은 날것을 먹지 않는 줄 알았는데, 값비싼 회를 찾는 중국인이 요즘 급증하고 있다는 사실을 알 수 있었을 것이다. 중국인이 회 맛을 알게 되면서 주변국가의 수산물 가격이 들썩이고 있다. 베이징, 광저우, 칭다오, 다롄 등 연안도시 곳곳에는 일식집과 대형 수산물 요리점들이 즐비하다. 이런 도시에서 '회'는 부(富)의 상징이 되었다. 롯데마트, 자스코, CP로터스 등 대형마트 수산물 코너에는 참치, 연어, 킹크랩, 바닷가재 등 없는 게 없다. 1~2년 전만 해도 연어, 참치 같은 걸 별로 먹지 않았는데 지금은 그렇지 않다. 이런 속도라면 중국이 세계 수산물도 빨아들이는 '블랙홀'이 될 것이다. 이러한 중국의 식생활 변화는 세계 식료품 가격의 상승을 부추기고 있고, 결국 우리나라에도 물가상승으로 이어지고 있다.

얼마 전 유엔 식량농업기구(FAO)는 "전세계 식품가격 지수가 2월에 2.2% 올랐다"고 발표했다. 2010년 6월 이후 8개월 연속 상승세이자, 이 지수가 집계되기 시작한 1990년 이후 최고치다. 밀 가격은 국제 상품시장에서 최근 1년 새 58% 올랐고, 옥수수는 87%나 급등했다. 기상이변으로 작황이 부진한 탓도 있지만 2000년대 중반 이후 늘어나는 식품 수요를 생산이 따라가지 못하고 있기 때문이다. 식품 수요가 늘어난 가장 큰 이유는 신흥국의 소득 확대로 식생활이 바뀌고 있다는 데 있다. 그 중심에 13억 인구의 중국이 있다는 것이다.

그들의 식탁 메뉴의 변화를 보자. 1980년 당시 중국인은 달걀을 일주일에 하나 꼴로 먹었다. 그러던 것이 2007년에는 거의 하루에 하나 꼴로 먹는다. 달걀 소비량이 6.5배 늘었다. 같은 기간 우유와 소고기 소비량은 12배, 중국인이 가장 즐겨 먹는 돼지고기 소비량도 3배 늘었다. 1인당 하루 수산물 소비량도 4.9배(1980년 14.37g 2007년 71.32g) 늘었다. 우리나라(144.9g)나 일본(166g) 수준은 아니지만 미

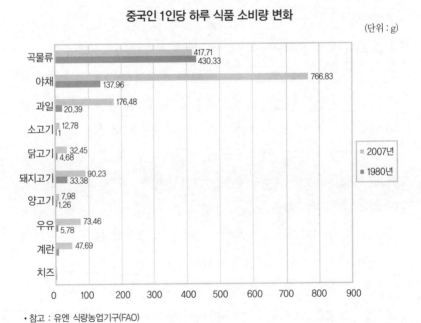

중국인 1인당 하루 식품 소비량 변화

(단위 : g)

• 참고 : 유엔 식량농업기구(FAO)

국(67g)과 유럽(56g)의 수산물 소비량을 앞질렀다.

중국인의 하루 곡물 소비는 430g에서 417g으로 감소했다. 그럼에도 전세계에서 생산되는 쌀의 3분의 1 가량을 중국인이 먹어치우고 있고, 밀은 17%(세계 소비량 1위), 옥수수는 20%(세계 소비량 2위)를 소비한다.

중국인들의 육류 소비가 늘면서 소 · 돼지를 키우는 데 필요한 사료용 곡물 수요도 덩달아 증가했다. 중국에서 가축용 사료로 쓰인 곡물은 1980년 6,779만 톤에서 2007년 1억 2,019만 톤으로 2배 가까이 늘어났다.

중국이 세계 식료품 시장의 블랙홀이 되면서 국제 식료품 가격 상승을 부추기고, 우리나라의 장바구니 물가도 들썩이게 한다. 우리나라에서 즐겨 먹던 오징어와 갈치, 고등어 같은 수산물에도 비상등이 켜졌다. 2008년 베이징올림픽 이후로 중국인들이 오징어나 갈치를 즐겨 먹고, 고등어도 구워먹기 시작했다. 꽃게는 중국 내륙 위구르 지역으로 물량이 들어가는 바람에, 국내에서 수입해 들여오기도 힘든 상황이 되어 버렸다. 그동안 중국은 오징어를 주로 수출만 했는데 요즘은 생산량의 30%를 내수 소비하고 있고, 인도 동부 연안에서 생산되는 갈치는 싹쓸이 수입하고 있다는 이야기도 있다.

농수산물유통공사에 따르면 최근 오징어는 1kg당 2,800원 정도로, 2010년 1,800원보다 50% 이상 올랐다. 고등어 한 마리는 4,000원으로 역시 2010년보다 1,000원 올랐다. 갈치는 2년 전 가락시장에서 1Kg당 1만 6,400원에 팔렸지만 요즘은 2만 4,000원 정도다. 연어는 1kg당 2만 9,000원으로 작년보다 20% 올랐다. 어획량이 줄어든 이유도 있지만 중국의 소비량이 늘면서 국내 공급량이 줄어든 요인도 있다.

우리나라 수산물 자급량은 2008년 78.5%로, 부족분은 주로 중국, 러시아 등에서 수입해 왔다. 그런데 중국의 내수 소비가 급증하면서 국내에 '피시플레이션(Fishflation)'에 대한 우려가 나온다. '피시플레이션'이란 생선(Fish)과 인플레이션(Inflation)의 합성어로, 생선값 급등을 뜻한다.

세계 식품가격 지수

*각 기간 및 기준, 2011년은 2월 기준

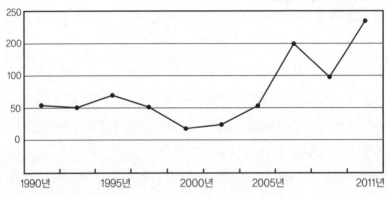

• 참고 : 유엔 식량농업기구(FAO)

중국인의 식생활 변화는 세계 식료품시장에서 수요와 공급의 균형을 무너뜨리며 구조적인 변화를 가져오고 있다. 유럽 투자은행인 크레디트스위스(CS)는 "1950년 이후 곡물가격은 원활한 공급 덕분에 60년 가까이 장기 하락세를 보였는데, 2000년대 중반 이후 서서히 상승세로 돌아서면서 국제 곡물가격의 60년 추세가 바뀌고 있다"고 분석했다.

물론 농기계 보급과 관개시설 개선 덕분에 단위 면적당 세계 곡물 생산량은 지난 30여 년간 62% 정도 늘어났다. 하지만 생산성 향상만으로는 급증하는 수요를 감당하기에는 역부족이다. 2011년만 놓고 보면 곡물 생산은 수요에 비해 5억 3,000만 톤 정도 부족할 것으로 추정된다. 삼성경제연구소는 중국 등 신흥국의 곡물 소비 증가는 앞으로 5~10년간 지속되고 기상이변으로 공급 충격이 발생할 가능성이 크다고 분석하고 있다. 바야흐로 세계 식량의 수급은 '잉여의 시대'에서 '부족의 시대'로 바뀌고 있는 것이다.

중동국가들도 '오일머니'로 아시아, 아프리카 등에 진출하고 있다.

사우디아라비아는 2016년부터 밀 생산을 포기하기로 하고 밀, 옥수수, 쌀, 콩 등의 충분한 공급 확보를 위해 최소 10만 헥타르의 대규모 해외 농지를 매입할 계획이다.

카타르는 2008년 수단에 농업 투자 , 식품산업 개발, 축산을 담당할 합자회사를 설립하였다.

쿠웨이트는 캄보디아에 농업, 수력발전, 도로건설 분야에 5억 4,600만 달러를 투자하여 땅 5만 헥타르를 임차하고 쌀을 생산하기 위해 1억 달러를 캄퐁롬에 투자하였다. 이렇듯 많은 국가들이 해외 농산물 확보를 위한 전략 수립에 한창이다.

국내에서도 상대적으로 소홀히 해왔던 해외 농산물 취급에 본격적으로 뛰어들기 시작했다. 2010년 초 aT농수산물유통공사가 농식품 생산부터 수출까지 일관하는 '종합상사' 역할을 하기로 하였다. 먼저 곡물회사를 설립하고 2015년까지 자체 사업 비중을 85%까지 끌어 올린다는 것이다. aT는 기존 수출 지원 역할과 병행해 직접 수출이 가능한 '종합상사형 수출체계' 구축을 추진키로 하였다. 대형 유통망에 대한 대량 수출 등 민간으로서는 대응하기 어려운 부문들을 보완하고 세부추진계획을 마련하였다. 수출 물류비의 효율적인 지원을 위해 오는 2011년 7월까지 aT와 각 지방자치단체가 공동으로 사용하는 물류비 통합 지원시스템도 구축하였다.

aT는 현재 업체별 수출 실적 등을 종합적으로 평가해 우수업체에게는 수출운영 활성화 차원에서 인센티브도 제공한다.

aT는 해외 의존도가 높은 곡물의 안정적인 확보를 위해 국제 곡물사업 참여를 본격적으로 추진할 계획이다. 이를 위해 오는 2011년 11월에 자본금 2,000억 원 규모에 150여 명의 인력으로 구성된 메이저 곡물 사업을 곡물 주시장인 미국 현지에 설립한다. 중앙아시아와 동남아시아 등 미개척시장에 진출할 방침으로, 이 업체는 세계 7대 권역에 10개 사업소를 갖춘 메이저 곡물기업을 설립하고 일본이 30여 년에 걸쳐 보유한 국제 곡물 자체 유통망을 10년 내에 완성할 계획이다.

정부 업무대행 92%, 자체 사업 8%인 현 업무의 구성비를 정부 업무는 15%, 자체 사업을 85%로 확대한다는 계획을 갖고 있는 aT는 자본금도 현재 662억 원을 2015년에는 1조 원으로 늘리고, 해외 조직도 현재 6개국 9개소에서 16개국 30개소로 늘릴 계획이다. 국내의 대기업도 일본처럼 적극적으로 참여하여 주도적으로 세계 농산물시장에 도전할 수 있는 분위기가 되길 기대해 본다.

3. 지속 성장

동종업계와 때로는 정보를 공유하면서 '통합 소싱(Sourcing)'도 추진하는 등 협력 관계도 갖지만 향후 기업형 식자재 유통시장도 '블루오션'보다는 '레드오션' 시장이 될 것이다. 그렇게 하려면 먼저 생각하고 먼저 행동에 옮겨야만 한다. 이를 위해서는 동종업계와 차별화된 전략을 통해 지속성장을 할 수 있는 모멘텀(Momentum)을 찾아야 하는데 '고객과의 관계 강화', '차별화된 상품 강화', '산지개발과 친환경 농산물 강화' 전략을 추진하여야 한다.

(1) 고객과의 관계 강화

'고객과의 관계 강화'를 위해서는 먼저 고객정보 관리를 체계화하는 데 있다. 현재 기존의 식자재 유통업체들은 고객정보 관리시스템도 없고 DB구축도 안 되어 있는 실정이다. 농협의 하나로마트는 사업자등록이 있는 회원들을 대상으로 영업을 하기 때문에 기초적인 DB는 있다. 그래서 이를 베이스로 하여 판촉도 하고 상품행사에 대한 정보도 제공해주고 있다. 대구의 '장보고유통'이 업소용 고객, 가정용 고객들의 구매행동, 패턴까지 분석을 하고 있다. 지금껏 식자재 유통업체는 단순히 식자재를 공급하는 일에만 충실하였고 기타 서비스는 생각하지 않았다. 그런데 중식채널을 가진 식자재 유통업체의 경우는 특성상 인력 소개 등 부가서비스를 하는 곳도 꽤 있다. 미래의 기업형 식자재 유통업체는 정보 관리 전문 조직을 만들고 통합정보 관리시스템을 구축하여야 한다.

그리고 '토털 솔루션 프로바이더(Total Solution Provider)'의 역할을 하여야 한다. 외식업소에 있는 업주들은 의외로 정보와 떨어져 사는 사람들이 많다. 시야도 한정되어 있고 정보 제공력도 한계다. 고객별 니즈를 알고 고객의 욕구에 맞는 다양한 상품과 서비스를 제공하여야 한다. 그리고 그런 역량이 갖춰질 수 있도록 교육하고 공부할 수 있는 분위기를 만들어야 한다. 거래처 이탈률이 50% 정도 되는 상황에서 신규 거래처 개척도 중요하지만 거래처 유지관계도 정말 어려운 것이다. 그리고 '한 번 떠난 고객은 다시 찾아오지 않는다.'는 사실을 명심하고 대비하여야 한다.

최종 고객과 끊임없는 대화로 커뮤니케이션(Communication)이 있어야 한다. 서로가 말이 줄어들고 끊기면 회복하기 어려운 단계로 넘어가기 때문이다. 어떤 클레임이라도 발생이 되면 해결해 주려는 의지가 필요하다. 이제 술과 향응으로 해결하는 시대는 끝났다. 좋은 이미지를 남기려고 하는 일이 중요하고 또 유지를 위해서는 '파트너'로서 인식이 되게끔 열정을 다하여야 한다. 고객 관계 역량은 미래의 차별화된 경쟁력의 핵심으로 지속 가능한 성장의 원동력일 뿐만 아니라, 매출 증대 및 신규 고객 창출 등을 통해 기업가치 제고에도 기여할 것으로 판단된다. 미래에 식자재 유통사업이 산업화되면 규모와 역량을 보유한 기업이 이길 수 있다. 특히 고객과의 관계에 있어서 차별화된 핵심 경쟁력이 '고객과의 관계 역량'으로 보면 된다. 미국의 시스코도 이 점을 제일 강조하고 있다.

기업형 식자재 유통업체는 상품 구색과 가격의 우위 화보를 위한 'MD'와 적시적소에 신선하고 안전하게 배송하는 '물류'도 중요하고, 계속적인 인재 확보와 인프라 및 시스템 등에도 많은 투자가 이루어져야 하겠지만, 대고객 관계에 있어서 컨설팅할 수 있는 역량을 키워 누구도 흉내 낼 수 없는 '문화'로 차별화하여야 한다. 정말 외식업소 운영에 있어서 전반적인 면을 진단, 클리닉해 줄 수 있는 자질을 갖춘 식자재 유통업체가 메뉴 개발과 서비스 교육, 조리 교육, 위생 교육, 세무 상담, 매출·손익 개선책 등 '진정한 파트너'로서의 사명감을 가질 수 있도록 대고객 영업 조직으로 키워 나가야 한다. 메뉴 제안이 채택되어 고객의 매출이 신장되었다면, 이것이 바로 진짜 '고객만족'이 아닐까?

이렇게 자꾸 성공사례를 만들어 조직 내에서 각 팀별로 공유하고 참고하여 실행하여야 한다. 예전에 비해 기업형 식자재 유통업체는 기존의 식자재 유통업체에 비해 고객 관계 역량은 높아지고 있으나, 아직 글로벌 선진 식자재 유통 분야에 대해서는 미흡한 편이다.

고객정보에 대한 DB가 기업의 매우 중요한 기업 자산이 되어야 하고 체계적으로 관리가 되어야 하는데, 현실은 그렇지 못한 실정이다. 대체로 이력 중심으로 관리되는 수준인데 이 또한 영업사원의 역량에 따라 천차만별이다. DB는 고객별로 체계화시키고 히스토리(History) 관리가 되어야 하며, 그에 따른 서비스가 차별화되어야 한다.

고객의 라이프 사이클(Life-cycle)에 맞는 성공을 지원하기 위해서는 필요한 클리닉의 모든 것을 서비스하여야 한다. '토털 솔루션 프로바이더'로서의 역할을 절대 잊어서는 안 된다는 말이다.

이와 함께 회사의 가치(Value)를 올리기 위한 구체적인 케이스 스터디(사례 연구)도 많이 축적하고 연구되어야 한다. 그리고 구체적인 행동 계획도 있어야 한다.

필히 전문조직이 신설되어야 하는 고객정보 관리는 통합 고객정보 시스템을 구축하여 고객정보를 자산화하고 체계적으로 관리하여 담당 영업사원이 바뀌어도 언제든지 지속적으로 관리될 수 있도록 하여야 한다. 그리고 이런 DB들은 영업, 주문, 물류, 마케팅, MD 등 전 분야에서 공유가 되어 통합 관리가 되어야 하며, 기본 정보, 일일 히스토리 정보를 계속 추가 업데이트하는 것은 필수적인 사항이다. 그리고 이를 입체적으로 분석하여 향후 메뉴 개발 등 중요한 자료로 활용하고, 고객을 여러 가지 Factor(요소)로 만들어 Factor별 그레이드(Grade), 전체 등급 등을 복합적으로 관리하여야 한다.

기초정보는 인적사항과 가족 사항이 필수다. 그리고 출신학교, 인맥, 동우회 등은 기재가 되면 좋다. 물론 처음부터 알 수는 없겠지만 서서히 DB를 하도록 하라. 그리고 주 메뉴와 점포 면적, 보증금과 월세, 권리금, 인원 현황, 테이블·좌석 수, 설비 현황 등도 필요하고, 예상되는 매출액이나 예상 손익, 예상 경비까지 정리되면 더 좋다. 주문시간과 배송시간, 배송 조건까지도 빠짐없이 세밀하게 기록되어야 한다. 그리고 회사 입장에서 내부적으로는 식자재 매입 액이나 공헌이익, 매출 채권, 기타 품목 납품업체, 경쟁업체의 현황, 사용 품목들에 대한 정보와 중요 품목별 매입단가 추이도 필요하다.

이런 자료를 바탕으로 지역별, 채널별, 유형별 등 담당을 정한다. 영업사원이 매일 작성하여 담당팀장과 일일 공유토록 하는 것이 바람직하다.

좀 더 세밀한 DB들은 영업지원 조직과 마케팅 조직이 서로 연계하여 프로그램화하고, 지리 정보 시스템(Geographical Information System)과 연계된 전문 CRM시스템을 도입해야 한다.

시스코의 경우는 고객에 대한 정보를 '정보 시스템'과 연계하여 마케팅 및 영업 활동에 활용한다. 예를 들면 고객 등급이 Bronze, Gold, Low Performer, Silver, Unprofitable 등으로 구분되고, 주 단위의 매출액별로도 구분된다. 그리고 영업사원의 위치도 파악된다. 이렇듯 시스코는 고객의 기본 사항, 등급, 주 단위·월 단위 매출, 경비, 주문 건수(횟수, 품목별), 기타 이력 정보가 '정보 시스템'과 연계되어 활용하고 있다.

(2) 차별화된 상품 강화

차별화된 상품의 강화를 위해서는 품질과 가격, 스펙, 용도별로 PB 상품을 개발하고 품목의 구색 경쟁력을 갖추어야 하고, 고객의 성공을 지원하는 '비즈니스 파트너(Business Partner)'로서 고객의 '라이프 사이클'에 맞춰 고객이 필요로 하는 '토털 솔루션(Total Solution)'을 제공하도록 한다.

미국의 경우 식자재 유통업체의 거래 이탈률은 10% 수준이나, 국내 식자재 유통업체에는 업계 평균이 50% 이상이다. 이런 이유는 미국 내 식자재 유통업체는 '토털 솔루션 프로바이더'가 되어 '비즈니스 파트너'로서의 역할에 충실하기 때문에 거래 이탈률이 심각하지 않지만, 국내에서는 단순한 식자재 공급에 국한되기 때문에 가격과 품질, 클레임 처리 등 때문에 거래처 이탈이 높다고 할 수 있다.

현재는 기존의 식자재 유통업체나 대기업 식자재 유통업체도 일반 식자재 공급에 큰 비중을 두고 있고, 서비스나 주방용품 등의 비식품 매출이 미흡한 편이다. 국내 식자재 유통업체의 매출은 불과 평균 5% 정도 수준이지만 시스코의 경우는 15% 정도다.

시스코의 주방기기와 주방용품의 성공사례에 대하여 알아보도록 하자.

시스코는 각 지역별 물류센터를 중심으로 지역사무소 및 지역계열사를 중심으로 MA가 담당 거래처를 방문하여, 식자재 및 기타 푸드서비스 부분에서 고객이 필요한 아이템을 발주·관리한다. 인테리어 및 주방설계와 같은 사업 영역은 없으며, 고객에게 직접 주방기기를 판매하는 부서도 따로 없다. 각 '브로드라인(Broadline)' 사업영역에

속한 MA들이 크기가 작은 식당용품들(Tableware Utensil)을 식자재와 함께 주문하여 납품하며, 각 지역마다 창고를 만들어 UPS나 DHL 등의 배송수단을 사용하여 공급한다. 주방용품을 소싱하고 기술을 지원하는 그룹이 있는데, 그 그룹은 '브로드라인(Broadline)'에 속해 있으며, 컨설팅 및 설계 등이 필요할 경우 외부 전문가를 활용한다. 시스코는 소형 주방용품 판매에 주력하고 있다. 그 이유는 반복성이 중요하기 때문이다. 냉장고는 한 번 팔면 두 번 팔기가 어렵다. 그런 품목보다는 자주 반복하여 팔 수 있는 품목에 주력하는 것이다.

주방기기 영업의 경우 반복적으로 발생하는 매출이 아니다. 식자재의 경우는 매일매일 반복적으로 발생하는 매출로서 고객과의 관계를 유지하는 데 있어 단발적 거래보다 훨씬 효율적인 매출을 올림과 동시에 매출액 또한 단발적 거래보다 크다. 금액이 비싼 주방기기를 단발적으로 판매하다보면 기존 고객의 관리가 어려워질 수 있다. 또한 MA가 갖고 있는 주방기기에 대한 전문지식이 부족하기 때문에 외부 전문인을 활용하여 활동하는 것이 보다 효율적일 것이다.

시스코의 연간 주방용품 구매액은 연간 6,700억 원으로 주방기기 유통업체 1위 매출보다 크다. 미국의 제조업체가 주방기기 유통업체보다 더 싸게 시스코에 주지는 않는다. 자신의 대리점을 보호하기 위한 정책일 수도 있지만, 사실 시스코가 대량구매를 한다고 해도 지역적으로 분산되어 있고, 아이템도 다양하여 실제로는 더 싸게 구매한다고 할 수는 없다. 이렇듯 시설과 설비 그리고 냉장고, 세척기 등 대형 주방용품을 제외한 프라이팬 등 주방 소모품 상품은 필요한 품목이다.

국내에서는 지금 주방용품을 취급하는 유통업체는 거의 없고, CJ프레시웨이와 하나로마트, 가락시장 내 다농마트, 대구의 장보고유통 등에서 취급하고 있다. 대체적으로 매출이 아직 미흡하다. 하지만 다농마트 가락점에서는 상당히 높은 매출 구성비를 갖고 있다. 앞으로 이 주방용품에 대해서도 본격적으로 연구할 필요가 있을 것으로 전망된다.

시스코의 PB 상품 전략에 대해서 더 깊게 연구해 보도록 하자.

PB 제품은 NB 제품이 아닌 모든 제품이라고 생각하고 많은 책임과 노력을 요구한다. 비용 측면에서 회사에 효율성을 주고 소비자의 니즈를 만족할 수 있는 제품이어야 한다는 것이다. 또 PB 제품은 NB 제품과 다른 콘셉트 및 나름대로의 가치를 내재한 상품이어야 한다. PB 상품의 시작은 식료품점 취급 상품에서 시작되었고, 현재는 특정 체인점 및 할인점에 들어가는 특화된 상품을 생산하기도 한다. 시스코의 PB는 NB와 달리 여러 가지 어려운 면을 가지고 있었다. 현재에는 PB 개별상품의 특장점을 더욱 강조하기 위해 노력하고 있다. 가격적인 측면에서 제조사 가격에서 여러 가지 비용을 제외한 가격으로 책정을 한다. 예를 들면 NB 가격에서 특정 가격을 제외한 Packer cost(순수 원가 개념이 아닌 여러 가지 장려금 형태의 비용 및 마진이 포함된 형태)에서 출발한다. 상품 개발 프로세스는 상품 결정, 인스펙션(Inspection), 여러 가지 상품에 대해 물류, 비용 등의 검토 후에 결정한다. 마케팅적인 관점에서 PB 상품은 NB 상품과 달리 책임 측면과 상품의 판매 촉진을 위한 많은 노력을 하고 있다.

PB 제품을 만드는 목적은 NB 제품과의 차별성, 회사의 운명이 PB 제품으로 결정될 것이라 생각하고 있다. 이는 더 많은 매출이나 이익을 위해서다.

시스코는 M&A, 브랜드를 가져오고 경쟁력이 없는 상품들은 디마케팅(Demarketing)을 하면서 성장해 왔다. 시스코의 M&A의 목적은 시스코 및 합병된 회사의 성공, 더 높은 이익을 위해 진행되어 왔다. 오랜 기간에 거친 M&A로 브랜드는 형성되어 왔으며, 브랜드에 대한 설명을 위해 많은 시간적인 어려움이 있었다. 하지만 시스코 각각의 브랜드는 나름대로 각각의 경쟁력을 갖고 있다. 매출 중심적인 저가·저수익 상품, 높은 등급의 고수익 상품, 중간 등급 상품 등 상황에 따른 판매 상품을 결정하고 집중을 함으로써 시스코에 긍정적인 영향을 주고 있다. 가장 낮은 등급의 브랜드 상품의 판매는 시스코 초기 회사 매출 성장에 크게 기여하였으며, 이는 시스코 사업의 근간이 되었다. 그러나 수익성 차원에서 이 상품들은 디마케팅되었다. 높은 등급의 제품 출시 후 중간 등급 두 개의 브랜드 이미지가 낮아지고, 자연스럽게 상품에 대한 선호도가 낮아졌다. 그래서 브랜드 이미지 관리가 중요한 포인트가 되었다.

미국 전역에 걸친 회사로 거듭나면서 시스코는 여러 가지 사업의 M&A를 통해 농산물과 축산물 브랜드 버켓과 뉴포트 등을 갖추게 되었다. 흡수된 축산물 브랜드를 계속 쓰는 이유는 그 브랜드가 충분히 경쟁력을 가지고 있는 브랜드이기 때문에 시스코의 브랜드를 전면에 내세우지 않았다. 단, 시스코 브랜드를 기존 브랜드 밑에 함께 표시하였다.

시스코는 하위 브랜드(Reliance, Classic, Imperial)가 사업 초반을 갖추는 데 큰 고생은 하였지만, MD조직에서 이런 고정화되어 있는 것을 탈피하기 위해 여러 가지 시도를 통해서 상위 브랜드(Supreme)를 만들었다. 브랜드의 확장은 성공적이었고, 브랜드별로 전문적인 영역을 갖추었다. 또한 공급자의 요청과 많은 소비자들이 특정 브랜드를 요구할 때는 쉐어 브랜드 네임(Share brand name, Dual brand name)을 하여 가격을 대폭 낮춰 공급하기도 하였다. 예를 들어 맥코믹 같은 경우다. 쉐어 브랜드 네임 상품들은 NB 제품과 완벽히 동일한 스펙을 가진 상품들이다.

PB 제품은 본사 담당만이 지정하고 만들며 본사에서 컨트롤한다. 한때 각 계열사마다 경쟁을 위해 담당자가 있었지만 자신들의 브랜드이기 때문에 여러 가지 통제적인 측면에서 본사에서만 진행한다. PB 상품의 담당자들은 다른 상품의 담당자들과 달리 상품 개발에 중점적인 역할과 책임을 가지고 업무를 수행한다. 기존에 각 계열회사별, 지역별 담당자들이 PB 영업을 했던 적이 있었지만 별로 효용성이 없었다. 특정 콘셉트 및 가치를 부어 넣을 수 있는 제품의 경우에만 시스코의 브랜드를 달 수 있었다. PB 상품에 가치 부여, 특정 부여가 가장 필요한 핵심이다. PB 상품은 MD의 아이디어를 우선으로 하고, 신뢰 하에 만들어진다. 물론 때로는 정책적으로 경영진에 의해 결정될 때도 있지만, MD들은 외부 추천, 고객, 협력사 등 다양한 채널을 통해서 아이디어를 찾고 개발한다.

새로운 유통채널 개척을 위해서는 그에 따른 전문성이 있는 사업을 인수하고 시작한다. 예를 들면 축육 유통회사의 성공사례가 바로 그렇다. 그리고 다른 접근 방식은 그 카테고리에 전문가를 채용하여 사업을 전개한다. 물론 도매상을 통해서 그들의 정보를 이용하던지, 수입상을 통해 정보를 얻는 방법도 있다. 그러나 첫째가 관련업 M&A, 둘째가 그 분야의 전문가 채용이다.

신규 상품의 수입과 재고 관리는 곧 바로 성과를 낸 상품도 있지만, 악성 재고가 되어 재고를 처분하는 데 많은 시간과 경비가 드는 경우도 있었다. 시행착오(Trial and Error)를 겪으면서 이런 문제의 해결 방안도 발전되었다. 수요 예측 역시 시행착오를 겪으면서 발전하였다.

신상품 설명회는 정기적으로 개최된다. 상품의 내용, 대체상품, 마케팅·영업 방안 등에 대해 설명하고 의논한다. 중요한 상품의 정보는 시간이 더 필요하기 때문에 영업정보를 직접 설명할 기회를 갖는다. 신상품 설명회는 작은 그룹의 형태로 진행하게 되며, 이때 정보를 얻고 싶은 MA들은 MD를 찾아다니게 된다. 또 다른 방법은 정보 자료를 배포한다. 공급업체를 참석하게 하여 CD나 DVD 또는 자료를 주기도 한다. 시스코의 MA들은 자신들에 성과가 상품에 따라 정해지기도 하기 때문에 그들 자체적으로 정보를 얻기 위해 모인다. 많은 사람들이 있기 때문에 한 장소에 모두 모이지는 못하고 각 MA들은 방법을 달리하면서 정보를 얻는다.

시스코는 고객 니즈에 따른 커스터마이즈(Customized)의 제공 범위와 대상을 확대하여, 주서비스(Core service)와 부가 서비스(Additional Service)로 나누어 제공한다. 주서비스는 내부 조직을 통한 서비스로, 메뉴 개발과 창업 지원(내부 인테리어 및 기물), 외식시장 동향 정보제공, 조리 교육, 위생 안전 점검 및 교육, 직원 예절·서비스 교육 등이며, 부가 서비스는 매장 손익과 인력 채용, 매장 지역 관리, 홈페이지 제작, 매장 음료 서비스, 배수구 관리 등이다.

시스코는 비즈니스 리뷰(Business Review)팀을 통해 직접 상담 및 지원 서비스를 제공하는 것과 병행하여 i-Care 서비스를 통해 전문화된 서비스를 간접 지원한다. 비즈니스 리뷰는 고객사의 운영 효율 및 수익성 제고를 통한 고객의 성공 지원을 목적으로 한다. 게다가 대(對)고객 컨설팅 서비스를 지원하는데, 신상품 소개와 조리 교육, 메뉴 개발, 위생 교육, 서비스 교육, 메뉴 디자인, 푸드 스타일 등을 운영한다. Opco(지역조직)별로 비즈니스 리뷰가 있어 정기적으로 1회당 2시간씩 교육하고 있다.

시스코는 i-Care 서비스(Customers are Really Everything)라는 별도의 외부 제휴 파트너사를 두고 외식업소 운영에 필요한 여러 가지 서비스를 제공하고 있다. 고객의 활동 사이클을 4단계, 즉 점포 개설 준비(Pre), 점포 개설 운영(During), 점포의 경쟁력 강화(Post) 그리고 점포 운영의 노하우(Post)로 나누어 맞춤식 컨설팅을 한다. 그리고 고객의 어려움을 경감시켜주기 위해서는 어떤 솔루션(Solution)을 제안하고, 그 솔루션을 어떻게 제공할 것인가를 고민한다.

외부 제휴 협력 파트너사는 마케팅 서비스(Marketing Service), 매장 관리 서비스(Operation Service), 재무 상담(Finance Service), 인사 고용 서비스(HR Service), 친환경 서비스(Green Service) 등을 한다. 협력 파트너사는 인터넷을 통한 서비스를 하는데 교육(Consultative Training)과 부가가치 서비스(Value Service), 공용 포탈(Common Portal) 등을 한다.

마케팅 서비스로는 광고 홍보, 홈페이지 제작 관리, 이벤트 등을 하고, 매장 관리 서비스는 매장 내 운영되는 전반적인 사항을 지원한다. 재무 상담은 재무 상태를 분석하고 매출, 즉 1인당 매출단가를 끌어 올리는 방안, 손익 분석, 세무 지원 등을 한다. 필요시 대출 지원 상담도 한다. 인사 고용 서비스는 직원들의 생산성을 끌어 올리는 방안이나 직무에 대한 교육, 인사 예절에 대한 교육 등을 한다. 친환경 서비스는 위생, 식품의 안전 관리, 친환경 식품에 대한 교육 등을 한다. 그리고 고객을 공헌이익(Gross Profits)별로 관리하고 또 금(Gold), 은(Silver), 동(Bronze)으로 층별로 나누어 구분 관리하며, 수익성 개선을 위해 서비스 개선(Service Reports), 물류 성과 개선(On Time Reports), 사업 성과 검토(Business Reviews) 등의 활동도 끊임없이 한다.

낮은 수익을 주는 고객에 대한 활동도 부지런히 한다. 즉, 발주량(Order Size)의 재검토나 가격(Pricing) 재검토, 서비스(Service) 수준의 재검토 그리고 거래중지 전략(Exit Strategy)까지도 검토한다.

미래의 기업형 식자재 유통업체는 시스코처럼 최종 고객들을 대상으로 회사의 좋은 이미지를 확대함으로써 외식업소의 성공을 직간접 지원하고 회사의 브랜드 가치(Value) 제고를 하기 위한 활동을 꾸준히 하여야 한다.

"안전하고 위생적으로 관리되어 안심할 수 있는 양질의 상품(Quality Product)을 제공한다", "산지에서부터 식탁까지의 유통의 모든 과정을 책임진다", "작황이 어려워 배추 값이 폭등하는데도 계약 고정 단가로 공급해주는 회사다", "회사에서 제안한 메뉴 레시피를 내 외식업소에 적용시켰더니 대박이 났다", "나의 매운탕 다진 양념을 기업형 식자재 유통업체와 상품화하였더니 다른 외식업소에서도 반응이 좋았다", "손익 구조가 어려웠는데 기업형 식자재 유통업체가 식자재 구매 계획에 대해서 컨설팅을 받아 많이 개선되었다." 이러한 좋은 이미지를 사회에 심는 것이 기업형 식자재 유통업체의 중요한 역할일 것이다.

PB 상품은 기업형 식자재 유통업체의 특성과 고객의 성향에 맞추어 독자적으로 개발한 브랜드 상품이어야 하며, 식품과 음료, 잡화에 이르기까지 그레이드별로 경쟁력 있는 가격으로 개발된 상품들이어야 한다.

PB 상품은 사실 대량 구매와 매출 등 양(Volume)에 목적을 두고 있지만 아이디어를 내어 차별화된 신개념의 상품도 개발하여야 한다. 그래야 수익이 개선되며 '충성 고객'을 확보할 수 있다. 차별화된 PB 상품의 개발을 위해서는 외국의 식품업체, 식자재 유통업체, 산지 등과 끊임없는 정보를 교환하며 뛰어다녀야 한다. 그래서 검증된,

국내에 적용시킬 수 있는 상품들은 반드시 독점권(Exclusive) 계약을 체결해야 한다. 예를 들면 향후 부가가치가 있는 더 한층 업그레이드되고 가격경쟁력이 있는 피자 관련 소스나 음료 에이드 개발 등을 물색하면 좋을 듯하다.

　리테일 시장에 비해서 업소용 시장의 국내 PB 개발은 아직 미미하다고 볼 수 있다.

　참고로 리테일 시장의 PB 현황을 알아보자.

　2000년대 중반 이후 이마트, 홈플러스, 롯데마트 등이 PB 상품 비중 확대와 품질 향상 등에서 가시적인 성과를 만들어 냈다. 뿐만 아니라 CJ오쇼핑 등의 홈쇼핑, 농협 하나로마트, 롯데수퍼, GS수퍼마켓 등의 SSM, 훼미리마트 · GS25 · 세븐일레븐 등의 편의점에 이르기까지 업태와 업체를 가리지 않고 PB 상품 개발과 확대에 매진하고 있다. 백화점도 예외는 아니다. 롯데, 현대, 신세계, 갤러리아 등 주요 백화점들은 PB와 '온리(Only) 상품'들을 앞다퉈 늘리고 있다. 이렇게 하는 이유는 NB 상품으로는 경쟁의 한계가 있기 때문에 경쟁사 제품과 차별화를 위해서는 유력한 수단인데다가, PB 상품은 그만큼 수익도 많기 때문이다. PB 상품은 규모의 경제가 되어야 하기 때문에 2000년대 중반 이전까지만 해도 미미하였는데, 그 후 매장이 늘어 제조업체를 능가하는 시장 파워를 갖춘 지금은 'PB의 전성시대'라고 할 수 있다. PB 상품은 소비자와 바로 만날 수 있는 '진열대'의 우위를 확보할 수 있다는 장점과 마케팅비용이 들지 않고, 유통비용을 줄일 수 있다는 장점 또한 있다. 그래서 유통업체 입장에서는 NB보다 PB 상품이 20~30% 저렴하게 소비자에게 제공할 수 있고, 마진도 5~10% 더 확보되는 이점이 있다.

각 유통업체별 PB 상품 현황을 살펴보면,

유통업체 명	리테일 상품 개발 현황	업소용 상품 개발 현황
이마트	'베스트', '이마트', '세이브' 등 19개 브랜드 1만 8,000개 개발, 매출 구성비 24%(2006년도, 7%)	'트레이더스'
홈플러스	'프리선셋', '멜리멜로', '홈플러스 프리미엄', '홈플러스 좋은상품', '홈플러스 알뜰상품', '웰빙플러스' 등 6개 브랜드 12,600개 개발, 매출 구성비 27%(2006년도, 18%)	'홈플러스 알뜰상품'
롯데마트	식품·생활용품 '초이스엘(와이즐렉)', 패션 '베이직 아이콘' 등 품질·가격·구매층 세분화하여 7개 브랜드, 9,500여 개 개발, 매출 구성비 23%(2006년도, 11%)	–
농협 하나로마트	현재는 '엄가선', '참리빙' 등 800여 개의 상품 개발, 2012년까지 매출 구성비 9%(2,100억 원) 계획	'하나드리', '하나르메', '하나로'
CJ오쇼핑	'피델리아', '셀렙샵'	–

4대사 PB 전략을 비교 분석하면,

유통업체 명	전략 내용	과정	시사점
이마트	PB 상품 - 1997년 대형마트 최초의 PL 상품인 '이플러스' 우유 출시 - 1999년 '이베이직', '프리미엄 이플러스' 출시 - 2007년 신선, 가공, 생활, 주방 등에서 5개 브랜드, 3,000 품목 동시 론칭, 유통업계 '가격 혁명' 주도 - 2008년 패션, 잡화, 아동복 등 4개 브랜드, 3,000여 개 품목 추가하면서 '가격 혁명 2탄' - 현재 '스마트이팅', '엠엠도그', '이마트키즈', '이마트HMR(간편 가정식)' 등 19개 브랜드, PL 상품 1만 8,000개 개발하여 20~40% 싸게 판매 - 2014년까지 매출 비중 35~40% 확대	- 미국, 유럽에서 열리는 PL 박람회에 참석 - 2005년 TF팀 발족 - 2006년 '브랜드관리팀', '품질관리팀' 신설 - 2007년 '상품개발본부' 발족	- PL 제조사와 원가 구성 내용 공유 - 프리미엄, NB 수준, 실속 등 등급화 - 브랜드 특성에 맞는 포장, 디자인 개발 - '이마트 품질 스탠더드'의 엄격한 품질 관리

유통업체 명	전략 내용	과정	시사점
홈플러스	– 2001년에 PB 처음 출시 – 2006년 '프리선셋', 2009년 '플로렌스 & 프레드' 출시 – 현재 생활필수품, 패션의류, 잡화, 소형가전제품에 '프리선셋', '멜리멜로', '홈플러스 프리미엄', '홈플러스 좋은상품', '홈플러스 알뜰상품', '웰빙플러스' 등 6개 브랜드 12,600개 개발 – 2012년까지 30% 이상 확대	– 2001년 테크니컬 매니저(TM ; Technical Manager) 제도 정착 – 2008년 '아워홈' 과 전략적 제휴 – 2009년 생활용품 및 디자인업체인 에이치엘비와 업무 제휴	– 2001년 TM 제도를 두고 원료로부터 제조 공정 및 최종품에 이르기까지 안전 및 적법성 확보 – 2008년 '아워홈' 과 제휴하면서 기획 및 기술개발을 통해 1년간의 연구기간을 거쳐 100여 가지 간편조리식 개발을 맺어 업그레이드 – 2009년 에이치엘비와 가구, 욕실용품, 주방용품 등 디자인 개발
롯데마트	– 2003년 말 현명한 '주부의 선택(Wise+Select)' 출시 – 현재 식품 · 생활용품 '와이즐렉', 패션 '베이직아니콘' 등 품질 · 가격 · 구매층 세분화하여 15개 브랜드, 9,500여 개 개발 – '와이즐렉 프라임', '와이즐렉', '해피바이', '베이직아이컨', '와이즐렉 내몸사랑' 등 다양한 브랜드 개발 – 2011년, 전년보다 40% 증가한 1조 7,000억 원 목표 – 자체 PB 브랜드를 '와이즐렉' 에서 '초이스엘' 로 교체, 15개 하위브랜드를 7개 브랜드로 통폐합	– 2003년 미국의 데이몬사와 제휴 – 2008년 중소 제조사의 상생을 위한 'MTB(Manufacturing Private Brand)' – 2009년 롯데 스탠다드(Lotte Standard) 마련 품질 중심의 '제3세대 PB 선언'	– 2003년 데이몬사와 제휴하여 공동으로 PB 상품 개발 – 2008년 'MTB' 인 '더블칩 전략' 으로 현재 800여 개에서 1,000여 개 상품까지 확대할 계획, 즉 제조사 브랜드를 전면으로 내세우고 롯데마트는 품질을 보증한다는 취지 – 2009년 롯데 스탠다드(Lotte Standard) 마련으로 품질과 안정성 확보. '위해상품 판매 차단 시스템' 가동
하나로마트	– 2008년 '엄가선', '참리빙', '하나르메', '하나드리' 등 4개 PB 브랜드를 동시 출시하여, NB 상품보다 최고 40% 저렴하게 판매 – 2010년에 100여 개를 추가 개발하여 464개 제품 개발, 2011년에 300여 개의 신제품 개발 목표 – 2012년까지 전체 매출액의 9% 목표(2,100억 원) – 전국 2,100개 판매망을 통한 판매	– 농협식품안전연구원과 한국글로벌컨설팅, 한국건설생활환경시험연구원 등 점검 · 평가 시스템 구축 – 상품 개발심의체를 만들어 소비자 모니터링, 표준 진열시스템, 체계적인 판촉시스템 구축 등 계획	– 품질 우수하나 유통망이 약한 중소업체 위주로 PB 상품 개발 – 농협식품안전연구원과 한국글로벌컨설팅, 한국건설생활환경시험연구원 등이 각각 역할 분담을 맡아 모든 생산시설, 제조공정, 작업환경, 위생 관리, 보관 · 운송 관리 등을 점검한다.

앞의 자료를 보듯 업체들은 품목 수 확대는 물론 품질 개선에도 앞장서왔다. 이제 PB 상품에 대한 소비자들의 인식도 '싸지만 질이 떨어지지 않은 상품'에서 점차적으로 '합리적인 가격에 품질도 괜찮은 상품'으로 바뀌고 있다. 그러나 아직도 외국의 유명 유통업체와 비교하면 아직 더 많은 품목을 개발하여야 한다. 미국의 월마트는 PB 매출이 전체의 약 40%, 영국의 테스코는 50%, 독일의 알디는 98%, 메트로는 35%에 이른다. 대형마트 3사도 3~4년 안에 30~40%대로 끌어 올릴 계획이다. 사실 대형마트끼리의 경쟁뿐만 아니라 SSM, 온라인 시장이 급속히 커지면서 유통업체별로 가격차가 크지 않은 NB 상품만으로는 고객을 끌어들이는 데 한계가 있어 NB 상품의 모방 수준에서 벗어나 시장 트렌드와 소비자의 니즈를 반영한 프리미엄급 상품 개발과 확대에 주력하고 있다. 이제는 편리함과 접근성 위주로 매장을 찾지만, 향후 각 업체에서 개발된 PB 상품에 따라 매장을 선택할 때가 올 것이다.

지금 기업형 식자재 유통업체도 가격 위주의 PB 상품 개발도 중요하지만, 각각의 외식업소들의 니즈에 맞는 범용, 맞춤형 상품 개발에 주력해야 한다. 그러나 제대로 정착되기까지에는 규모의 경제가 이루어져야 하는데, 소요되는 시간인 5년 정도가 지나야 될 것으로 예상된다.

차별화된 CK 상품 개발에도 국내 식품 연구기관뿐만 아니라 해외 식품 제조업체 및 연구기관과도 같이 연구하면서 개발해야 한다. 일본의 카레 개발이 좋은 예라고 할 수 있는데, 앞으로 급식용 BIB(Boiled in Back), 진공조리식품 등이 많이 연구되어야 한다. 그리고 우리나라뿐만 아니라 동남아에도 발효되어 있는 향토음식들이 많이 있는데, 이를 상품화하는 방법도 연구해야 할 것이다. 어떤 음식이든 나름대로의 맛과 의미, 역사가 있다. 그래서 사내 MD들 사이에 성공사례가 많이 나와 '공부하고 뛰는' 조직으로 만들어야 한다. 아직 국내에 경쟁력 있는 식품 수입상들이 많이 있지는 않지만, M&A 또는 전략적 제휴가 필요하다.

기존의 식자재 유통업체의 인수도 중요하지만 수입재료상과 주방용품상, 비식품 도매 벤더 등의 인수도 검토해볼 필요가 있다. 양식 재료와 에스닉 푸드(Ethnic Food)가 강한 전문 유통업체 인수, 아니면 전략적 사업 파트너도 대안이 될 것이다. 미국의 시스코나 일본의 구제 같은 회사도 그렇게 하면서 발전되어 왔다.

다음으로 국내 식품 수입상들을 연구해보도록 하자.

1996년에 설립한 보라티알이다. 매출액은 139억 원이고, 영업이익이 14억 원 정도 되는 회사다.

보라티알은 이탈리아, 그리스, 스페인, 프랑스, 태국, 미국, 멕시코 등 40여 개 국의 업체를 통해 각 나라에서 품질과 맛을 인정받는 최고의 품질들만을 엄선하여 파스타 및 토마토홀, 올리브 오일 등 300여 가지의 전문 식자재 상품들을 수입한다. 뿐만 아니라 이 업체는 각각의 제품들을 연구, 개발함으로써 외식업에서 추구하는 최상의 데이터를 찾아내어 정립, 각 업체의 특색을 살리며 수요와 공급에의 안정성까지 고려한 메뉴와 레시피 등을 개발하여 제안하고 있다. 또한 보라티알은 각각의 브랜드로서의 가치 추구에 앞장서고 있으며, 이탈리아 식문화만을 위한 것이 아닌 다양하게 변모, 발전해가는 전체 외식 문화의 질적 향상을 추구하는 회사다. 그리고 식자재 유통을 기반으로 소스, 식품의 제조와 육가공 시스템을 갖춘 음성 공장을 운영함으로써 최상의 재료들로 건강한 제품들을 만들어내는 과정을 통해

보다 더 안전한 먹을거리를 만들고 있다. 또한 이 업체는 이태리 전문 요리학교인 '보라쿠끼아이오'를 설립하였다. 기술의 한 분야로만 국한되어온 요리에 학문으로서의 가치를 더하기 위해 설립된 보라쿠끼아이오는 요리의 기초에서부터 전문적이며 깊이 있는 긍지와 자부심, 매너 등 식재료에 대해 보다 더 섬세하고 과학적인 접근으로 좀 더 나은 지식과 이해 속에서, 마침내 조리기술과 연구에 노력을 하는 진정한 전문 인력을 배출하고 있다. 파스타 'DE CECCO'의 소스류, 파스타, 올리브 오일, 피자, 샐러드 등에 관련된 모든 식자재를 원형 그대로 보관 · 제품화한 'MENU', 스파이스의 선두주자인 'MOLINI' 등의 대표적인 수입 식재료들을 취급하고 있는 보라티알은 현재 신라와 조선 호텔, 프로방스, 안나비시, 쏘렌토 등 1,400여 개 이상의 업체에 공급하고 있다.

스위트웰은 동남아 음식 식재료를 수입할 뿐 아니라 2003년부터 자체 연구개발실(R&D)을 두고 동남아 소스 개발 연구를 하고 있다. 최근에는 외식 컨설팅으로 메뉴 컨설팅도 하고 있다.

에스닉푸드는 고급스럽게 업그레이드된 콘셉트와 현지 요리 맛을 그대로 재현하는 충성 고객 콘셉트로 구분된다. 이 분야에서 '동남아 음식의 대중화'에 크게 기여했다고 볼 수 있는 업체다. 1988년 베트남 음식 전문점이 국내에 처음 진출하였을 때 쌀국수, 향신료, 월남쌈 등을 수입에 의존할 수밖에 없었다. 그 때문에 식재료 원가 구성비는 올라가고 외식업으로의 수익모델로 정착하기에는 어려움이 많았다. 그래서 이 업체는 수입 외에 자체 연구개발실(R&D)을 두고 제품을 개발하여 '메뉴의 공정화'를 성공시켰다. 동남아 음식 식재료의 원가를 절감하는 데 큰 업적을 만든 것이다. 그 덕분에 프랜차이즈 · 체인으로의 수익모델이 만들어졌다. 또한 시장 조사와 고객의 기호도 조사를 꾸준히 하고 고객의 입맛과 성향을 파악하여 다양한 신메뉴를 개발하였다. 그래서 개발한 것이 녹차와 호박, 당근, 파인애플, 케일 등의 맛을 내는 '기능성 월남쌈'이다. 그리고 간편한 국물 베이스의 액상 타입형과 파우더 타입형의 '쌀국수 육수' 등을 개발하였다. 향신료와 고기를 액상 상태와 파우더 형태로 개발한 것이다. 그 덕분에 일반 휴게 음식점과 고속도로 휴게소, 단체급식 등의 분야로 진출하여 '동남아 음식의 대중화'를 만들어 냈다. 시장 트렌드에 맞는 다양한 소스를 수입하고 또 연구·개발하여 제조·유통, 외식업소의 틈새시장을 개척하는 데 성공하였다.

(주)코만푸드-M&F는 태국 음식 식재료를 전문으로 취급하는 회사다. 매출은 120억 원 정도 된다. 이 업체는 수입뿐만 아니라 스위트웰과 마찬가지로 자체 연구개발실(R&D)을 두고 제품 개발까지 하는 경쟁력 있는 회사다. 국내에서 태국 음식 축제 행사가 있었는데, '타이 셀렉트 레스토랑 페스티벌'에도 주도적으로 참여한 실력 있는 업체다.

마트 형태로 직수입하여 도소매하는 업체를 살펴보자.

해든 수퍼마켓은 육류, 야채류, 향신료, 오일, 치즈, 와인 등 18,000여 개의 품목을 갖추고 있고, 칠면조, 꿩, 오리, 사슴, 양고기, 토끼고기 등 냉동육류를 취급하고 있다.

한남 수퍼마켓은 향신료, 파스타, 치즈 등을 취급하는데, 액체로 된 향신료, 매일 산지에서 직배송하는 신선한 야채와 허브, 생치즈 등이 차별화되어 있다. 월남국수, 태국산 소스 등 동남아 식재료 등도 취급하고 있다.

댄디스 그로서리는 그리스 요리의 필로페이스트리, 일반적인 사이즈가 아닌 큰 용량의 마스카폰네 치즈, 적은 용량의 사워크림 등을 취급한다.

한제라그레텔은 수제햄, 고급 치즈, 미니파이 등을 판매한다.

마라하바마트(Marahaba mart)에서는 향신료들을 섞어 바로 쓸 수 있게 만들어준 제품과 인도의 다양한 향신료, 병아리콩, 인도의 바스카티라이스와 달의 주재료가 되는 렌틸콩, 태국산 새우 타이거, 쌀국수, 태국산 커리가루, 코코넛파우더 등을 판매한다. 이슬람에서 정해진 규칙대로 도살한 할랄미트만 판매하는 무슬림 정육 코너도 있다. 어린 양고기와 이슬람 음식에 어울리는 향신료도 취급한다.

할랄타지마할(HALAL TAJIMAHAL)에서는 할랄미트, 어린 양고기, 향신료 등을 전문적으로 취급한다.

일성상회는 향신료가 다양하고, 사프란 등을 취급한다.

신창상회는 고급 중국 요릿집을 하는 업주, 조리사, 중국 요리 전문가들에게는 널리 알려져 있는데, 누룽지탕을 해먹을 수 있는 누룽지, 감자전분, 냉동딤섬, 꽃빵, 춘장, 중식에 사용되는 복어살, 게다리살, 참소라, 전복 등 해물류와 후식용 린찌, 람부딴캔 등을 취급한다.

모노마트는 10,000여 종의 일식 식자재를 취급한다. 매출액도 150억 원이며, 이 시장에 있어서는 상당히 경쟁력을 갖춘 업체다. 다양한 소스, 면류, 밑반찬, 스낵, 주류 등을 취급한다. 서울의 잠실, 반포, 목동과 분당, 수원 등에도 분점이 있다.

텐투텐은 프랑스 요리에 필요한 식자재를 판매한다. 다양한 브리치즈 30여 종을 취급하고 있다. 푸른곰팡이 치즈, 파스타, 살라미, 향신료, 오일, 절임식품, 반조리 식품, 통조림 등을 판매하면서 와인도 취급한다. 와인 숍으로도 병행하고 있다.

이렇듯 전문 수입상들은 많지만 국내 판매권(Exclusive)을 갖고 있는 업체들은 많지 않다. 좀 더 전문적으로 접근하여 대량 구매 또는 우리나라 사람들의 입맛을 고려한 레시피의 조정 등을 공동 개발한 제품 수입의 요청도 할 수 있을 것으로 보인다.

양식, 에스닉 푸드(Ethnic Food) 등 독점적 시장 지배가 가능한 스페셜리티한 상품을 확보하기 위해 기존 전문 업체 인수도 검토해 볼 만하다. 이 시장에 있어서는 나름대로 품목별 전문가들은 많지만 품목에 대해서 어떻게 응용을 하여 새로운 레시피를 만들 수 있느냐 하는 요리 연구 영역 전문가는 많지 않은 실정이다. 이 시장을 좌지우지할 수 있는 '지배력' 있는 업체들은 아직 없다. 이 영역에서 전략적 제휴가 되면 신고객, 신시장을 확보할 수 있다. 뿐만 아니라 수입에 의존하는 일부 가공식품, 냉동식품들은 반조리 상품으로 개발하여 업그레이드한 상품들을 내놓을 수 있을 것으로 보여, 앞으로는 동서양 구분 없이 세계 어느 국가의 음식도 가깝게 접하게 될 것이다.

처음에는 전문 수입 업체로부터 소싱하면서 관계 구축을 한다. 그러다가 소싱 금액이 점점 커지면서 굿윌(Goodwill)도 자연스러워지고, 일정 지분의 투자에 참여한다. 중장기적으로는 100% 인수 또는 '전략적 제휴'도 검토될 수 있을 것이다.

(3) 산지 개발과 친환경 농산물 전략

미래의 기업형 식자재 유통업체의 경쟁력은 누가 먼저 산지를 장악하느냐, 친환경 농가를 누가 먼저 많이 확보하느냐에 따라서 결정된다고 해도 과언이 아니다. 그래서 농산물 전반에 관해서 스터디해보록 한다.

먼저 농산물의 특징에 대해서 알아보면,

부문	특징	시사점
생산	– 소규모 다수의 생산자 – 표준화, 규격화 등 등급 자동화의 어려움 – 동일 품종간의 경쟁 치열 – 기후 변화 등 외부 환경 변화에 크게 영향 받음 – 계절적 상품으로 연중 안정적인 관리 어려움	– 산지와 계약재배하여 표준화, 규격화시킴
유통	– 농산품 가공에 대한 법률적 규제 심함 – 히트된 농산품에 대한 모방(Copy) 제품이 단기간 내 출현 가능 – 변질과 부패가 쉽고, 운송·보관 등 관리비용이 많이 듦 – 상품의 수명이 짧아 유통기간이 짧고 가격 변동 폭이 큼 – 가격 대비 부피가 커서 물류비용이 많이 듦	– 농산물 물류유통을 시스템화하여 산지 유통 정착
마케팅	– 다수의 소량 소비자 – 농산품에 대한 소비자들의 인식이 고착되어 있음 – 농산물의 차별화의 한계 – 시장의 통제와 관리 어려움 – 마케팅 활동 투입 비용 대비 효율성 측정 어려움	– 가능하면 고객으로부터 신뢰를 받기 위하여 고정단가·경매 시황단가를 병행하여 마케팅 주도

• 농업 CEO MBA 과정
농림수산식품부(국립) 한국농업대학

이러한 농산물의 특징 때문에 산지 유통 또한 많은 문제점을 갖고 있다.

산지 유통조직의 기능에 대해 알아보면,

기능	내용	시사점
농산물의 1차 교환기능	– 파종 이전과 파종 후, 수확 전과 수확 직후 논밭 또는 보관 중 생산농가와 수집상, 생산농가와 생산자 단체간 1차적인 거래 – 산지 거래방식 : 포전거래, 계약거래, 정전거래, 산지공판	– 계약거래 유도

기능	내용	시사점
생산 공급량 조절기능	– 농산물의 가격 변동에 대응하여 생산품목과 생산량을 조정 : 생산 후 공급과잉과 가격 등락 수준에 따라 판매량과 판매시기, 판매 지역, 판매시장 등 조절 – 유통협약·유통명령제를 통한 생산 공급량 조절	– 외식업소 등 거래처와 연간 계약 물량, 연중 계약 단가로 영업 – 단계별, 품목별로 접근
물적 조성 기능	– 일반저장, 저온저장을 통해 성수기에 출하를 억제하고 비수기에 분산 출하→시간 효용 창출 – 소비지 도매시장, 물류센터 등 소비지시장에 출하→장소 효용 창출 – 산지의 일반가공공장과 전통가공공장 등에서 농가와 생산자조직 등이 가공→형태 효용 부가가치 창출	– 산지에서 직접 미래의 기업형 식자재 유통업체 물류창고, 식품 가공업체로 입고
상품화 기능	– 농산물 생산 후 품질, 지역, 장소, 이미지를 차별화함으로써 부가가치 창출 – 브랜드화는 지역산 농산물에 대해 브랜드를 부여하고 홍보하여 다른 생산자, 지역의 상품과 차별 유도 – 표준규격화는 산지유통센터, 작목반 집하장 등에서 공동 선별포장을 수행함으로써 품질 균일화, 통명거래 기반 조성	– 브랜드화, 규격화 등 포장 작업은 산지유통센터에서 작업

• 농업 CEO MBA 과정
농림수산식품부(국립) 한국농업대학

산지에서는 생산규모가 영세하여 시장정보 취득 및 거래 교섭력이 부족하게 되고 이에 따라 생산물량 부족 및 작목 선정의 오류로 인하여 전체 가격이 불안정하게 된다. 또한 이러한 물량을 소비지 도매시장으로 개별 출하하면서 중간상인의 담합에 의한 가격피해가 발생하고 있는 것이 현실이다.

고객의 다양한 요구에 탄력적으로 대응하기 위해서는 상품의 수집, 선별, 포장, 물류, 상품화 작업, 표준화 작업의 일괄처리 과정이 필요하나, 이러한 인프라를 구축하기가 매우 어렵고 다단계 유통구조로 인해 유통비용 증가로 소비자 가격이 높다. 대부분의 도매시장에 있어서 거래규모도 영세하고, 시장 시설 및 규모가 부족하여 생산자가 출하할 수 있는 시장 선택의 범위가 제한됨에 따라 생산자는 가격 수용적 입장에 설 수밖에 없는 문제점을 갖고 있다.

유통단계별 평균 마진율

구분	전체	출하	도매	소매
평균 마진율	43.7%	11.5%	9.6%	22.6%

자료 : 농수산물유통공사 조사

농산물 유통비용 구조

구분	소비자 가격(100.0)			
평균	농가수취 56.6	유통비용 43.4		
비용별		직·간접비 28.1		이윤
		14.0	14.1	15.3
단계별		출하단계 11.8	도매단계 9.6	소매단계 22

참고사항 :
1. 유통비용 43.4%는 직접비(14.0%), 간접비(14.1%) 등 직·간접비용이 28.1%, 이윤 15.3%로 구성됨
2. 유통비용 43.3%를 유통단계별로 구분하면 출하단계 11.8%, 도매단계 9.6%, 소매단계 22.0%로 소매단계 비중이 가장 큼
3. 소매단계에서의 유통비용이 높은 것은 소매상이 영세하고, 임대료 인건비의 부담이 크며, 소량 판매와 상품 손실률이 크기 때문이다.

향후 농산물 유통시스템은 산지에서 농가들의 분화와 판로의 다양화, 선택의 폭 확대, 지방화 시대의 지역시장(직거래장터) 활성화, 소매유통의 차별화 등으로 복잡한 유통체계가 전개될 것으로 전망 된다. 즉, 산지시장에서는 출하 주체가 분화되어 주체별로 시장 목표(Target Market)를 겨냥한 출하 패턴이 형성될 것이다. 그중에서도 지역적으로는 농가들이 새롭게 분화되어 시장 출하 지향형 농가 이외에도 그렇지 못한 취미농, 은퇴 노령농, 겸업농 등이 생산한 비상

품화 농산물이 판매될 수 있도록 지역농산물을 지역 내에서 거래할 수 있는 파머스마켓(Farmer's Market) 유형의 시장도 발전하게 될 것이다. 도매시장은 일정 부분 시장유통 비중을 차지하여 산지 출하자들에게 주요한 판로로서 대량유통 농산물과 다양한 구색 상품의 수집 분산처로서 기능할 것으로 전망된다. 그리고 지자체별로 입지한 종합유통센터에서 일정 부문의 도매물류를 담당할 것으로 전망된다. 그러나 종합유통센터를 통한 비중은 크게 증가하지 않을 것으로 예상되며, 그 대신 할인매장 등 대형유통센터의 물류센터에서 상당부문 도매물류를 담당할 것으로 예상된다. 소비지 시장에서는 할인매장 등 대형 유통업체의 시장 지배력이 커질 것이나, 일정 부분은 소비자 밀착적인 중소형 소매점들이 틈새시장을 형성하여 특정 아이템을 중심으로 소비자들에게 판매할 것이다. 그러나 이는 아직 미미하고 외식업과 급식업을 담당할 미래의 기업형 식자재 유통업체의 역할이 큰 변수가 될 것이다. 이렇게 산지-도매-소매 단계에서 복잡한 유통 경로가 존재할 것이나, 이러한 유통 경로는 산지에서 바로 할인매장형의 대형유통업체 SCM, 미래의 기업형 식자재 유통업체 SCM, 농협유통 SCM , 혁신화된 도매시장형 SCM 등으로 구분될 것이다.

산지 개발을 효율적으로 운영하기 위해서는,

첫째, RPC, APC, LPC와 같은 산지 유통시설과 합병하여 규모화를 이루어 저온유통시설(예 냉·저온저장, 저온차량)과 같은 수확 후 관리 시설을 보강하는 것을 검토해야 한다. 합병하여 규모화가 어려우면, 통합판매사업(조합공동사업법인, 연합사업단 형식) 등으로 전략적 제휴를 하고, 유통시설은 '다공장 시스템'으로 활용한다.

둘째, 출하 농가에게 '회원제, 점수제, 공동 계산제'를 실시한다.

농산물 유통 리스크 발생 지점

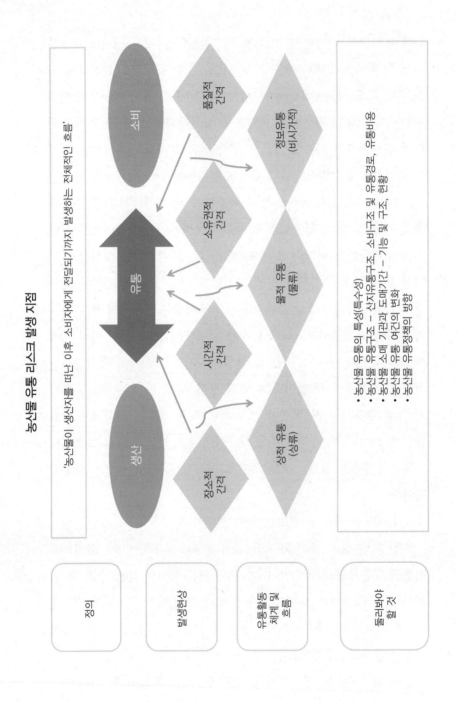

정의	'농산물이 생산지를 떠난 이후 소비자에게 전달되기까지 발생하는 전체적인 흐름'
발생현상	품질적 간격 / 소유권적 간격 / 시간적 간격 / 장소적 간격
유통활동 및 체계 및 흐름	소비 ← 유통 → 생산 정보유통(비시기적) / 물적 유통(물류) / 상적 유통(상류)
돌려봐야 할 것	• 농산물 유통의 특성(특수성) • 농산물 유통구조 – 산지유통구조, 소비구조 및 유통경로, 유통비용 • 농산물 소매 기관과 도매기관 – 기능 및 구조, 현황 • 농산물 유통 여건의 변화 • 농산물 유통정책의 방향

이를 위해 협동조합의 유통사업체와 출하 농가, 미래의 기업형 식자재 유통업체간 '3자 유통협약'을 체결하여 미래의 기업형 식자재 유통업체와 유통사업체가 회원 농가의 재배 품종을 선택하고 재배 관리 등 수확 전 지도와 무조건 수탁을 통해 유통시설의 계획적인 운영과 판매조절을 수행한다.

셋째, 산지 수집상을 건전한 유통조직(산지 Packer)으로 변화시켜 제도권으로 끌어들이는 것도 검토하고, 농가 산지 계약재배를 위탁한다. 많은 시뮬레이션을 거쳐 적당한 전략안을 도출한다.

넷째, 현행 농산물의 물류는 일방(One-way)적인 특성으로 인해 효율성이 높지 않은데, 앞으로 미래의 기업형 식자재 유통업체는 GS25의 성공사례처럼 양방적 수송(Both-way)으로 물류비용을 절감해야 한다. 그리고 신선도 유지, 출하 조절, 안전성 확보, 자원의 낭비 방지 등을 위하여 콜드체인시스템을 갖춘다.

다섯째, 고객에게 신선하고 안전한 농산물을 공급하기 위해서 GAP제도(우수농산물관리제도), 생산이력추적제를 실시하여야 한다.

여섯째, 우리나라의 농산물 유통정책은 산지 유통, 소비지 유통, 물류 효율화, 농산물 수출 촉진 등으로 구분되는데, 이 모든 정책을 최대한 활용하여 산지개발 및 유통에 도움이 되도록 한다.

일곱째, 지역별로 주력 상품은 직접 또는 산지 수집상으로 하여금 계약재배를 하게 하고, 기타 제품은 지역 농협 또는 영농조합으로 하여금 산지 직거래를 시작함으로써 교두보를 확보한다. 그래서 가격과 품질 관리도 하지만, 농산물을 안정적으로 공급받을 수 있는 플로(Flow)를 수립한다.

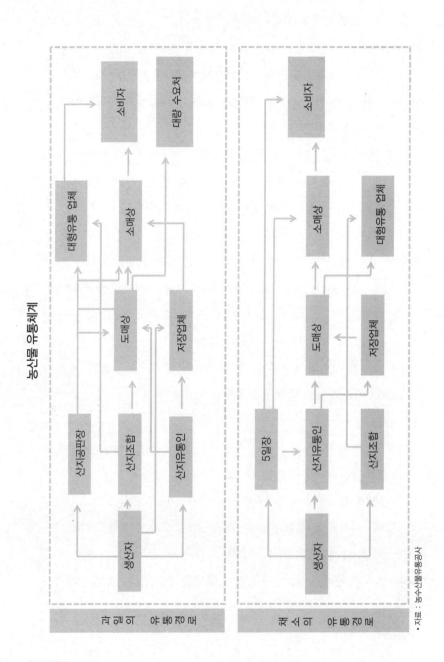

농산물 유통체계

• 자료 : 농수산물유통공사

이제 친환경 농산물 확보에 대해서 살펴보도록 하자.

앞으로 친환경 농산물을 누가 먼저 산지와 유통업체를 확보하느냐가 상당히 중요하다. 학교급식뿐만 아니라 프랜차이즈, 일반 외식업소에서도 수요가 많이 늘어날 것으로 예상된다. 국내뿐만 아니라 중국 내몽고 등 해외 국가와도 전략적 제휴가 필요하다.

향후 국내 시장의 외식업체에도 '웰빙'이 한 장르로 자리 잡게 될 것이다. 지금은 초등학교 직영 급식 위주의 식단과 일부 고급 외식업소에 한정되어 있지만 먹을거리에 유난히 까다로운 우리나라 국민성 때문에 이 시장은 급속하게 성장할 것으로 예상된다. 국내 친환경농산물 유통업체와 긴밀한 전략적 제휴가 필요한데, 국내 친환경 농산물 재배에는 한계가 있기 때문에 중국 및 동남아까지 시야를 넓혀야 한다. 사실 이력 관리 등 '식품안전센터'를 두고 제대로 관리만 되면 우수한 친환경 농산물을 확보할 수 있다. 일본처럼 '식물공장'도 본격적으로 검토해볼 수 있을 것이다.

국내 친환경 농산물시장 규모는 계속 성장하고 있다. 2006년에 1조 3천억 원이던 시장이 2008년에 거의 2배인 2조 4천억 원, 2011년에는 3배 규모인 3조 9천억 원 시장 규모로 예상된다. 더욱이 서울 시내 및 각 지자체의 '무상 단체급식'으로 이 시장은 수요에 비해서 공급이 따라가지 못하는 실정이다. 2020년에는 약 8조 9천억 원의 시장으로 전망된다. 연평균 15%씩 신장하고 있다.

국내 친환경 농산물 생산량도 99년에는 불과 2만 7,000톤이던 것이 2008년에는 218만 톤으로 81배로 늘어났고, 약 7,974% 신장하였다. '농산물 안정성' 때문에 친환경 농산물에 대한 욕구가 늘어나고 정부에서도 친환경 농산물 사업을 장려하고 적극 지원해주고 있다. 친환경 유통업체와의 관계 구축을 통한 안정적인 공급처

국내 친환경 농산물시장 규모 예측

(단위 : 조 원)

- 2006 : 1.3
- 2007 : 1.7
- 2008 : 2.4
- 2010 : 3.2
- 2013 : 5.4
- 2015 : 7.0
- 2020 : 8.9

확보가 시급하다. 친환경·유기농식품의 클러스터와의 공급 제휴가 필요하다.

친환경 농산물은 전세계적으로 120개국, 3,100만ha에서 재배되고 있으며, 시장유통 규모는 400억 달러로 추정된다. 이런 시장 규모를 볼 때 장기적으로 국내 시장만 생각할 것이 아니라 중국, 일본, 제3국까지 생각하여 생산거점을 확보해야 한다. 그리고 앞서 언급하였듯이 중국인의 입맛이 달라지고 있다. 중국 내수 시장의 수요도 만만치 않은데, 일부 친환경 농산물은 국내에서 중국으로 수출해야 할 때가 올 것이다.

향후 미래의 기업형 식자재 유통업체가 적극적으로 추진하여야 할 과제가 바로 '농산물 브랜드' 전략이다. '농산물 브랜드' 전략에 대해서 스터디해 보자.

농산물의 유통환경이 급변하고 있다. 환경이 급변하면 불확실성이 커지고 또한 리스크 부담도 높아진다. 그렇게 되면 의사결정도 어려운 것이 이 시장이다. 앞으로 이 시장이 개방화되면 전세계 시장이 단일시장으로 통합된다. 이런 시장에서의 생존은 절대적 경쟁력에 의해 좌우된다. 경쟁력 중 가장 강력한 수단 중의 하나가 브랜드화를 통한 차별화 전략이다.

향후 유통환경의 변화는 다음 도표와 같이 변할 것이다.
먼저 향후 예상되는 유통환경의 변화를 살펴보면,

구분	예상되는 변화
수요 및 소비구조의 변화	– 소비자 기호 및 구매 패턴 다양화, 유통 업태의 빠른 분화 – 가공식품 및 외식 소비 확대, 친환경·안전 농산물 수요 증대
생산 및 상품화	– 공급과잉, 판매 경쟁 심화→품목별 변화가 심함 – 조직화·규모화된 공동 유통 주체와 대규모 개별 영농 주체 – 소비지 대형 유통업체와의 동등한 시장 지배력 행사 – 대규모 거점 유통시설에서 종합 상품화와 물류 기능 – 소비지 니즈 충족 상품 다양화, 최적 물류 관리시스템 – 대중적 리테일·업소용 명품 브랜드(Masstige Brand) 일반화
유통 경로 및 시장구조	– FTA, DDA 등 농산물시장 개방화 가속화 – 도매시장 중심에서 시장 외 유통 경로 중심으로 전환 – 비차별화 상품의 집중 시장 거래→차별화 상품의 분산 시장 거래 – 시장 외 유통기구의 다양화, 유통단계 대폭 축소 – 전후방 관련업체와의 공급사슬 관리(SCM), 최적 물류시스템 – 대형업체의 시장 재배력이 강화되고, 대량 브랜드 상품시장과 틈새시장으로 분할 – 농산물 수요의 동질성 약화, 다양한 시장세 분화
거래방법과 상품 특성	– 상품 중심 거래에서 브랜드 중심 거래로 전환 – 생산자 조직의 NB와 유통업체의 PB로 이원화 전망 – 프리미엄 브랜드 위주의 대중적 명품 브랜드화 – 상물 분리거래 일반화 – 시장거래, 통신거래, 전자거래, 통명거래, 계약거래 등 거래방법 다양화 – 브랜드 관리 및 판촉 전략이 마케팅 믹스 전략의 핵심

• 농업 CEO MBA 과정
농림수산식품부(국립) 한국농업대학

그리고 과연 어떤 형태의 농산물이 우수 브랜드로 가야 하는가를 살펴보자.

구성 영역	구성 내용	시사점
인지도	– 친근감과 구매동기 유발 – 상품 품질에 대한 신뢰성 – 브랜드 연상 이미지 연결	– 철저한 품질 관리와 품질의 균일성 유지(표준화) – 안정적 물량공급 능력 확보 – 시장 선도성과 가격 차별성 – 판매시장의 확장성과 대중성
브랜드 파워	– 마케팅비용 감소 – 레버리지(Leverage) 효과 – 새로운 고객 확보의 기회 부여 – 위협에 대처할 시간적 여유	
품질	– 구매동기와 이유 제공 – 가격 프리미엄 창출 – 차별화 · 포지셔닝의 기초 – 유통 참여자 관심과 호의 창출 – 브랜드 확장의 기회	
연상 이미지	– 구매동기와 이유 제공 – 긍정적인 태도와 느낌 창출 – 정보처리와 검색의 용이성	

• 농업 CEO MBA 과정
농림수산식품부(국립) 한국농업대학

먼저, 농산물 우수 브랜드 자산의 구성 모형은,

현재 국내 농산물 브랜드화의 현황은 2010년까지 곡류를 비롯하여 공급과잉의 시장구조로 인하여 판매경쟁은 심화되고 주산지 개념도 희박해지는 유통환경에서 많은 브랜드가 난립되었지만, 대부분이 실패했다고 볼 수 있다. 개별 브랜드의 한계를 극복하기 위하여 공동 브랜드로 급증하는 추세다. 농산물 브랜드 수는, 1995년에 3,215개가 2005년에 6,828개로 연평균 11.2%로 양적인 면에서는 늘어났는데, 공동 브랜드 비율은 22.2%고, 연평균 증가율도 17.7%로 개별 브랜드 9.5%보다 높다.

향후 농산물 브랜드화 유형은,

브랜드 유형	개발 주체	사용 주체	마케팅 내용	시사점
유통업체 PB/PL 브랜드	유통업체	유통업체	– 업체가 브랜드 개발, 소유 – 업체 자체 유통, 매장 판매	– 산지와 계약 조건 품목, 품질등급, 양, 가격 조건 등에 따라 결정
생산자, 유통업체 NTB 통합 브랜드	생산자(산지)	생산자, 유통업체 2개 브랜드 공동 사용	– 생산자(산지)와 계약, 제휴 – 제휴업체 매장에서 판매	
유통업체 육성 MTB 생산자 브랜드	생산자(산지)	생산자, 유통업체 2개 브랜드 공동 사용	– 업체가 산지 브랜드 지원 – 육성해 주는 업체 매장에서 판매	
생산자, 유통업체 JBP 공동 브랜드	생산자, 업체 공동 개발	1개 브랜드 공동 사용	– 산지, 업체 공동 브랜드 개발 – 마케팅, 판매 공동 협력	

• 농업 CEO MBA 과정
농림수산식품부(국립) 한국농업대학

농산물의 브랜드화 전략을 성공시키기 위해서는 향후 예상되는 농산물 유통관련 리스크를 유통단계별로 문제점을 찾아내고 해결방안을 찾으면 된다.

유통단계별 특성	유통 여건	시사점
생산 및 품목 특성 – 지역의 특화 및 분산 생산 – 생산의 계절성 – 산물성(Bulky) – 품질의 다양성 – 부패성	– 장거리 운송 필요 – 장기 저장 필요 – 높은 처리비용 – 등급 및 규격화 필요 – 특별한 저장·수송 필요 – 신속한 유통·처리 필요	– 물류체계의 효율화 – 표준화(등급, 규격) – 실수요처, 경매 등 신속유통
수급특성 – 다수의 영세 생산 및 소비 – 단기적 생산 변경 곤란 – 생산자의 교섭력 미약	– 다유통 기능 및 종사자 필요 – 큰 가격 변동 초래 – 수급 조정 곤란 – 유통정보의 필요 – 생산자 단체의 활동 필요	– 유통채널의 다양화, 대응시스템 준비 – 위험 관리 – 수급안정정책 – 유통정보의 효율화

유통단계별 특성	유통 여건	시사점
시장특성 – 완전경쟁 시장 (상품의 동질성, 다수의 공급자 와 수요자)	– 생산자는 시장가격 수용 (제품 차별화 곤란, 중앙 집중적 시장 필요)	– 협동유통 – 도매시장의 효율화 – 제품 브랜드화

4. 인프라 구축

지금 현재의 식자재 유통의 물류 현황으로는 1차 식품, 전처리 상품, CK 상품, 수입품, 주방용품 등을 준비할 수 없다. 그래서 각 지역의 생산자와 배송이 가능한 상품, 전처리, CK 상품, 수입 물량, 주방용품을 운영하는 허브(Hub)센터가 꼭 필요하다. 그리고 각 지역별로 인구와 지역 상황으로 보아 수도권에 2~4곳, 각 지역에 4곳의 지역별 물류센터가 필요하다. 각 지역별 물류센터에서는 허브센터, 지역 내 생산자로부터 상품을 공급받고 기업체, 단체급식, 외식업소에 상품을 배송한다. 체인·프랜차이즈 등에게는 배송을 대행, 도매물류 사업도 함께할 수 있다. 기존의 물류센터가 있는 회사라면 같이 협의하여 시너지를 더 낼 수 있는 방안을 찾아야 할 것이다. 그러나 기존 물류센터만을 이용하는 것만으로는 사업을 성공적으로 운영하는 데 벽에 부딪힐 것이다.

단계별로 물류센터를 확보하는 데 두 가지 방안이 있을 수 있다.

첫째는 CJ프레시웨이가 진행하고 있는 방안으로 지역별 기존의 식자재 유통업체를 인수하면서 물류센터를 동시에 지어, 입점시키면서 공동 마케팅(Co-marketing)하는 것이다. 물론 땅 매입과 건축비, 식자재 유통업체 인수비용 등이 만만치 않지만 장기적으로 보면 부동산 확보가 의외로 더 큰 이익을 만들어 낼 수도 있겠다.

둘째는 각 지역의 협력업체(수입상, 농수축산물 협력업체, 전처리업체, CK 업체 등)를 확보하면서 공동 물류시스템을 만든 후 지역별 물류창고를 짓는 것이다. 시장에 진입할 수 있는 거점을 먼저 확보한 후 지역별 경쟁력 있는 사업부터 서서히 접근한 다음에, 사업성을 검토한 후 물류창고를 신축하는 것이다. 현재 대상(주)의 계열회사인 다물에프에스가 검토해볼 수 있는 안(案)인 것 같다.

향후 물류센터는 물류 전문 시스템을 적용하여 운영의 효율화, 비용 절감, 배송 품질(Quality) 등의 개선이 되어야 하고, 지속적으로 시스템이 업그레이드되어 발전되어야 한다.

물류센터는 품질 유지 및 작업 효율을 감안하여 레이아웃(Layout)이 만들어져야 한다. 물류센터는 밀폐형 도크 시스템으로 하여야 하며, 분류 피킹(Picking) 장소에도 온도를 조절할 수 있는 설비를 보유해야 한다. 기존의 오픈형 도크를 활용할 시에는 온도 관리가 필요한 상품은 냉장 및 냉동창고에서 출고 후 바로 상차하여야 한다. 배송차는 상품별 선도 관리를 위해 냉장, 냉동, 상온으로 별도 칸막이를 운영하여야 한다. 하루 1~2회 배송하고 배송시간대는 거래처별 상황에 따라 시간대를 구분한다.

물류창고 운영은 회전이 빠르고 중량이 무거운 상품은 피킹 장소에서 가까운 데 보관하고 가볍고 회전이 느린 상품은 피킹 장소에서 거리가 있는 곳에 보관하여 작업성을 고려한다. 와인류는 창고 내에 별도의 와인 전문창고를 운영하여야 하며, 온도뿐 아니라 습도까지 조절하여 관리되어야 한다. 상차 전 낱개 출고 상품은 절대로 바닥에 내려놓지 않고 다른 상품 위에 보관한다. 유통기한 경과 및 반품 처리 되어야 할 상품들은 별도 관리할 수 있는 공간이 확보되어야 한다. 그리고 재고를 갖고 가지 않은 상품들이 있다면 주문을 받은 후 납기일을 명시하여 거래처에 구분하여 발주하도록 운영한다.

상품 재고는 일본의 다까세와 같이 상품 하나하나를 배송해준다는 배려로 '세밀한 배송력' 을 가져야 한다. 편의점(CVS)과 같이 고객이 원하는 상품을 제공해 줄 수 있어야 하며, 다양한 상품 공급을 위해 지역별 물류창고에서는 5,000개 정도의 상품(SKU)을 가지고 가야 한다. 재고도 재고상품, 수발주 상품(무재고 상품), 영업재고(영업이 책임을 지고 보관하는 재고상품) 등으로 구분하여 관리되어야 한다.

시스코의 물류에 대해 살펴보도록 하자.

허브센터 밑에 각 지역별 거점 물류센터라고 할 수 있는 DC(Distribution Center)가 전국에 70개가 운영되고 있다. 최소 매출액이 1억 달러 이상일 때 물류센터를 설립한다. 역할은 지역별 MD(Merchandising), 영업, 전산 관리, 물류 거점으로 한다. 취급 품목은 전국적으로는 약 450,000개(SKU)를 취급하고 있으나, DC에서는 8,000~18,000개(SKU)를 취급한다. 그중 17개 DC에서는 주류 허가를 보유하고 있다. 전국 보유 차량은 대형트럭 위주로 9,000대이며, 트럭당 이동거리는 평균 100마일이다. 재고 회전일 목표는 9일이나 평균 15일의 재고를 보유하고 있다. 결품률은 0.02%, 반품률은 1.5%다.

한 예로 휴스턴(Huston) DC를 살펴보면, 매출이 6억 달러 정도이고, 취급 품목은 14,000개(SKU)에, 보유차량은 117대다. 재고 회전일은 14일이다.

주문체계는 팩스, 이메일, 전화, 인터넷 등으로 하고 인터넷 주문 비율은 전체의 30% 정도 된다. 아직 '대면(Face to Face)' 영업이 가장 좋은 방법이라고 생각하는 것 같다. 인터넷 주문 시 주문된 품목의 재고가 부족할 시에는 2분 이내로 주문 고객에게 결품 정보를 보내어 '주문 내용 수정'을 유도한다.

주문은 D-1일 오후 5시 30분까지 주문을 완료하고 재고 확인을 한다. 'Product Mange System', 'SWM System' 등의 시스템을 이용하여 주문 즉시 리얼타임(Real Time)으로 재고 확인이 가능하다. 'Routing 시스템'을 이용하여 D-1일 오후 10시부터 D-day 오전 5시 30분까지 배송차를 출발시킨다. 장거리 배송은 더블(Double) 트레일러로 데포(Depo)까지 셔틀 배송 후 소형차량으로 배송을 한다. 일요일 배송은 없고 배송일 정오부터 오후 5시까지 회차한다.

창고 내 온도 관리는 농산물의 경우, 박스 상단에 보관하여 온도별 유통기간을 설정한다. 토마토 유통기간의 연장을 위하여 박스 내 '에틸렌(Ethylene)'이라는 보존제를 사용하여 2~3일 연장시킨다. 바나나, 아보카드, 토마토 등 숙성이 필요한 농산물은 '핫존(HOT ZONE)' 60F에서 숙성 보관한다. 제품별 보관 온도는 냉동 0~28F, 숙성실 34F, 냉장육 38F, 농산물 50F, 핫존(HOT ZONE) 60F로 한다. 'WILL CALL AREA'를 운영하면서 당일 발주 후 자차를 이용하여 상품을 출고한다.

공급업체와 시스코, 고객회사 간의 낭비 요소를 제거한다. 공급업체에서 볼 때 공급업체의 간접비용이 시스코의 제조 원가에 투입되고, 시스코는 운송 및 저장 비용이 부담된다. 그리고 고객회사는 재고의 유지 및 취급 경비가 증가한다. 이렇듯 공급업체와 시스코, 고객이 공급체인(Supply Chain)에서 각 개별로 활동하는 경우 650억 달러 이상이 소요되는 경비를 하나의 회사처럼(Single Supply Chain) 운영될 때 200억 달러만 소요된다.

'산지에서 식당으로(Farm to Table)'에 이르는 공급체인의 합리화가 이루어져야 한다. 예를 들면 공급업체의 물류비용은 궁극적으로 식자재 유통업체가 부담하고 있다고 봐야 한다.

시스템은 단순히 말하면 입하→검수→보관→피킹→분류→출하하는 프로세스로 진행되어야 한다. 벤더 업체가 도착하면 입차 신고를 하고→온도체크→고객별 분류→검품 활동→상차검수→상차하여 출차 한다.

그러나 이제는 '글로벌 토털 물류 서비스'와 'SCM 최적화·녹색 물류 혁신'으로 거듭 태어나야 한다.

'글로벌 토털 물류 서비스'는 고객의 사업 특성을 고려한 최적의 거점 및 인프라 구축과 맞춤형 통합시스템을 통해 산지 식자재 유통업체의 고객에 이르는 공급망 전 과정에서 원스톱 일괄 물류가 진행되어야 한다. 이제는 과거와 달리 국내 및 해외 산지, 생산업자로부터 상품을 공급받는다. 통합물류 정보 시스템을 만들어 산지와 생산업체, 고객 그리고 식자재 유통업체의 내부 임직원에 이르기까지 물류 및 경영 정보를 서로 공유해야 한다.

'고객맞춤형 통합시스템'은 실시간 고객주문관리시스템(OMS), 협력사와의 업무 효율을 높이기 위한 운송관리시스템(TMS), 고객의 화물을 최적의 상태로 보관하기 위한 창고관리시스템(WMS ; Warehouse Management System)을 중심으로 물류 및 경영정보를 데이터베이스화 하여 실시간 연동적, 개방형 네트워크로 구현함으로써 생산업체와 고객, 식자재 유통업체 내부 임직원까지 실용적인 정보를 제공한다는 것이다. 이제는 중국은 물론 동남아시아, 남미까지도 글로벌 생산기지로 확대될 것이다. 특히 아시아 지역에서 물류 네트워크와 시스템은 중장기적으로 연구되어야 한다. 그래서 포워딩, 트럭킹, TPL 등 물류시스템도 변화되어야 한다.

고객주문관리시스템(OMS)에서는 상품에 대한 사전정보를 파악하여 정확하게 수요를 예측할 수 있어야 하고, 품목별 적정재고까지 산출해야 한다. 창고관리시스템(WMS)에서 중요한 업무인 피킹, 분류, 검품 활동이 최대한 수작업을 줄이고 숙달할 수 있게끔 꾸준한 교육이 필요하다. 한 순간의 방심이 결품으로 연결되어, 결국은 고객으로부터 클레임으로 돌아온다. 당연히 업무별 책임과 업무평가 분석을 매일 하고, 일본 토요타의 TPS를 연구하고 응용해야 한다.

운송관리시스템(TMS)은 항상 교육과 위생과 상품안전 관리가 최우선이다. 특히 차량 온도 관리는 매우 중요하다.

'SCM 최적화 · 녹색 물류 혁신' 은 IT 최적화와 물류 효율화에서 이루어진다. 이는 식자재 유통사업의 핵심역량 중 하나라고 할 수 있다. 여기에 친환경까지 고려하여 경쟁력을 배가시킨다면 식자재 유통업의 이미지는 배가될 것이다. 즉, 탄소 저가를 기본으로 에너지를 절감하고 비용을 절감하는 동시에 친환경 상품까지 취급하니 '식품 안정성' 에 대한 이미지도 크게 홍보될 것이다.

먼저 '녹색차량' 을 운영한다. 체계적인 연비 관리시스템으로 모든 차량의 연비를 관리하여 이산화탄소 과다 배출 차량을 개선시킨다. 문제가 되는 차량들을 구분하여 급브레이크와 급발진 빈도를 조사하여, 그에 해당되는 차량의 운전자를 교육시킨다. 매연 저감기와 연비 효율 장치를 설치하여 문제 차량의 데이터를 분석 · 관리하고 수 · 배송 최적 루트를 시뮬레이션을 통해 찾아낸다. 탄소 배출 과다는 곧 연료 소모 과다로 이어지기 때문이다. 이렇게 되기 위해서는 운송관리시스템(TMS)이 큰 도움이 된다. 운송관리시스템(TMS)은 최적의 배송 루트가 자동으로 산정되고, 결국은 차량 운행과 운행거리를 감축시켜준다. 디지털 타코미터(속도측정기)의 도입이 차량 연비 향상에 큰 도움이 된다.

SCM은 산지, 생산업체, 식자재 유통업체 각각 모두가 윈윈해야 할 것이다. 서로가 녹색파트너십에 대한 공감대를 형성하고, 진정한 녹색파트너십을 형성할 수 있도록 공급망 전체가 효율적으로 관리되어야 한다. 현재의 배송 협력업체들과는 구간, 물량, 정액 등 다양한 계약 형태로 이루어져 있다. 그래서 단기적인 수익창출만을 생각하지 말고 장기적인 파트너십을 가지면서 회송, 보관, 출하, 물류 등 세분화된 서비스를 공유하며 협력관계를 강화해 나가자는 것이다.

그 좋은 예가 바로 '원거리 지역의 공차율 개선'이다. '원거리 지역의 공차율 개선'은 협력업체와 백홀링(Backhauling), 보관 및 회송 물류 활성화를 통해 연계배송을 강화한다는 것이다. 즉, 식자재 유통업체 물류센터에서 출발한 차량이 고객업소에 상품을 배송하고 공차로 센터에 복귀하는 것이 지금의 현실이다. 그리고 생산업체에서 또 다른 차량이 식자재 유통업체 물류센터에 납품한다. 이를 새로운 프로세스를 만들어 고객업소에 배송한 차량이 생산업체나 협력업체에 들러 납품을 대행하게 한다는 것이다. 이렇게 되면 많은 물류비가 절감되고 환경도 개선되며, 지금껏 원거리 배송을 꺼려하는 차량들도 상황이 많이 달라질 수 있다.

그리고 물류표준화 집기를 사용하여 자원재활용을 강화하고 물류센터의 자동화와 에너지 절감을 데이터로 분석 후, '스마트 그리드 기술'을 도입하여 에너지 사용량을 줄이는 방안도 검토되어야 한다. 이에 대한 성공사례는 GS리테일 물류센터에서 찾아볼 수 있다.

5. 전문화된 영업

먼저 오늘을 있게 한 시스코의 영업조직과 역할에 대해서 알아보도록 하자.

시스코의 영업조직(DC)은 영업총괄(Vice President) 단위로 150명 정도로 조직되어 있다. 신규 고객 개척, 문제 식당 방문 등 영업사원을 지원하는 지역 매니저(Region Manager), 프랜차이즈(Franchise), 개인 외식업소(Restoran) 담당으로 구분되어 있다. 프랜차이즈와 개인 외식업소는 지역(District) 단위로 되어 있고, 지역 단위당 8~10명의 MA(Marketing Associate)라는 영업 전문 인력들이 배치되어 있다. 이들은 매일 고객 식당을 방문하여 주문을 받을 뿐만 아니라 재고 관리에 대한 교육과 대안의 제시, 메뉴의 개발과 원가 분석 및 다른 부가가치 서비스를 제공한다.

이들은 1인당 30~40개의 거래처를 담당하고, 하루 8~10개의 외식업소를 방문한다. 고객 메뉴 코스트 분석과 경쟁사 정보수집, 신규 점포 개설활동, 상품 취급률 확대 등을 주요 활동으로 한다. 판매가격은 5~15% 이내의 3개의 가격대가 설정되어 있고, 점별 매출규모나 거래관계에 따라 MA가 가격 결정을 한다. 거래처와의 계약은 연간 계약방식 혹은 일부 식자재를 공급하는 방식을 취한다. MA당 신규 거래처 개척 목표는 10~12개다.

프로모션(Promotion)은 공급업체의 MD의 지원을 받아 분기당 매년 4회의 거래처 프로모션을 실시한다. 그리고 신상품 전시회를 분기당 1회 시행하며, MA에게 상품을 소개한다. 물론 공급업체와 MD, 브로커 등 모두가 참여한다.

고객에 대한 서비스는 MA가 '중앙 메뉴 개발 프로그램'을 활용하여 메뉴 코스트 분석과 제안을 통해 고객에게 이익을 확보할 수 있도록 노력한다. 더불어 고객사의 메뉴 코스트를 확보하고 지속적인 분석활동과 개인 사교활동을 하는데, 집에 초대하거나 여행, 골프 등을 함께한다. MA는 '개인 사업가'의 정신을 갖고 일하며, 그에 따른 성과보상제도가 확실하게 마련되어 있다. 고객은 Mexican, Asian, American, Quick Service, 호텔 등 5개 카테고리로 구분하여 관리한다.

시스코는 PB 브랜드 상품에 대한 판매를 확대하기 위하여 2%의 인센티브를 주어 동기부여를 한다. 신상품 소개 시에는 샘플, 전단, 제품 정보(Recipe, 메뉴 원가 정보, 경쟁사 우위 정보, 판매가정보 등) 등 '중앙전산망'을 통한 자료를 최대한 활용한다.

MA는 공급업체의 영업사원, 브로커와 같이 고객사 동행 활동을 통해 신상품을 소개한다. 이때 기존 상품에 대한 품질 개선에도 귀를 기울이고, 매출 확대 활동을 한다. 매주 월요일에는 MD, MA와의 'Merchandise Committee Meeting'을 통해 신상품 가격 결정과 품질 클레임 등의 영업개선을 위한 회의를 한다.

MA의 시간계획은 Taking Orders 주 업무 37%, 신상품 · 기타 상품 소개 12%, 경영상의 문제에 대한 조언 10%, 최근 시장 추세 설명 9%, 거래처 메뉴 분석 · 설계 6%, 거래처 재고 관리 3%, 거래처 직원 교육 2%, 기타 활동 21% 등으로 나누어진다. 전통적인 영업사원의 역할이 49%고, 새로운 부가가치 서비스를 하는 데 30%를 할애한다.

다음으로 일본의 다까세의 영업을 연구해 보자.

거래처는 일반외식소 48%, 체인점 34%, 호텔 13%, 급식 5%의 구성비로 되어 있다. 전국적으로 60여 개 지점을 보유하고 있고, 지점별 매출신장 목표는 연간 5%로 하고 있다. 거래 이탈률이 5% 정도 되니 목표달성을 위해서는 10%의 신규 고객을 만들어 내야 한다. 영업사원은 유통채널별로 담당하지 않고 지역별로 담당하고 있다. 유통채널별 담당하는 조직인 시스코와는 다르게 운영되고 있는 것이다. 유통채널별 전문성에 대한 교육의 비중보다는 상품 지식 습득을 더욱 중요시하기 때문이다. 1일 1대당 25~30개 거래처에 배송하고 지점별로 15대 정도의 배송차를 보유하고 있다. 영업지점의 손익분기점은 월평균 6,000만 엔이다.

대졸사원을 포함하여 신입사원은 입사하면 배송업무 담당 후 정식 영업사원으로 활동한다. 이들은 2~3년간 현장 위주의 배송 경험을 통해 상품을 배우게 된다. 그래서 상품 지식 및 거래처와의 유대관계를 위해 다까세 직원이 직접 배송한다. 상품을 하차하면서 고객과의 자연스런 면담으로 거래처의 애로사항을 파악하고 개선책을 찾는다. 그리고 매일 일지를 작성하여 영업활동에 활용한다. 단순 배송업무만 담당하는 직원이 아니기 때문에 신상품에 대한 정보나 판촉에 대해서도 주도적으로 활동한다.

신규 개척 거래처 수는 월 3개 정도이고, 상품 지식뿐 아니라 영업·배송·사무·품질 관리 등의 교육도 필요에 맞게 매뉴얼화 하여 교육한다.

구제의 영업 전략도 비교해 보자.

구제는 60~70%의 거래처가 체인점이고, 거래처의 80% 이상이 수도권에 집중되어 있다. 상품·메뉴 개발을 통해 확정된 가공품 생산의 규모의 경제를 위해 체인점 중심의 영업을 하고 있다.

다까세와 달리 구제는 20년 전부터 상물(商物) 분리 전략을 취하고 있다. 체인본부 중심의 영업이므로 일단 본부와 계약이 체결되면 체인 점포 배송은 특별한 영업이 필요 없이 단순 배송만 하면 되므로, 물류는 아웃소싱으로 해결하는 것이다. 영업사원은 주로 상담과 클레임 처리를 한다. '상품 제안력'이 강한 우수 영업사원들이 주로 체인본부를 담당한다. 효율적인 영업을 위해 최근 단순 배송을 원하는 고객을 관리하는 팀과 메뉴 지원 등 운영 컨설팅을 원하는 고객을 지원하는 영업팀으로 구분 운영한다.

　이렇듯 앞으로의 영업 인력은 그야말로 다방면에 있어서 능력을 발휘할 수 있는 사람이어야 한다. 사내 아카데미를 만들어 내부 교육 그리고 외부 교육 등을 통하여 클레임 처리 능력과 상품의 지식, 메뉴 컨설팅 제안력, 재무 분석 능력, 고객사를 진단하고 클리닉할 수 있는 능력, 기타 문제해결 능력 등이 갖추어져야 하고, 외부 교육프로그램을 통하여 인맥 관리를 할 수 있도록 하여야 한다. 그리고 필요하다면 대학교에 '맞춤형 미래의 식자재 유통인'에 대한 교육프로그램을 같이 연구하여 만들어 인재를 배출하도록 한다. 그리고 이 분야에 전문 인력들이 나와 더 공부하고 체계화시켜 학문으로서의 자리매김할 수 있게 하여야 한다. 당분간은 미국, 일본의 영업교육프로그램을 도입하여 국내 상황과 회사가 나아가야 할 비전에 맞게 프로그램을 수정·보완하여 만들어 교육시키면 되고, 무엇보다도 '고객의 성공을 위한 진정한 파트너'로서 역할이 되도록 교육이 되어야 할 것이다.

6. 고도의 MD 전략

MD의 중요한 업무는 해외 산지 개발, 해외 브랜드의 독점 판매권 (Exclusive), 1차 상품의 브랜드화, 전처리·CK 상품의 PB화, 외식업소와 제품 공동 개발 능력, 메뉴 제안력, 주방용품·소모품 시장을 산업화하여 선두 진입, 유망 중소업체(상품력, 각 분야에 시장 지배력이 있는 업체)와 전략적 제휴, 각 품목별 경쟁력 있는 농업 법인, 지자체와의 업무 제휴, 전문성을 갖춘 축산물 업체와 수산물 업체의 인수(M&A) 또는 전략적 제휴, 청과법인과의 전략적 제휴 등이다.

아직 시장은 넓고 계약재배할 산지도 많은데, 뛰지 않는 MD는 살아남을 수 없는 시대가 올 것이다.

10년 전에 M유통업체와 간담회 때 구매담당 임원에게 이렇게 제안한 적이 있었다.

"각 회사를 MD가 직접 방문하여 그 회사의 경쟁력과 취약한 부문들 그리고 미래의 비전, 성장 동력 등을 PT(프레젠테이션)로 받아보고, 취급하는 상품을 제조하는 공장에 가서 신제품의 아이디어, 더 싸게 살 수 있는 구매의 아이디어를 찾게 하라."

그때까지만 해도 MD들은 업체 담당자들이 방문하면 '갑'의 입장에서 면담해주는 분위기 정도였다. 그런 상황에서 이렇게 제안한 내용은 당시로는 파격적이었다. 감히 '갑'의 입장에 있는 MD들에게 업체 방문 요청을 시켰으니 말이다. 사실 MD가 취급하고 있는 상품의 제조 원가 구성비, 회사 정책상 DC가 되는 품목, 안 되는 품목 또 그 이유, 신제품의 론칭 전략, 공장에서 제품 생산성을 올릴 수 있는 방안, 원가를 절감할 수 있는 요인 발굴, 팩킹(Packing) 문제의 재분석, 물류 문제 등, 정말 MD들이 책상에만 앉아서 이런 문제들의 해결 능력, 창의적인 아이디어들이 나올 수 있을까? 하는 의문을 가졌기 때문이었다.

사실 제조사의 현황을 제대로 알면 서로가 윈윈할 수 있는 상품별 전략이 많이 있다. 어떤 특정 품목에 한해서는 아마 50% DC까지 가능한 품목들도 있을 것이다. 회사의 전략 상품으로 시장을 만들어가기 위해서 당분간 희생을 감수해야 하는 품목일 수도 있고, 전략상 곧 디마케팅해야 할 상품도 있다. 이제는 MD가 제조사의 경영 전략과 상품별 마케팅 전략, 생산라인까지 모두 알고 있어야 한다.

미국 시스코의 MD 전략을 다시 한 번 리뷰하고 정리해 보자.

시스코는 PB 상품을 단순 대체품 수준에서 벗어나 테마별 제품 개발 및 이의 상업화를 위한 포괄적 서비스 제공까지 확대하였다. 크게 3가지로 분류할 수 있다. 제품의 품질에 따른 브랜드 분류, 사용 환경에 따른 브랜드군 개발, 상업화 지원이 가능한 토털서비스 패키지 개발 등으로 구분된다.

■ 제품의 품질에 따른 브랜드 분류

• 주요 제품에서 품질별로 세분화된 별도 브랜드 개발(상품 구매 시 엄격한 규정의 적용으로 고객신뢰도 구축)

분류	상품	비고
Supreme	앵커스소고기, 수입품, 콜롬비아커피, 각종 식용유	최상품
Imperial	야채 통조림, 유류 및 해산물, 냉동식품(야채, 과일주스), 유제품	고급품 (USDA Choice급)
Classic	육류 및 해산물, 주스(캔), 야채, 과일, 유제품	중품
Reliance	과일통조림, 냉동식품(야채, 주스)	저가품

■ 사용 환경에 따른 브랜드군 개발

• 즉시 조리형 식자재 패키지(Food prepared Away from home)의 수요 증대에 따른 제품 개발 및 브랜드화

■ 상업화 지원이 가능한 토털서비스 패키지 개발

• 데이터별로 개발된 즉시 조리형 식자재 패키지들로 조합된 메뉴 자체의 브랜드화

• 식재료 외 필요한 기타 기자재를 비롯한 서비스 시스템까지 통합 제공(통합 Offering : 영업 매뉴얼, 배식시스템, 간판, 유니폼, 식기 등까지 포함)

브랜드군 개발		메뉴의 브랜드화	
브랜드	내용	패키지 브랜드	내용
Arrezzio	– 이탈리안 푸드 – 대표적인 브랜드 (Ottimo, Suprema, Pasta LaBella)	Arrezzio Brand Italian	– 이탈리안 – 주요 제품(Arrezzio Pizza, Italian Cafe)
The Block & Barrel	– 간식 및 샌드위치류 (Delicatessen) – 생처리 햄, 고기, 치즈, 빵 등	The Block & Barrel	– 샌드위치류
Casa Solana	– 멕시칸 푸드	Casa Solana Mexican Cantina	– 멕시칸
Jade Mountain	– 아시아 계열의 기초식품 – 에그롤, 굴 소스 등	Main Street Work	– 아시안
Home Recipe	– 소스류	Patato Gourmet	– 건강 제품
Roaster Blend	– 고급 커피		
Butcher' s Block	– 벌크형 육류 (Cut 전 상태)	Sunday Skillet	– 가정식

시스코는 PB 브랜드 강화를 위하여 Test Marketing(마케팅 테스트), Distribution(디스트리뷰션), Quality Assurance(품질보증),

Advertising and Promotional Support(광고 및 판촉 지원), Sales Training(영업교육), Sales & Marketing Support(영업 및 마케팅 지원), R&D(연구개발), Production Forecasting and Planning(생산 예측과 계획) 등과 같은 활동을 하고 있다.

시스코는 본사 900명의 인원 중에 250명의 MD가 22개의 부서에서 주로 PB 상품을 담당하고 있으며, DC 지원 역할을 수행한다. DC의 MD들은 NB(National Brand) 제품을 취급한다.

시스코 MD의 미션(Mission)은 효과적이며, 수익성 있는 상품 카테고리 관리로 시스코의 영업을 지원한다.

조직은 MD 총괄인 Vice President가 있고, Non Food, Grocery, Perishable로 구분하여 임원진들이 있고, MD들이 있다. 그리고 QA가 있어 휴스턴 본사의 품질 관리 기준에 의거해 상품 입고와 검수 관리를 하며, 농산물의 경우에는 농장에서 품질 관리를 시행한다. 저온 및 냉동상품의 품질(입고검수)을 위해 3명의 QA 직원이 배속되어 있다.

DC의 MD들은 PB가 아닌 NB 상품을 개발하고 있고, PB 브랜드를 포함하여 총 11,500개의 상품을 유지, 관리하고 있다. 3,000여 품목들은 외부 창고에서 물류 소싱 관리를 하고 있다.

마케팅 부서에는 PB 및 NB 상품담당 2명이 있는데, 이들은 프로모션 기획과 디자인, 홍보 활동, 매월 레시피 전단, 전시회 기획, 상품 카탈로그(각종 전단·브로슈어) 등의 업무를 담당한다. 프로모션 지원을 위해 공급업체·브로커와 가격 협상을 하고, 공급업체의 참여를 유도하여 행사 효과를 극대화하고, 상품 전시회에서 프레젠테이션을 실시한다. 이 부서는 Vice President가 관리한다.

영업 부문에는 프레젠테이션을 통해 상품 지식 교육과 영업 활동을 지원한다. 효과적인 구매기법과 가격 협상을 통해 경쟁력을 유지하면서, 또 새로운 것들을 창출하려고 한다.

공급업체(Supplier)는 1,000개 정도 되고, 각각 15개의 공급업체를 담당하는 브로커들이 있어 이들이 대신하여 영업활동을 수행한다. 제품 전문가 집단으로 구성된 브로커들은 영업사원과 동행활동을 통해 제품 지식을 지원하고 있고, 공급업체로부터 수수료를 받는다.

현재 시스코에는 35%의 시스코 PB가 매출의 54%를 점유하고 있다. MD들은 시스코 PB 브랜드 가치를 확대하기 위하여 노력하며, 결품 관리 0.5%, 재고일수 16일을 목표로 두고 관리를 한다.

MD들은 매주 월요일에 PAC(Product Advisor's Community)에 참여하여 신상품 개발과 단종 활동을 지원한다. 그리고 매 분기별 협력업체와 가격 네고(Nego)를 하면서 프로모션도 지원하고 신상품 도입 및 신상품 쇼(Show) 지원도 한다. 신상품을 개발하여 도입하는 기간은 60~90일이고, 매년 반기별 상품 쇼 지원도 한다. 매주 가격이 민감한 품목의 가격 관리 지원도 한다.

시스코의 상품 구성들을 살펴보자.

No	품목	구성비
1	Fresh & Frozen Meats	19%
2	Canned & Dry Products	18%
3	Frozen Fruits & Vegetables	14%
4	Poultry	11%
5	Dairy Products	9%
6	Fresh Produce	8%
7	Paper & Disposables	8%
8	Seafood	5%

다음으로 다까세물산의 MD 전략을 살펴보자.

다까세물산은 농수축산, 온도별 각종 가공제품, 조미료, 제과, 음료, 유제품, 각종 자재들을 취급한다. 취급 품목은 PB 상품, 외국 수입 상품, 대량 구매 상품류, 회전이 느린 제품, 회전이 빠르면서 물동량이 많은 상품류 등으로 구분, 관리되고 있다. 그리고 PB 상품은 1,200개 정도 되며, 매출이익은 25%다. NB 제품은 45,000개이며, 매출이익률은 14%다.

상품 구색력과 제안력이 무기라고 할 수 있는 다까세물산은 영업소별로 5,000~6,000개의 상품 SKU를 보유하고 있다. 또한 해외 네트워크를 활용하여 양식 식재 정보를 제공하고 있으며, 일본에서 양식재가 강한 회사로 알려져 있다.

다까세 MD들은 경로를 분류하여 제품 전문성을 갖고 개발한다.

구분	유형	구성비	내용
경영형태	체인점		Regular · FR · Voluntary
	독립점		
업태	전문점	30%	서양 요리 · 일본 요리 · 중화 요리
	호텔 · 회관	10%	호텔 서양 요리가 강함
	IZAKAYA	15%	체인점
	Family Restaurant	10%	이탈리안 레스토랑주
	Take Out	10%	도시락점
	골프 · 놀이공원 · 레저	10%	
	급식(산업 · 학교)	5%	
	제조업체	10%	빵집 원재료 공급
업종	서양 요리 · 일본 요리 · 중화 요리		

상품 특성에 대해 살펴보도록 하자.

No	구분	상품의 특징
1	전문점	− 특히 서양 요리는 오드볼류, 소스류 − 고급~중급 식재

No	구분	상품의 특징
2	호텔 · 회관	– 특히 호텔은 오드볼류, 소스류 – 고급~중급 식재 – 대형 호텔의 경우에는 사원 식당용 식자재 수요도 크며, 급식 식자재에 비해 비교적 값이 싸고 보급형 식재가 사용되고 있음
3	IZAKAYA	– 조리 가공식품, 냉동 수산품, 기타 냉동 가공식품→CK가 없고 조리장에서 신속 대응 가능한 상품 – 체인기업이 많고, 고객 기업만을 위한 특별 규격품이 많으며, 염가 상품으로 구성되어 있음 – 중소 메이커의 상품을 많이 활용함(염가측면)
4	Family Restaurant	– CK 보유 고객과 비보유 고객으로 구분됨 – CK 보유 기업 : 원료상품 – CK 비보유 기업 : 조리 가공식품, 냉동 수산품, 기타 냉동 가공식품
5	Take Out	– 냉동 가공식품, 특히 기름에 튀긴 유조(油剛)식품 등이 사용됨 – 중저가 상품이 많음
6	골프 · 놀이공원 가라오케 · 레저시설	– 조리 가공식품, 냉동 가공식품 – 중저가 상품이 많음
7	급식(산업 · 학교)	– 조리 가공식품 – 저가 상품이 중심임(미국의 경우는 일반외식 상품과 구분이 별도 없음)

이제 구제의 MD 전략을 비교해 보자.

영업본부 산하 조직에 메뉴 · 상품 개발을 위한 전문 조직이 운영된다. 상품부와 메뉴 지원팀으로 구분되는데, 기존 상품은 PB가 3명, NB가 10명이 담당한다. 메뉴 지원팀은 상품개발팀 6명과 CFD팀(Customized Food Development ; 고객 요구에 의해 공동 개발) 2명으로 운영된다. 상품개발팀은, 체인본부는 6개월 전, 개인점은 2개월 전에 개발 후 제안한다. 그리고 연 2회 구제 전시회를 개최한다. 1,000여 개의 거래처(80% 기존, 20% 신규)를 초청하여 NB 및 PB 메이커가 직접 신상품 · 기존 상품들을 소개하고, 실연 · 시식하면서 메뉴를 제안한다. 전체 취급 상품의 3분의 1이 구제의 콘셉트라고 보면 된다.

이렇게 구제는 50년 전 케첩과 소스 등을 만드는 제조회사로 출발하였기 때문에 상품에 차별적인 강점들을 보유하고 있는데 NB 제품과 PB 제품, 자체 CK 제품, 수입품 등을 갖고 외식업소에 메뉴 개발, 운영 컨설팅, 정보 제공 등 '차별적 상품 제안력'을 무기로 고객에게 접근한다. 최근에는 큐슈지역에서 강한 A-Price와 함께 협력관계를 구축하며, 공동 PB도 출시하고 있다.

이렇게 각 회사의 특성에 따라 강점들이 있다. 시스코는 PB 상품을 단순 대체품 수준에서 벗어나 테마별 제품 개발 및 이의 상업화를 위한 포괄적 서비스를 제공하였고, 다까세는 고객의 유형별로 상품을 차별화·특화하였고, 구제는 '차별적 상품 제안력'을 중심으로 MD들이 활동하고 있다. 향후 미래의 기업형 식자재 유통업체의 MD들은 해외·국내의 산지 개척, 친환경 농산물 확보 등에 많은 노력을 하여야 한다.

제9장

실행 방안

제9장
실행 방안

1. 유통환경 리뷰

먼저 지금의 유통환경을 다시 한 번 리뷰해 보자.

식자재 유통시장은 상품의 유통 경로에 따라 B2B와 B2C로 구분할 수 있으며, B2B 시장은 고객에 따라 가공식품 제조 원료시장과 외식시장으로 구분된다. 그리고 유통 경로와 지역에 따라 시장 규모는 차이가 많다. 인구의 구성비처럼 수도권의 비중이 전체 29조 2천억 원의 44%인 12조 8천억 원(2010년 기준)을 차지한다. 외식 시장의 식자재 시장은 10조 원으로 전체 시장 20조 3천억 원의 49%(2010년 기준)를 차지한다. 식품 제조 원료시장에서는 경기 30%, 충청 22%로, 경기 · 충청 지역이 52%가 된다. 전체 8조 9천억 원 시장 중에서 4조 6천억 원이 경기 · 충청 지역에 몰려 있다.

1차 상품은 가공식품 대비 판매 경로가 비교적 복잡하다. 가공식품은 외식업소에서 보면 제조회사, 식자재 유통회사를 통하여 중상 · 영업사원 또는 매장 방문 등을 통하여 구매할 수 있다. 그러나 1차 식품은 산지와 산지 생산자 단체가 있고, 또 산지 수입상, 도매시장, 재래시장, 야채상 등 복잡한 경로를 통해서 공급받는다고 할 수 있다.

가공식품은 고객별로 원하는 스펙(Spec)이 다소 차이가 있을 수 있으나, 큰 문제는 안 되고, 1차 상품 대비 유통기한이 비교적 길기 때문에 재고 관리나 배송에 큰 문제가 없다. 그러나 1차 상품은 동일한 상품이라도 스펙이 다양하다. 청과물의 경우 사양별, 축산물의 경우 부위별로 니즈가 정말 다양하다. 상품의 신선도가 중요하고 유통업체의 재고 보유는 매우 한정적이다.

축산물은 국내산의 경우 브랜드 위주로 계열화가 진행되고, 수입산의 경우에는 'Seller's Market(판매자 중심의 시장)'으로 형성되어 있다. 국내산의 유통 경로인 도매시장, 도축장, 육가공 공장 등이 통합, 현대화로 추진되고 있다. 통합 LPC(Livestock Package Center)로 가고 있는 것이다. 수입산은 해외 축육 생산업체에 의한 'Seller's Market' 위주로 형성되어 있으며, 해외 축육 생산업체 국내 지사의 물량 배정에 의해 유통되고 있다. Cargill(Excel), IBP(Tyson), Conagra(Swift) 등 3대 메이저 회사들이 있다. 이렇듯 1차 상품별 유통 경로에 따라 서로 다 'Key Player(시장 주도 세력)'가 존재하며, 수산물 전문과 축산물 전문 도매업체가 있다.

외식업은 외식 소비 지출 비중과 여성의 경제활동 증가에 따라 지속적으로 성장해오고 있다.

1인당 외식비는 85,000원(2008년 기준)으로 연평균 7%씩 성장하고 있고, 식료품 지출 중 외식비 지출 비중은 47%로 2006년 기준으로 2000년 대비 8%가 상승하였다. 여성 경제 활동(25세~29세)도 2000년에 56%이던 것이 2008년에는 85%까지 무려 29% 이상 올라

왔다.

외식업 시장도 2000년에 35조 4천억 원이던 시장이 2006년에 50조 9천억 원, 2010년에는 60조 원 이상으로 추정된다.

각 상품·고객별 시장을 성장률과 규모로 종합 분석하면, 외식 경로의 수산물 및 가공식품과 가공식품 원료 경로의 농산물이 상대적으로 매력적인 시장이다. 2010년 기준으로 볼 때 외식 시장에서는 가공식품이 5조 7천억 원, 축산물 5조 8천억 원, 농산물 5조 6천억 원, 수산물 3조 2천억 원 순으로 된다. 평균 시장 성장률을 4.4%로 볼 때 외식 수산물이 12%, 외식 가공식품이 6%로 시장 규모가 커져가고 있다. 식품 제조 원료시장에서는 가공식품 4조 6천억 원, 농산물 2조 8천억 원, 축산물 7천억 원, 수산물 8천억 원이 된다. 시장 성장률은 농산물이 6%로 시장 규모가 커지고 있다.

이제 외식업소에서 기업형 식자재 유통업체에 대한 인식은 어떨까?

대다수의 외식업체는 기업형 식자재 유통업체에 대하여 대체적으로 호의적인 반응을 보이고 있다. 그러나 기존 식자재 유통업체의 중상(소사장), 영업사원과의 친밀한 관계도 있고, 또 편안하게 생각한다. 주문도 편안한 시간에 하고, 배송시간도 원하는 대로 갖다 주고 소량이라도 매일 갖다 주니 큰 어려움이 없을 뿐더러 더욱이 결제조건도 유동적으로 할 수 있다는 것이다. 그러나 품질, 식품 위생과 안정성, 가격에 대한 신뢰도에 대해서는 기업형 식자재 유통업체에 더욱 믿음을 갖는다. 대형 외식업소, 체인·프랜차이즈에서는 다양한 상품구색, 가격경쟁력, 장려금, 가맹점과의 배송과 클레임 처리 등 유리한 점이 많아 기업형 식자재 유통업체와의 거래를 선호한다. 분명한 것은 기업형 식자재 유통업체에 대한 니즈는 있다. 그러나 현재 나타나는 문제점들이 개선되어야만 가능할 것이다.

최근 식자재 유통업체들은 성장 한계, 개인 구매력의 한계, 관리비의 증가로 인한 수익성 감소, 위생·식품 안전에 대한 위험 증가 등으로 위기감을 느끼고 있다. 그리고 기업형 식자재 유통업체의 출현 등으로 힘들어하는 시점에 기업형 식자재 유통업체의 인수(M&A) 조건도 괜찮은 편이라서 어떤 형태든 통합·전략적 제휴에 참여하고 있다.

기존의 식자재 유통업체들이 한계를 느끼는 것은 공산품으로는 성장의 어려움, 물류 인프라의 열악함, 세금 투명화, 임차료·인건비 등 고정비성 경비 증가, 인터넷·마트형 매장 등으로 가격 노출·비교로 인한 수익성 저하, 기업형 식자재 유통업체의 외식업소 직거래, 위생·안전의 위험 증가 등이다.

2. 미래의 기업형 식자재 유통업체로서 진출 사업모델 확정

현재 기존 식자재 유통업체의 M&A에 있어서, 적극적인 회사는 CJ프레시웨이, 다물에프에스(주) 등이다. 또 기존 식자재 유통업체에 제시하는 M&A·전략적 제휴 조건도 기존의 식자재 유통업체의 대표에게는 매력적이다. 물류인프라, 시스템 통합 등 미래의 식자재 유통사업을 위한 중장기적인 측면에서는 CJ프레시웨이가 바람직하게 나가고 있고, 식자재 시장의 판매·유통거점을 확보하는 데는 다물에프에스가 스피드 있게 잘 추진하고 있는 것 같다.

어쨌든 인수 후 차질 없는 운영을 위해 단기·중기·장기의 분야별로 대책을 수립하여 운영해야 할 것이다.

그럼 CJ프레시웨이와 다물에프에스, 푸드머스, 대리점 공동구매연합(올푸드시스템)과 비교해 보자.

No	구분	CJ프레시웨이	다물에프에스	푸드머스	올푸드시스템
1	사업 모델	식자재 유통업체 통합 · 지분 참여	식자재 유통업체 M&A	식자재 유통업체 연합 · 구매 통합 / 지금은 마트 1개점, 식자재 유통업체 1개점 직영	개별로 식자재 유통업체에서 구매하되, 품목별 공동구매
2	지분 구조	지분 51% 이상	지분 100%	처음 구매 통합할 때는 지분이 없다가 지금 운영하는 곳은 100% 지분	지분 관계없음
3	경영 주체	각 업체 대표와 CJ프레시웨이 협의	다물에프에스, 기존 식자재 유통업체 대표 경영에 참여시키면서 협의	처음에는 기존 식자재 유통업체 대표였으나, 지금은 푸드머스	각각 식자재 유통업체 대표
4	소싱 주체	CJ프레시웨이	현재는 각각 구매, 향후 통합 구매 검토	푸드머스	대리점 연합과 각각 식자재 유통업체 대표
5	MD · 취급 상품	PB, NB, 비식품 농수축산	PB, NB, 비식품 농수축산(일부)	PB ,NB, 비식품 농수축산(일부)	NB, 농산 일부
6	영업 주체	회사 영업사원, 소사장	소사장 및 영업사원	회사 영업사원, 소사장	소사장 및 영업사원
7	배송	회사 영업사원, 소사장	소사장 및 영업사원	회사 영업사원, 소사장	소사장 및 영업사원
8	물류 인프라	통합물류센터	통합물류센터가 없고 각 사업장에서 배송	통합물류센터가 없고 각 사업장에서 배송	통합물류센터가 없고 각 사업장에서 배송

참고사항 :

1. CJ프레시웨이는 통합물류센터에 입점 되어 있는 기존 식자재 유통업체 대표들 가운데서 1명을 선임하여 대표이사로 하고, 다른 대표들은 임원으로 근무, CJ프레시웨이에서는 자금, 구매, 물류 등 관리

2. 다물에프에스는 기존의 식자재 유통업체 대표로 경영케 하고, 회사에서는 본부장급을 파견하여 관리, 당분간 현 조직 · 시스템 그대로 운영

3. CJ프레시웨이의 기존 직거래 영업사원과 소사장의 역할 분담은 매출액 기준으로 구분

4. CJ프레시웨이에서는 기존의 소사장의 사기, 눈높이를 맞추기 위하여 인센티브제, 편리한

5. 푸드머스에서는 연합식자재 유통업체와 공동구매를 하여 식자재 유통업체에게는 소정의 이익을 보고 대신 결제조건의 혜택을 주면서 판매하였으나, 지금은 공동구매는 주춤한 상태고 지오푸드시스템이라는 계열회사를 두고 그 산하에 부천의 본앤선 식자재마트 1개와 용인에 1개의 청목원 식자재 유통업체를 직영으로 운영

마트형의 식자재 유통업체에 대해 살펴보자.

마트형의 식자재 유통업체는 농협 하나로마트와 역사를 자랑하는 다농마트 등이 있다. 그리고 개인이 운영하는 식자재 전용마트가 지역 곳곳이 있는데, 그중 대구지역에서 개인매장으로서는 가장 성공한 매장인 장보고마트와 함께 비교해 보자.

No	구분	농협 하나로마트	다농	장보고마트
1	매장 형태	대부분 리테일 매장과 구분하여 300평~1,000평 규모	200평~400평 매장	300평~800평 매장
2	주 고객	사업자 회원제, 거의 고객 100%가 외식업소 · 개인사업자	50% 외식업소, 50% 리테일 (가정용 고객)	70% 이상 외식업소
3	점포당 일 평균 매출액	2억 5천만 원~3억 원	1억 원~3억 원	5천만 원~7천만 원
4	MD · 취급 상품	NB, PB, 농수축산물	NB, PB, 농수축산물 (점포별 취급 품목 차이는 있으나 거의 공산품, 농산물 가공품 위주)	NB, PB, 농수축산물
5	판촉	전단지 행사 마일리지 적립	거의 판촉 없음	전단지 행사
6	배송 · 물류 인프라	배송해 주고, 통합물류센터 활용 가능	배송 없음	10% 정도 배송 있고, 물류창고 별도 있음

참고사항 :

1. 농협 하나로마트는 농산물을 무기로 식자재 사업에서 성공을 거뒀다. 과거에는 PB의 경쟁력은 다소 떨어졌으나, 지금은 어느 정도 경쟁력을 갖춘 상태다. 제조업체 · 공급업체 등으로부터 상품 홍보차 판촉행사 혜택을 많이 본다.

2. 평당 매출액은 단연 다농마트가 가장 높다. 가정용 시장은 브랜드가 중요하지만, 업소용 시장은 '품질 대비 가격경쟁력'이 중요하다. 그러한 중소업체의 경쟁력 있는 제품들을 많이 개발하

였고 또 PB화시켰다. 가락시장, 상암동 다농마트뿐만 아니라 청주, 전주도 성공한 매장으로 정착시켰다. 40년 이상의 오너의 장사 노하우로 이루어진 매장이다.

3. C&D(Cash & Delivery) 20년 경력, C&C(Cash & Carry) 6년 경력의 개인이 하는 매장으로 대구 지역을 중심으로 물류창고, 4개 매장을 갖고 있다. 곧 대구 시내에 800평 매장을 오픈 예정이다. 배송이 10%밖에 안 될 정도로 '매장의 흡인력'이 대단하고, 특히 야채류 구매 경쟁력이 타 매장에 비해 월등하다.

마트 형태의 매장을 스터디하면서 업소용 매장은 아니고, 리테일 매장이지만 독일의 '초저가 할인매장 '알디'와 일본에서 인구 2만 7,000명의 시골에서 개점하여 첫해 누적 고객 650만 명, 매출 1,000억 원을 올린 'AZ마트' 사례를 연구해 보도록 하자.

알디는 독일인들에게 50년 넘게 사랑받는 대형마트다. 통계에 따르면 근검절약으로 유명한 독일인이 89%의 방문율을 기록하고 있다. 알디에서는 다른 대형마트보다 15%~30% 정도 싸게 판매한다. 2010년에는 전세계 8,000개가 넘는 매장에서 총 735억 달러의 매출을 올렸다. 1948년 설립 이후 연평균 8%의 성장을 하고 있다. 또한 영업이익률도 4.9%로 전세계 대형마트 업계 중 최고 수준이다. 알디는 1976년에 '대형마트의 원조'라고 할 수 있는 미국에 진출해 현재 약 20%의 시장을 점유하고 있다. 향후 5년간 연평균 10% 이상 성장할 것으로 전망하고 있다. 월마트에 밀려난 점포들을 인수하여 정면승부도 준비 중이라고 한다. 창업주 칼 알브레히트 회장은 225억 달러의 재산을 보유, 2011년 〈포브스〉 선정 '세계 억만장자 순위'에서 12위에 랭크되어 있기도 하다.

1961년 매출 공개의 법적상한선을 넘지 않기 위해 형제는 기업을 루르 지방을 경계로 북부그룹(테오 알브레히트)과 남부그룹(카를 알브레히트)으로 분리하였다. 지금도 알디는 유한회사 형태로, 실질적으로는 가족 소유다. 외국도 마찬가지로 벨기에, 덴마크, 프랑스, 룩

셈부르크, 네덜란드, 스페인 등은 북부그룹이 관리하고, 호주, 영국, 아일랜드, 오스트리아, 미국 등은 남부그룹이 관리한다.

어머니의 작은 구멍가게를 물려받은 창업주 카를과 테오 알브레히트 형제는 저렴한 가격과 단순한 인테리어, 봉지와 전단만을 이용한 광고 등, 그야말로 '짠돌이 경영'으로 회사를 키워나갔다. 알디라는 이름은 알브레히트(Albrecht)와 디스카운트(Discount)의 앞 글자를 딴 것이다.

알디의 영업 전략은 '좋은 물건을 무조건 싸게 판다'로 요약된다. '저렴한 가격'이 알디의 광고다. 즉, '저가 전략'이다. 호밀빵 한 덩이가 1유로(약 1,520원)이고, 소고기 1파운드(453g)가 1.79유로(약 2,720원)라는 국내에서는 상상도 하기 힘든 가격이 그 예다. 이렇게 할 수 있는 것이 바로 'PB 상품' 전략이다. PB의 비중이 98%에 이른다. 매장에는 그 유명한 일등상품인 코카콜라, 하이네켄 등이 없다. 같은 제품이라 하더라도 상표와 포장 단위가 다른 PB 상품을 판매한다. 예를 들면 경쟁이 되는 매장에서 초콜릿와플을 8개 단위로 판매할 때, 10개 단위로 팔면서 무게당 가격을 낮게 정하는 방식이다. 가격이 싸지만 품질도 좋다고 평가한다. 독일 정부가 매달 발행하는 제품평가 보고서에 따르면 알디의 PB 제품은 세계적인 유명브랜드인 P&G나 유니레버에도 뒤지지 않는다는 평가를 받는다. 알디는 보고서가 나온 뒤, 품질 기준에 못 미치는 제품이 나오면 곧바로 매장에서 철수시킨다. 또 상품에 작은 의심만 생겨도 불시에 공급처를 방문해 경위를 파악할 정도로 까다로운 납품 관리를 한다. 알디는 '불만족 시 100% 환불정책'으로 품질에 대한 자신감을 보이고 있다.

알디 매장엔 상품 종류가 그렇게 다양하지 않다. 재고 관리를 쉽게 하고 상품 회전을 극대화하기 위해 상품 종류를 최소한으로 줄이는

MD 전략이다. 월마트가 12만 개(SKU), 일반적인 대형마트도 3만여 개(SKU)를 취급하는 반면에, 알디엔 매장별 700개~1,500개(SKU)만 취급한다. 안 팔리는 상품을 과감히 빼고 품목당 가장 잘 팔리는 특정 제품만 갖다놓는 식이다. 그래서 상품당 매출이익률을 낮게 책정해도 이익을 많이 내는 이유다.

알디는 또 판매가격을 낮추기 위해 현금만 받는다. 또 포장 봉투를 사용하지 않는 식으로 경비를 크게 줄였다. 특히 알디는 현금계산을 한 만큼 마일리지를 쌓아주고, 그만큼은 그 즉시 사용할 수 있도록 한다. 과거에 쌓인 마일리지를 사용하도록 하는 다른 매장과 차별화되는 방식이다.

점포 자체와 직원 운영방식도 비용 절감에 맞춰 설계됐다. 점포 1개당 650~900m²로 면적을 최대한 줄였다. 점포별 직원 수도 5명 정도로 제한한다. 전 직원이 진열, 매장 청소까지 모든 업무를 다 한다. 알디는 노조가 없는 것으로도 유명하다.

상품은 배송 시 박스 그대로 진열된다. 직원은 상품이 담긴 상자를 뜯는 일까지만 하고 상자에서 상품을 꺼내는 일은 고객의 몫이다. 또 상품진열대도 없고, 나무랙 위에 상품을 놓는다. 인테리어비용도 들지 않는다. 지금은 2000년 이후 바코드 스캔방식으로 계산하지만, 그 이전에는 일손을 줄이기 위해 상품에 가격표를 붙이지도 않고 계산원이 가격을 외워서 계산기를 두드렸다. 일손이 많이 간다고 냉장·냉동제품은 처음엔 취급하지 않았지만, 2004년 이후엔 포장용 고기를 판매하고 있다.

다소 지나친 비용 절감책 때문에 직원들의 불만과 설자리가 줄어든 소규모 소매점들의 불만, 가격 정책으로 인한 제조업체들의 불만 등의 부작용도 사실 만만치 않다.

반면에 인구 2만 7,000명의 일본의 조그마한 시골에서 월 1,000억을 파는 'AZ마트'를 공부해 보자.

'AZ마트'의 마키오 에이지 대표는 상식을 깨는 사업방식으로 일군 신화다. 마키오 에이지 대표는 지역주민들이 안심하고 편리하게 생활할 수 있도록 돕겠다는 사업철학을 경영에 접목했다.

마키오 에이지 대표는 우선 '풀라인업' 방식으로 상품을 진열했다. 일상생활에 필요한 것이라면 무엇이든 진열하는 것이다. 대부분의 소매점들이 최우선으로 생각하는 회전율이나 매출은 고려하지 않았다.

가격은 매일 최저가로 다시 책정했다. 공급업체는 지역회사를 먼저 고려하고 무리한 가격인하나 뒷거래는 일절 하지 않았다.

전단지 광고나 특가 세일조차도 도입하지 않았다.

또한 정규직과 비정규직간 차별을 없애고 전 직원을 동등하게 대우했다. 직원들에게 오너십(Ownership)을 심어 주었다.

이렇게 '알디'와 'AZ마트'의 전략은 전혀 다른 방향으로 경영 전략과 마케팅 전략을 구사하고 있다. 그러나 그 이면에는 공통된 것이 있다. 바로 '고객만족'을 위한 서비스 전략이다. '가격'을 최우선 전략으로 가느냐, 아니면 풀라인업 방식의 상품 구색으로 '편의성'에 중점을 두었느냐의 차이만 있을 뿐이다.

앞으로 미래의 기업형 식자재 유통업체의 마트형은 '알디'와 'AZ마트' 또는 앞에서 언급하였던 '고객 솔루션(Solution) 해결'의 장(場)으로 'Total Solution Provider'인 식자재백화점 중에서 선택할 수 있을 것이다. 각 업체의 체질에 맞고 핵심역량을 고려한 후에 결정을 하면 된다.

3. 도매시장 · 도매법인과의 전략적 제휴

국내의 공영도매시장을 살펴보도록 하자.

공영도매시장이란 지방자치단체가 농산물의 도매거래를 위해 중앙 및 지방정부의 공공투자를 받아 도시지역에 개설한 시장을 말하며, 1976년 12월 '농안법'이 제정된 이후 농산물 유통의 원활화 및 적정 가격 유지를 위해 정부와 지방단체의 투자로 건설 · 운영된 시장을 말한다. 이를 농안법에서는 중앙과 지방으로 나누어 중앙도매시장, 지방도매시장으로 구분한다.

중앙도매시장은 특별시 또는 광역시가 개설한 농산물도매시장 중 당해 관할구역 및 그 인접지역의 도매의 중심이 되는 농산물도매시 장으로서 농림부령으로 정하는 도매시장을 말한다. 지방도매시장은 중앙도매시장 이외의 농산물 도매시장을 말하며, 특별시 · 광역시 · 시가 개설하되, 시의 경우 도지사의 허가를 받아 개설하는 도매시장 을 말한다.

그리고 일반법정도매시장과 민영도매시장을 알아보자.

일반법정도매시장은 지방자치단체가 자체 투자 또는 민간의 투자로 건설한 후 개설자와 기부채납 또는 무상임대 계약을 하고, 농산물의 도매거래를 위해 시 지역에 개설한 시장으로 개설자는 지방자치단체 (市)가 된다. 민영도매시장은 농산물의 도매거래를 위해 시 지역에 민 간의 투자로 부지 확보 및 건설을 하고, 특별시 · 광역시 · 도로부터 개설허가를 받아 민간이 개설 · 운영하는 도매시장으로서, 개설자가 민간인 도매시장이다.

국내에는 32개의 공영도매시장이 있고, 103개의 도매법인이 있다. 청 과 81개, 수산 21개, 축산 1개가 있다. 여기서 2009년에는 연간 거래물량이 6,856천 톤이고, 연간 98조 4,567억 원의 매출이 발생하였다.

먼저 중앙 · 지방 도매시장과 주요 시장 도매법인의 현황에 대해 살펴보자.

중앙 · 지방 도매시장 현황은,

구분	공영도매시장	일반법정도매시장	민영도매시장
시장	서울가락농수산물도매시장	(청과부류)	군산민영호농수산물도매시장
	서울강서농수산물도매시장	경주시농산물도매시장	논산민영농산물도매시장
	부산엄궁농수산물도매시장	김천시농산물도매시장	
	부산반여농수산물도매시장	영천시농산물도매시장	
	부산국제농수산물도매시장	목포시농산물도매시장	
	대구북부농수산물도매시장	여수시농산물도매시장	
	인천구월농수산물도매시장	(수산부류)	
	인천삼산농수산물도매시장	서울노량진수산시장	
	광주각화농수산물도매시장	포항시수산물도매시장	
	광주서부농수산물도매시장	(축산부류)	
	대전오정농수산물도매시장	부산모라축산도매시장	
	대전노은농수산물도매시장	대구축산도매시장	
	울산광역시농수산물도매시장	인천축산도매시장	
	구리농수산물도매시장	광주축산도매시장	
	수원농수산물도매시장	안양축산도매시장	
	안양농수산물도매시장	(양곡류)	
	안산농수산물도매시장	양재양곡도매시장	
	춘천농수산물도매시장	(한약재류)	
	강릉농수산물도매시장	대구한약재도매시장	
	원주농수산물도매시장		
	천안농수산물도매시장		
	청주농수산물도매시장		
	충주농수산물도매시장		
	전주농수산물도매시장		
	익산농수산물도매시장		
	정읍농수산물도매시장		
	순천농수산물도매시장		
	안동농수산물도매시장		
	구미농수산물도매시장		

구분	공영도매시장	일반법정도매시장	민영도매시장
시장	포항농수산물도매시장		
	창원농수산물도매시장		
	진주농수산물도매시장		
	마산농수산물도매시장		
계	33개소	14개소	2개소

주요 도매법인 현황(가락시장)

구분	경매금액	매출액	영업이익	회사 개요	주요 주주 현황
한국청과	4,880억 원	235억 원	28억 원	– 1979년 설립 – 자본금 50억 원·직원 88명 – 대표이사 : 김구섭 – 283개 중도매상 보유	– PEF가 2005년에 102억 원에 인수하여 현재 95% 지분 확보
동화청과	4,002억 원	203억 원	21억 원	– 1977년 설립 – 자본금 50억 원·직원 88명 – 대표이사 : 서준모 – 256개 중도매상 보유	– 동부한농 64.9%, 김남호 25%, 김주원 10%
중앙청과	4,641억 원	232억 원	42억 원	– 1989년 설립 – 자본금 55억 원·직원 80명 – 대표이사 : 이병창 – 221개 중도매상 보유	– 태평양개발과 성영배 회장이 2008년 200억 원에 인수 – 서영배 60%, 태평양개발 40%
서울청과	4,286억 원	226억 원	47억 원	– 1939년 설립 – 자본금 50억 원·직원 84명 – 대표이사 : 김용진 – 235개 중도매상 보유	– 고려제강 100%
대아청과	3,993억 원	130억 원	16억 원	– 1994년 설립 – 자본금 50억 원 – 대표이사 : 오찬동 – 38개 중도매상 보유	– 대표이사 : 오찬동 13.84%, 이정수 13.29% 외 총 9명 지분 소유 – 2009년 1,975억 대비 102% 신장

주요 도매법인 현황(강서시장)

구분	경매금액	매출액	영업이익	회사 개요	주요 주주 현황
강서청과	4,346억 원	193억 원	1억 9천만 원	– 2003년 설립 – 자본금 58억 원	– 최준석 82%, 장윤정 8%, 최영문 8%

구분	경매금액	매출액	영업이익	회사 개요	주요 주주 현황
강서청과	4,346억 원	193억 원	1억 9천만 원	– 대표이사 : 강석원 – 7개 중매인	– 관계회사 : 제일제강, 풍한금속, 디바피아, 백천금속
서부청과	2,600억 원	97억 원	12억 원	– 1996년 설립 – 자본금 51억 원 – 대표이사 : 정만우	– 실버텍스 91.45%, 실버텍스호즈어리인 터내셔날 8.06%

　요즘 농산물 공영도매시장에서의 거래제도 개선 방안이 더욱 논의되고 있다. 현재 도매시장의 일률적인 경매 원칙 구조를 경매 또는 정가 수의매매로 확대하여 농가가 스스로 거래방식을 선택할 수 있도록 다양화하여 비용을 절감하고, 가격이 폭등하여 가수요를 유발할 수 있는 비상시에는 도매시장의 가격 상승률을 제한하여 법적 검토를 통하여 가격 변동 폭을 완화할 수 있는 방안을 마련한다는 것이다.

　요즘 주요 이슈가 되고 있는 개선책들에 대한 내용을 정리하여 보자.
　첫째, 상장거래 시스템 개선을 통한 거래질서 정착이다. 경매 비리 조절 방안으로 일괄경매를 폐지시키고 수지(手指) 경매를 최소화시키는 것이다. 그리고 경매 환경 변화를 점검하여 최저 거래금액을 인상시키는 현실화 작업이 시급하다.
　둘째, 도매시장 법인의 기능과 역할을 재정립하여야 한다. 정가 수의매매의 정상화 방안으로 정가 수의매매 거래원칙을 인정해야 한다. 또한 도매시장의 공익적 역할을 강화하고, 도매시장 법인의 내부 통제 강화 방안으로 사후 관리를 철저히 하고, 잘못되었을 경우 벌칙수준을 높여야 한다. 더 나아가 도매시장 법인 · 중도매인 행동규범을 매뉴얼화 하여야 한다.
　셋째, 시장도매인 · 중도매(법)인의 거래 투명성 확보다. 비상장품목의 거래질서를 관리 강화하고 위탁·매수 거래의 기준 마련 및 관리를 강화하는 방안으로는 시장도매인제 독립채산성을 확보해야 한다. 그리고 정산시스템 개선을 통한 재무건전성 확보 방안으로는 정산법인을 설립하여 정산을 안정화시켜야 한다. 이렇듯 생산자에게 거래방식 선택을 맡겨야 수집·분산능력 확대도 가능하다.

아울러 정산비용 확보의 구체적인 보완 대책을 마련하여야 한다. 경매단위 축소, 시장도매인제, 정가 수의매매의 확대 등이 검토되어야 한다.

최근 농협중앙회를 중심으로 한 농산물 유통 개선책에 대해 많이 언급되고 있다. 그러나 농협의 유통방식은 지역 농협을 통해 출하하기 때문에 폐쇄적이며, 따라서 출하 농민의 선택권도 제한된다. 공영도매시장의 경우는 전국 어디에서 농사를 짓는 농민이든 간에 자신이 원하는 시장에 출하할 수 있는 장점이 있다. 농협 중심으로만 농산물 유통이 된다면 도매시장의 경쟁력은 축소되고, 이렇게 되면 농가가 도매시장을 안전하게 이용할 수 없게 된다.

공영도매시장의 활성화를 위해서는 도매시장법인과 중도매인이 앞장서 정가 수의매매를 활성화시키고 거래방식도 품목을 중심으로 비상장과 상장 등으로 나눌 것이 아니라, 기능적인 측면에서 거래방식을 개선하여야 한다. 예를 들면 도매시장에 출하하는 농가는 누가 자신의 농산물을 살지 모른다. 사과의 경우에 누가, 어떤 형태의 포장단위와 등급 등을 원하는지 모르기 때문에 15kg 상자에 담아 출하하는데, 이를 구매한 중도매인은 다시 소분 포장을 하고 있다. 사전에 포장 단위와 등급, 가격 협상이 이뤄지면 여기에 맞춰 출하할 수 있게 되고, 유통비용이 절감된다. 이 같은 방식이 정착되면 사실상 농민 산지농협 농협도매유통 소매업체 소비자까지 가는 데 드는 유통비용보다 낮을 수 있다.

거래방식에 대해서도 비상장품목과 비상장도매인, 시장도매인으로 나눌 것이 아니라 기능적인 측면에서 접근하는 것이 바람직하다. 중도매인 중에서 대량의 물량이 필요한데 이를 도매시장이 조달할 능력이 없는 경우, 직접 산지 수집을 통해 물량을 조달할 수 있도록 해야 한다. 그렇다고 해도 도매시장법인과 중도매인의 역할은 유지되어야 한다.

한편, 도매시장법인과 중도매인 등의 현재의 인력 구조로는 정가 수의매매가 어렵다면, 정가 수의매매를 기능적인 측면에서 중도매인의 직접 집하 등을 허용해 도매시장법인과 중도매인이 경쟁하도록 하는 것이 농가에 좋지 않느냐는 것이 농촌진흥청 기술경영과 위태석 박사의 의견이다. 어쨌든 농산물 공영도매시장에서의 거래제도 개선 방안이 빨리 나오지 않으면 안 되는 상황이다.

다음으로 농식품부의 농축산물 유통 개선대책에 대해 살펴보자.

농식품부가 농축산물 유통 개선대책으로 농협을 중심으로 한 농산물 유통 강화계획을 내놓고, 농협중앙회가 청과도매 점유비를 40%로 끌어 올리겠다는 계획을 밝혔다. 농산물 수급 안정과 유통구조 개선책으로 '산지의 역량'을 강화해야 한다는 것이다. 농산물은 다수의 소규모 농가가 생산된 농산물을 수집하여 소비지에 공급하는 것이 일반적이다. 따라서 유통을 효율화하고 소비지의 대량 소비처와의 관계에서 거래 균형을 유지하기 위해 농가를 조직화하고 산지 조직을 규모화하기 위한 정책이 필요하다. 이를 위해 산지 조직 간의 통합 및 계열화를 유도하여 산지 조직을 규모화하고, 기존의 산지사업 지원체계를 개편하여 우수한 조직을 중심으로 정부 지원도 따라야 한다. 또한 생산자 단체인 농협의 유통기능을 더욱 강화하여 산지 농협은 계약재배를 통한 농가 조직화 및 공동 선별·출하 등 상품의 생산에 전념하고, 농협중앙회는 소비지에 직거래 판매하는 판매기능도 강화되어야 할 것이다.

여기에다 또 사이버 도매시장인 aT의 '농수산물사이버거래소'를 활성화한다는 계획도 세웠다. 계획대로라면 현행 도매시장 외부 유통이 늘어나고 도매시장 거래규모는 줄어들 것이라고 예상된다. 사업 분리를 앞두고 있는 농협은 경제사업 분야에서 농산물 유통에 올인하는 분위기다. 농협중앙회는 공선출하회·조합공동사업법인 육성과 계약재배 확대 등을 통해 중앙회가 산지조합 물량의 50% 이상을 책임지고 판매한다는 것이다.

구체적인 실행계획도 나왔다. 우선 출하 역할을 맡게 될 산지에 대해 2015년까지 공선출하회 2,000개소와 품목 광역연합 20개를 육성하고, 연합사업 물량 2조 원을 달성한다는 계획이다. 지난해까지 공선출하회는 1,327개소가 조직되었으며, 공동 계산금액은 7,812억 원가량이었다. 2111년에는 공선출하회를 1,500개소로 늘리고, 공동 계산금액도 9,000억 원으로 확대한다는 내용이다.

연합사업은 2010년까지 전국연합사인 K-멜론을 포함해 강원(감자)·전남(참다래)·경북(자두)·경남(단감) 등 5개소가 육성되었으며, 2011년에는 전국연합사업으로 햇사레(복숭아)·학교급식·깐 마늘 사업조직을 육성하는 한편, 경기(친환경)·충북(사과)·충남(고구마)·전북(양파)·제주(감귤) 등 8개소를 신규로 육성한다는 방침이다.

이렇게 산지 출하조직을 갖추면서 이를 통해 생산된 농산물을 판매하기 위해 도매사업 기능을 대폭 강화한다. 농협중앙회는 농협의 산지 농산물 유통 점유비는 52%로 높은 편이지만, 소비지 유통 점유비가 10% 가량이 낮아 농산물 판매에 병목현상이 있는 실정이다.

따라서 산지 유통조직과 연계해 대형유통업체 농산물 납품 규모를 2010년 2,322억 원에서 2015년까지 1조 원으로 늘리고, 수도권 중소 슈퍼 및 전통시장에 대한 농산물 공급도 추진한다는 계획이다.

수도권 민간슈퍼에 대한 농산물 공급은 농협중앙회의 도매사업단에서 슈퍼체인본부를 통해 중소슈퍼마켓에 공급할 계획이며, 전통시장은 서울 목3동시장 등을 대상으로 시범사업을 추진한 후 점진적으로 공급 대상을 확대한다는 것이다. 물론 편의점과 식자재 업체에 대한 농산물 공급도 확대한다. 공급 대상은 지금껏 훼미리마트, 미니스톱, 세븐일레븐, GS25 등 93개 점포에 불과하였으나, 올해 500개로 늘린다는 계획이다. 이를 위해 전국 단위 도매전담조직이 설립된다. 도매전담조직은 판매사업본부와 권역별 물류센터로 나뉘며, 이 조직은 산지의 공선출하회·조합공동사업법인·산지 유통인 등으로부터 농산물을 받아 대형유통업체·도매시장 등의 대량 수요처 NH마트 등에 농산물을 납품한다. 이를 통해 2015년까지 청과도매 점유율을 40%까지 끌어 올리는 한편, 매출은 5조 4,000억 원을 달성한다는 것이다. 2009년 가락도매시장에서 거래된 청과부류 거래금액이 2조 8,439원과 비교해 2배에 가까운 매출을 올린다는 계획이다.

권역별 물류센터는 2015년까지 안성과 경기 광주, 군위, 밀양, 광주, 원주, 제주 등 7개소가 건립되며, 물류센터 취급 목표는 1조 7,775억 원이다. 든든한 출하처인 산지를 규모화하고, 도매사업을 확대해 소매단계까지 농산물을 공급하겠다는 것으로, 사실상 농협을 중심으로 한 농산물 유통 핫라인을 구축한 것이다.

온라인상의 가상 도매시장인 사이버거래소도 예상외의 선전을 하고 있다. 2010년 1,775억 원의 매출을 기록한 가운데 2011년에는 2,500억 원을 목표로 하고 있다. 가락시장에서 매출규모가 적은 청과법인의 규모와 비슷한 매출액이다.

총매출 1,755억 원 중 B2B 거래실적이 1,707억 원으로 가장 많았으며, 학교급식이 36억 원, B2C 거래금액이 11억 원을 기록했다. 2009년 B2B 매출 57억 원 및 B2C 매출 3억 원과 비교해 높은 성장세를 보였으며, 학교급식의 경우 지난해 8월 사업이 시작돼 낸 매출 규모라는 점에서 올해 매출액은 크게 늘어날 것으로 전망된다.

사이버거래소는 유통비용 절감을 강점으로 내세우고 있다. 2010년의 경우 사이버거래의 수수료율은 시장 사용료 0.35%, 품목 수수료율 0.30~1.00% 내외다. 사이버거래소 관계자에 의하면 유통단계 축소에 따른 유통비용이 2013년 900억 원 가량 된다고 하는데, 이렇게 되면 도매시장 경유 시보다 비용이 11.5% 감소하게 되고, 상물 분리에 따른 전송현상 방지로 물류 효율성이 증대된다.

공영도매시장은 지금껏 40% 이상의 농산물을 취급하였는데, 도매시장 외 유통이 강화되면서 많이 축소될 것으로 예상된다. 또 탄탄한 산지 출하조직을 갖추고 있는 농협이 도매사업을 확대하겠다고 밝히고, 이를 농식품부가 지원하는 내용의 농산물 유통 개선책이 나오자 적잖이 난처해하는 분위기다.

현 정부의 농산물 유통 대책에서는 도매시장과 관련된 부분은 공정거래위가 개선을 요구한 평가제도 강화, 정산회사 설립, 정가 수의매매 거래원칙 이외 육성과 관련된 대책이 없다.

평가제도는 전국 공영도매시장을 1~3그룹으로 나눠서 각 그룹의 최저점을 70 · 65 · 60점으로 정한 다음, 연속 2회 최저점에 미달할 경우 퇴출시킨다는 내용이다. 정가 수의매매 거래원칙화에 대해서도 현재의 법인의 인력 구조나 중도매인의 규모 등을 놓고 볼 때 적용이 어려우며, 정산회사 설립에 대해서도 당초 도매시장법인의 경쟁 촉진과 중도매인이 법인에 소속되지 않고 자유롭게 거래하게 한다는 좋은 목적을 가지고 시작됐지만 중도매인 및 시장도매인의 현실과는 거리가 멀다는 지적이 나오고 있다. 특히 내부의 개선 요구에서 출발한 것이 아니라 외부의 요구에 의해 개선책이 나왔다는 점에서 전반적으로 현실을 반영하지 못했다는 지적과 함께 개선책이 거래를 활성화시키기보다는 오히려 거래를 위축시킬 가능성이 크다는 지적이 있다.

한국과 가장 유사한 구조의 도매시장을 가지고 있는 일본도 계속 도매시장의 매출액이 줄어들고 있는 것으로 조사됐다. 〈일본농업신문〉에 따르면 농림수산성이 관할하는 중앙도매시장의 2008년도 입하량은 900만 톤으로 10년 전에 비해 15%나 감소했으며, 취급액은 1조 9,960엔으로 26% 감소된 것으로 조사됐다. 이로 인해 도매회사의 경영적자 비율은 약 30%로 지난 10년간 10% 가량 늘었으며, 중도매업자 40%가 경영적자를 내고 있는 것으로 나타났다. 이에 일본 정부는 2011년부터 제9차 도매시장 기본방침을 세워 시장의 재편과 통합을 추진한다고 밝혔다.

상황이 이렇게 되자 도매시장 관계자들은 공영도매시장에서 거래되는 농산물 물량이 중장기적으로 어떻게 변화할지, 공영도매시장의 기능과 역할에 대해 정부가 중장기적인 구상을 내놔야 한다는 입장을 보이고 있다.

도매시장 외 농산물 유통을 강화하겠다는 정부의 의지에 더해 도매시장의 역할과 향후 변화, 대책 등이 구체적으로 수립되어야 한다. 이를 위해 자체 '캡티브 세일즈(Captive Sales)'가 가능하여 지렛대(Leverage) 역할을 하고, 외식사업과 식자재 유통 사업을 함께하는 회사들의 참여가 적극적으로 추진돼야 한다고 본다. 현재 국내 가공식품 원료 농산물시장이 2조 8천억 원이고, 외식 농산물시장이 5조 6천억 원이 되는데 이들 회사들에 의해 경영 방식도 대대적인 혁신이 이루어져야 할 것이다.

4. 중국시장 본격 진출

중국시장을 적극적으로 공략하기 위해 추진 중인 자유무역정책에 대해 알아보자.

자유무역협정(FTA ; Free Trade Agreement)은 협정을 체결한 국가 간에 상품 및 서비스 교역에 대한 과세 및 무역을 완전히 철폐함으로써 마치 하나의 국가처럼 자유롭게 상품, 서비스를 교역하게 하는 협정이다.

자유무역협정(FTA)은 다양한 형태의 지역무역협정(Regional Trade Agreement) 중 가장 낮은 단계의 경제 통합으로, 특징적인 것은 회원국 간의 관세 및 무역장벽을 철폐하되 비회원국에 대해서는 각각 다른 관세율을 적용한다는 것이다. 초기 무역협정의 협상 대상은 상품에 대한 관세 및 비관세장벽 철폐였으나, 최근에 서비스와 투자, 지적재산권, 정부 조달, 경제정책, 환경, 노동 등 협상 대상이 확대되고 있는 추세다.

중국은 1990년대 말까지 자유무역협정에 소극적인 입장을 고수했다가 2000년대 들어와 적극적인 입장으로 세계 각 지역들과 체결을 추진하기 시작했다. 그 덕분인지 불안정했던 세계 경제 위기에도 불구하고 중국은 거대한 수출국으로 빠르게 성장해오고 있다. 최근 중국이 미국과 함께 세계 정치 · 경제 질서에 결정적인 영향력을 행사하고 있다는 의미에서 G2라고 불리는 것을 봐도 중국의 경제 성장이 어느 정도인가 짐작해볼 수 있다.

지금 중국은 '세계의 공장'에서 '세계의 시장'으로 변화하고 있다. 2001년 세계무역기구(WTO) 가입을 계기로 자유무역협정을 통한 적극적이고 친화적인 정책을 펼치고 있다. 특히 지역주의 특성에 맞게 인

접한 국가들과의 자유무역협정으로 세계화 전략을 추진해오고 있다.

연도별 중국 자유무역협정(FTA) 체결 현황을 보면,

체결 시점	체결 국가	내용
2003년 6월	홍콩, 마카오	CEPA(상품, 서비스)
2004년 11월	ASEAN	상품무역협정
2005년 11월	칠레	FTA(상품)
2006년 11월	파키스탄	FTA(상품, 투자)
2007년 1월	ASEAN	서비스 협정
2007년 4월부터	칠레	서비스 · 투자 2차 협상 중
2007년 12월	뉴질랜드	FTA(상품, 투자, 서비스)
2008년 9월	싱가포르	FTA(상품, 서비스)
2010년 3월	페루	FTA(상품, 투자, 서비스)
2010년 6월	대만	ECFA(상품, 서비스)
협상 중	GCC(걸프만협력회의), 호주, 아이슬란드, 노르웨이	
공동 연구	SACU(남아프리카관세동맹), 인도, 한국	

참고사항 :
1. GCC(걸프만협력회의) : 사우디아라비아, UAE, 쿠웨이트, 오만, 카타르, 바레인
2. SACU(남아프리카관세동맹) : 남아공, 보츠와나, 레소토, 나미비아, 스와질란드

중국의 대외 FTA 협상 추진 일정을 보면,

	2001	2002	2003	2004	2005	2006	2007	2008	2009	2010
ASEAN	공동 연구 개시	FTA 협상 개시		FTA 최종 협의	FTA 발효					
칠레			공동 연구 협상 개시	FTA 협상 개시	FTA 최종 협의	FTA 발효				
파키스탄				공동 연구 개시	FTA 협상 개시	FTA 최종 협의	FTA 발효			
호주			공동 연구 개시		FTA 협상 개시					
뉴질랜드				공동 연구 개시	FTA 협상 개시			FTA 발효		

	2001	2002	2003	2004	2005	2006	2007	2008	2009	2010
페루									FTA 최종 협의	
코스타리카									FTA 최종 협의	
싱가포르								FTA 최종 협의		

참고사항 :

1. FTA 협상 진행 순서

공동 연구 진행 → 연구 결과를 바탕으로 협상진행 → FTA 협정 최종 합의 → 국내 법적 절차를 거쳐 최종 발효

이렇듯 중국은 중화 경제권 확대를 위해 자유무역 정책을 적극적으로 추진 중이다. 중국은 홍콩과 마카오를 시작으로 매우 빠르게 움직이고 있으며, 주변국과의 경제 통합을 이루고 있다. 러시아에는 연해주 국경지대에 세계 최대의 자유무역지대를 건설하고 있다. 대규모 물류가공단지, 호텔 등 100억 위안을 투자할 예정이다. 농산물을 포함하여 대다수의 품목에 무관세 · 저관세 정책을 쓴다.

미얀마와는 FTA를 체결하고 채소류, 과일, 육류, 생선 등 600여 개 품목에 대하여 관세 적용을 하지 않기로 하였다. 또 남아프리카, 뉴질랜드, 호주, 싱가포르, 페루 등과도 자유무역협정을 최종 합의하였다.

향후 미래의 기업형 식자재 유통업체의 소싱(Sourcing)은 러시아, 미얀마 등 자유무역지대 국가 및 FTA가 체결된 국가에서 1차 상품 물량을 확보하고, 자유무역지대를 활용하여 중국에서 수입한다. 또한 중국의 안전센터에서 상품을 확보하고, 가공공장에서 전처리하여 제3국으로 수출한다. 따라서 중국의 주요 수입국과 연계하여 러시아의 냉동육, 가공 그리고 남미의 계육 등도 수입할 수 있을 것으로 예상된다.

5. 시스코 벤치마킹

시스코가 지금껏 좋은 영업이익률을 유지하면서 성장해오는 것은 첫째 MA(Marketing Associate)의 서비스 영업의 강화, 둘째 MD 전략으로 PB 상품으로 매출 확대, 셋째 기업 인수를 통한 확장 · Fold-Out 전략으로 요약된다.

지금 기존의 식자재 유통업체의 M&A 외에 1차 농수축산물 회사와 M&A를 하여 1차 식품에 대한 역량을 강화하여 고객 기반의 확장을 한 전략을 살펴보도록 하자.

축산물은 Custom-Cutting Meat 부문 강화를 위한 조직적 M&A를 진행하였다.

- Newport Meat Company : 1999년 7월
- Buckhead Beef : 1999년 8월
- Malcolm Meats : 1999년 11월
- Albert M. Briggs Company : 2000년 12월
- Freedman Companies : 2001년 1월

취급하는 축육 제품의 수준을 단순 식자재에서 요리의 주원료로 사용될 수 있도록 향상시켰다. 사실 M&A를 통해 고급육 취급 노하우를 습득하게 된 것이다. 이래서 인수기업의 기존 영업망을 강화하여 상위 고객 기반도 확보하게 되었다

농산물은 대형 Fresh Produce 전문 업체 인수를 통해 농산물 부문의 역량을 보완하였다.

- FreshPoint holdings : 2000년 3월

일반외식업소 외 전문 수요 충족을 위한 상품 포토폴리오도 구축하였다.

- 전문식자재 수요층에게로 고객군 확대
- 소량·다빈도 공급 역량 획득

그리고 기존 시스코 유통망과 상대적으로 거래율이 낮은 지역에도 영업망을 확대할 수 있게 되었다. 그래서 다양한 고객군에게 다양한 상품 공급도 가능하였다.

물류센터도 공격적으로 확장하였다. 기존 물류센터에서 공급하는 지역 중 월 매출 1억 달러 이상인 지역에는 과감하게 물류센터를 오픈하여 인력과 설비, 시스템 등의 지원을 통해 해당지역의 사업을 강화하였다. 거의 평균 6개월~1년마다 물류센터를 오픈하여 업계 평균 대비 3~5배의 높은 성장률을 달성할 수 있었다. 이렇게 Fold-Out되면 시스코의 문화와 시스템에 익숙한 Management Team(경영관리팀)이 만들어지고, 시스코의 규격에 맞게 설계된 창고에서, 시스코 평균치를 상회하는 Fold-Out 부문의 매출을 발생시켰다. 그래서 배송거리를 단축함과 동시에 신규 거래처 개척도 늘리는 성과를 만들어 냈다.

이렇게 시스코처럼 물류의 인프라 구축을 준비하고, 안정적인 기반을 확보하여 총 물류비 절감과 물류 품질 및 서비스 향상, 물류정보 역량을 강화해야 한다. 그래서 재고 정확도, 작업 오류율을 감소, 재고량 감소, 작업시간 단축, 상차시간 단축 등의 성과가 나타난다. 물론 정확한 수요와 생산자·산지의 공급량 예측 등을 하여 안정적인 수급량이 파악되는 것은 물론 장기 부진 재고와 수작업을 최소화시킬 수 있도록 시스템화 될 수 있다.

시스코는 어떻게 수익성을 업계 평균치 이상으로 낼 수 있었는가?

첫째, 다양한 고객층을 확보하였다. 일반 외식업소, 체인·프랜차이즈, 전문점 등 고객을 다양화하여 평균 매출이익률을 높였다.

둘째, 고객에게 'Service Report', 'On Time Report', 'Business Reviews' 등 정보 기술을 활용하여 기본 서비스와 부가서비스를 제공하여 거래처를 유지하였다.

셋째, 고객을 'Gold', 'Silver', 'Bronze' 등 차별화하여 NB, PB 상품 등을 이해시켰다.

넷째, 활동 기준 보상 활동, 주 단위 성과 측정과 벤치마킹 등을 통하여 생산성 향상과 효율 극대화, 원가절감의 성과를 가져올 수 있었다. 즉, 비용의 절감이다. 또한 성과 관리 지표를 개선시킴으로써 보상을 높이고, 직무 만족도를 증대시키고, 상품 품질 개선도 하였다.

다음은 시스코의 품질보증 활동에 대해서 알아보자.

시스코에서는 품질을 떨어뜨려서 가격을 할인하겠다는 발상은 있을 수 없다. 준수해야 하는 세부적인 상품규격, 거래하려는 공급업체는 반드시 받아야 하는 인증 프로세스, 공급업체의 품질감사 및 제품의 평가, 고객 니즈의 대응 능력(이슈, 식품안전 커뮤니케이션, 신제품 개발 능력 등), 지속적인 품질 개선(CQI ; Continuous Quality Improvement), 규정 준수 등의 까다로운 절차를 통과해야 한다. 품질보증 인력 총인원이 180여 명인데, 이들은 단백질과 유제품, 베이커리, 수산물, 의료 · 화학, 규정, 제조, 과일 · 야채 그리고 상품 전문가 등의 인원이다.

상품규격은 인터넷을 활용한 DB를 공유한다. 품질보증, 머천다이징(Merchandising) 서비스, 공급업체의 원류 관리 등이 상호 합의에 의하여 이루어진다. 또한 원재료부터 최종 상품까지, 공급업체부터 고객까지 상세하고 이해하기 쉽게 만들어진다.

품질보증 활동은 끊임없는 검사(Inspect)에서 이루어진다. 시스코의 브랜드 공급업체의 승인을 받는 프로세스는 공급사 자체적으로 사전 진단(Pre-Audit)을 받게 한다. 그리고 공급업체의 품질보증과 BSCC(Baugh Supply Chain Cooperative)를 전화로 협의한다. 그 다음에 시스코 QA 요원이 일차적인 진단을 수행한다. 배점 중심의 체크와 등급 판정에 따라 부적합·개선이 결정되어 개선이 필요한 경우 시정활동을 하도록 배려한다. 시스코의 브랜드 승인 프로세스의 핵심점검 분야는 GMP's, GAP's, 위생시설, 해충통제, 리콜(Recall) 프로그램, 잔류농약, 중금속 검출 등이다. 그 후 시스코의 인증 공급업체가 되기 위해서는 공개·비공개로 공장을 방문하여 시스코의 독립적인 진단 프로그램과 제3자에 의한 진단을 한다. 공급업체의 규격 적합성과 공장 운영의 가이드라인을 확인하고, 시스코 브랜드 제품의 검사 후 현장 전문가 교육을 시킨다.

시스코 상품 전문가가 되기 위한 프로그램은 시스코만의 독특한 프로그램이 있다. 각 지역에서 훈련을 받으며, 규격에 적합한 상품이 제조되고 있는지를 검사한다. 이들에게는 제대로 되지 않을 시에는 거부 권한이 있고, 일관성 있는 품질을 요구하며, 상품의 검사에 초점을 둔다. 그리고 계약직 검사자로 운영된다. 특히 매출 볼륨도 크고, 이슈가 많이 되는 육류는 중금속의 검출, Bone(뼈) 제거 시스템, 원재료에서 E.coli 0157 H7 시험, 시스코 상품 전문가 프로그램, 상품 매뉴얼 운영, HACCP, SOP's, Silliker Labs 시험 프로그램 등 까다로운 검사를 거쳐야 한다. 미국 전역에 6개의 상품평가 시험실을 운영하고 있다.

과일·야채는 인근 지역에 인력을 상주시켜 공급업체 공장 진단 프로그램, 상품규격, Canned Lot Set-Aside 프로그램을 점검하고, 상품 평가 시트를 작성한다.

생산 시에는 현장검사를 한다. 상품규격에 의하여 제조되었는지 여부, 시스코 상품 전문가 프로그램에 적합한지 그리고 최종 완제품 검사까지 한다. 아울러 관련규정, 라벨링(Labelling) 이슈를 모니터한다. 규정 · 기술 서비스 부서(Regulatory · Technical Service)가 휴스턴에 있는데, 규정검사에 어떻게 대응해야 하는지에 대한 자문과 리콜 커뮤니케이션 지원을 한다.

이렇게 해서 시스코는 고객 니즈의 신제품을 개발하고, 상품에 대한 불만을 찾아내고, 이를 정리하여 'Foodtrack News'를 제공하며, 이런 정보를 바탕으로 새로운 포장과 상품 제조의 새로운 기술을 활용한다.

이와 같이 시스코의 성공사례를 벤치마킹하면서, 자체 경쟁력 있는 역량 부문과 시스코의 운영 프로세스, 사례 등을 조합하여 미래의 성공모델 개발을 할 수 있을 것이다.

6. B2B사업 기반 구축 · 보강

이제는 국내 B2B사업 전개를 위한 현재 각사의 플랜트 현황을 비교, 분석해 보고 미래의 기업형 식자재 유통업체가 구축해야 할 인프라와 보강해야 할 부문들을 스터디해보도록 하자.

현재 각 업체의 B2B사업 기반 구축 현황을 보면,

구분	사업 기반		비고
	소스류	조미식품 소재류	
CJ	있음(하선정공장)	없음	- 2008년에 하선정공장에 소스 · 농축액 플랜트 설립

구분	사업 기반		비고
	소스류	조미식품 소재류	
오뚜기	있음(안양공장)	있음(상미식품)	– 자가 공장·협력업체 플랜트 확보
동원	있음(삼조셀텍)	있음(삼조셀텍)	– 2007년에 삼조셀텍 M&A
롯데삼강	있음(천안공장)	없음	– B2B 중심 플랜트
아모제산업	있음(음성공장)	없음	– 자체 Captive Sales와 프랜차이즈 위주로 Order-made 제조

참고사항 :

1. 소스시장 규모 : 전체 1,200억(2009년) 중 삼조셀텍 450억(37.5%), 오뚜기 180억(15%), 시아스 132억(11%), 기타 438억(36.5%)

2. 삼조셀텍 주요 업체 : 피자헛, 아웃백 등

   오뚜기 주요 업체 : 맥도날드, KFC 등

   시아스 주요 업체 : 미스터 피자 , 푸드머스, 이마트 등

3. 롯데삼강, 아모제산업은 CK가 있으나, 소재 분야에는 없음

그리고 외식사업을 위한 전문 B2B 영업 · R&D 인력 현황을 살펴보면,

구분	전문 인력		비고
	영업	R&D	
CJ	사업부 BU	식품연구소	– B2B 사업 BU 재편 – 외식팀, 케터링, 뉴마켓 30명 – 식품연구소 내 B2B 연구원 10명
오뚜기	4사업부	식품연구소	– B2B 전담 직거래 영업 45명 – 식품연구소 내 B2B 연구원 14명
동원	삼조셀텍	삼조셀텍	– B2B 전담 직거래 영업 23명 – 식품연구소 내 B2B 연구원 22명
롯데삼강	천안공장	식품연구소	– B2B 전담 직거래 영업 18명 – 식품연구소 내 B2B 연구원
아모제산업	아모제산업 영업	CK, 식품연구소	– B2B 전담 직거래 영업 11명 – 식품연구소 내 B2B 연구원

참고사항 :

1. 향후 기업형 식자재 유통사업의 성패 여부는 B2B사업 전개를 위한 전문 인력 확보와 플랜트 확보가 중요하다.

2. B2B 상품은 대체적으로 라이프 사이클이 짧기 때문에 스피드한 개발과 제품화의 시스템이 중요하다.

그러면 B2B 상품 카테고리별 중점 추진 전략에 대해서 살펴보자.

구분	소스	조미 소재	냉동 · 육가공
종류	- 양식 소스, 퓨전 소스, 한식 소스, 우동베이스, 카레 · 짜장 소스	- 맞춤식 조미료(순대, 냉면, 탕), 무첨가조미료, 천연 조미료, 치킨베이스, 피쉬 베이스	- 맞춤식(수제부대찌개) 햄, 돈가스, 면, 순대류 등
핵심 전략	- 스피드한 상품 개발 경쟁력 - 가격경쟁력	- 트렌드를 선도할 수 있는 새로운 콘셉트 상품 개발 - 메뉴 및 용도 개발	- 다품목 · 소량 제조를 위한 인프라 확보 - 거래처 특성에 맞는 스펙 상품 개발력
콘셉트	- 스피드 - 가격경쟁력 - 차별화된 상품 개발 능력 - 고품질 -고객의 스펙 대응력		
핵심 노하우	- 다양한 레시피 준비 - 신규 카테고리 개발 능력	- 차별적 조미 소재 배합 기술	- 고객 요구 스펙에 대응한 상품 개발 능력 - 새로운 콘셉트 제품 개발 능력
가격 전략	- 품질 대비 가격경쟁력이 있어야 함 - 치킨 시장, 호프 시장 등 저가 시장에 있어서는 가격경쟁력이 중요	- 용도용 개발 제품은 가격이 중요시되나, 고품질로 차별화된 상품은 고가라도 무관	- 호프, 안주 시장에 있어서는 가격이 중요하나, 거래처가 요구하는 상품 개발에 있어서는 동종업계와 비슷한 수준
경로 전략	- 아직 미개척 분야인 한식프랜차이즈, 특수 경로	- 웰빙을 리드하는 식품업체 소재 개발, 한식	- 산업체, 안주 · 호프 주점

맞춤형 제품(Ordwer-made) 전략을 더 상세하게 살펴보자.

구분		1단계		2단계	
		기존 시장 상품군	향후 차별화할 상품군	기존 시장 상품군	향후 차별화할 상품군
개발방향		- 소스 생산 소재 개발(원가절감) - 가능하면 상온화	- 신소재, 신공정으로 차별화	- 식품 안정성에 문제없는 수입 소재 개발	- 건강 · 웰빙 소재로 차별화
핵심기술		- 소스 다품종 생산 공정 기술 - 소스 급속 냉각 - 고온 순간 살균	- 배합 및 신규 소재 활용	- 소스 응용 개발 · 생산 기술	- 최대한 웰빙 천연 소재를 살린 기술
필수 제품	소스 드레싱 조미분말	- 돈가스, 우스타, 버거, 피자 소스 - 과일류 드레싱 - 탕·볶음용 양념장	- 디핑 소스 - 꼬치 소스 - 생선구이 - 찜 양념장	- 돈가스, 우스타, 버거, 피자 소스 - 과일류 드레싱 - 탕·볶음용 양념장	- 한식 웰빙 비빔, 떡볶이 양념 - 발효 소재와 연관된 양념

구분		1단계		2단계	
		기존 시장 상품군	향후 차별화할 상품군	기존 시장 상품군	향후 차별화할 상품군
성장 제품	소스 드레싱 음료에이드	– 중화풍 핫소스 사골 · 돈골 양념	– 각종 칵테일용 음료에이드	– 고품질 동남아 소스, 드레싱	– 식이섬유 다이어트 드레싱
시장 리더 제품	천연 샐러드 웰빙 한식 소스	– 천연 퓨전 샐러드	– 오일과 계란이 들어가지 않은 드레싱	– 미국, 일본, 유럽, 동남아 외의 다른 나라의 음식에서 소싱한 소스, 드레싱	– 더 한층 업그레이드된 한식 웰빙 양념장

B2B의 소스군에 있어서 경쟁력 있는 3개 업체를 비교 분석하여 보자.

구분		오뚜기	삼조셀텍	시아스
	품목군	– 총매출액 : 1조 3,000억 원 중 업소용 3,800억 원, 소스군 280억 원 (2008년 기준) – 32 품목, 500여 개 아이템 – 업소용 제품 : 전용 60%, 범용 40%	– 총매출액 : 750억 원, 업소용 소스군 : 488억 원 – 소스 30 품목, 드레싱 20 품목, 양념장 7 품목 – 업소용 제품 : 전용 80%, 범용 20%	– 총매출액 : 355억 원 – 스파게티 18종, 피자 소스 50종, 치킨양념 소스 10종, 드레싱 25종, 분말 9종, 기타소스 60종 – 업소용 제품 : 전용 80%, 범용 20%
조직	연구 개발 (R&D)	– 제품 중심으로 전문화 – B2B 전체 14명(소스 9명)	– 거래처 대응 조직 Multy–Player화 – 4개 연구부 22명 (B2B 전담 18명)	– 연구실에 각 분야별로 연구원이 있음 – 연구원 : 12명
	마케팅	– 상품개발팀 2명 – 지역 지점에 상품화 Coordinator 역할	– 마케팅팀 4명 보유 – 범용제품 중심으로 마케팅 주관 전용 제품은 영업담당	– 별도 마케팅 조직은 없으나 주 1회 R&D와 영업이 미팅을 통하여 제품 기획
	영업	– B2B 영업 부문 2원화(총 120명) – 4 사업부 : 2개 영업부, 영업 인력 50명 (서울 · 경기지역 직거래) 1부 : 외식 경로 2부 : 단체급식, 실수요, 제과 · 제빵 – 10개 지점 7개 팀	– 3개 사업부 23명 – OMS : 외식 경로, 원료 사업부, 유통사업부 – 유통사업부 강화를 통한 자체 브랜드 제품 확대 – TS(Techinical Sales)및 제안영업 능력 인재 확보	– 영업 인력 : 6명 대부분 Order–made할 수 있는 전문 B2B 영업 인력 – 범용 마요네즈, 소스류 영업 인력 확보
	생산	– 자사 공장(안양, 대풍, 삼남) – 안양공장에서 업소용 소스제품 전용 생산 공장 – 생산능력 : 일 60톤	– 자사 공장(아산, 천안) – 아산공장 샐러드, 마요네즈 설비 확장 및 공장 통폐합 추진 – 생산능력 : 일 70톤	– 오창공장 – 마요네즈, 샐러드, 레또르트, 시즈닝 라인 – 생산능력 : 일 30톤

구분	오뚜기	삼조셀텍	시아스
경쟁력	– B2B 영업 인력 확보 범용제품 원가경쟁력 – 기존 B2C 설비를 활용해 B2B 생산기지 활용, 소포장 생산 가능	– 스피드 있는 제품 개발 – 영업, R&D간의 맨투맨 방식 – 수년간 축적된 레시피–고객대응에 맞는 생산, 설비 확보	– 관계회사 '아그라나코리아' 를 통한 레시피 축적과 빠른 해외 식품정보, 스피드한 제품 개발 – 메뉴 제안 · 제품 공동 개발할 수 있는 R&D와 영업 인력

참고사항 :

1. 오뚜기는 업소용 범용상품군(마요네즈, 케첩, 소스, 드레싱, 스프 등)에서 MS 1위를 하고 있는 '막강한 Brand Power' 와 '가격경쟁력' 으로 B2B 시장에 적극적으로 진출

2. 삼조셀텍은 국내 '소량다품목 Order–made사업' 의 선두주자로서 스피드 있는 제품 개발, 신속한 물류 서비스로 확고한 자리를 가짐

3. 시아스는 후발주자이긴 하나 오너가 프랑스계의 '아그라나코리아' 의 아시아대표를 겸직함으로써 해외식품업계의 인맥과 정보네트워크를 가지고 있어 한 발 앞선 신제품 생산의 시야를 가지고 있고, 우수한 R&D 인력, 전문화된 B2B 영업 인력을 가지고 있어 큰 기대가 되는 업체임. 2011년에는 600억 원 매출 계획을 하고 있음

향후 미래의 기업형
식자재 유통업체의 모델

제10장
향후 미래의 기업형
식자재 유통업체의 모델

1. 원스톱 솔루션시스템(One-Stop-Solution-System)

10년 후 식자재 시장은 사회적 요구와 정부의 정책 등으로 투명하게 산업화되어 간다. 그래서 미래의 기업형 식자재 유통업체는 산업체든, 외식업소든 고객의 요구에 대응할 수 있는 원스톱 솔루션시스템(One-Stop-Solution-System)을 할 수 있는 조직으로 준비되어야 한다. 가능하면 외식사업도 각각 기업의 우위 경쟁력을 살려 참여하는 것도 바람직하다.

미래의 식자재 유통사업은 공산품과 1차 상품을 국내와 해외에서 경쟁력 있게 소싱할 수 있는 능력인 MD의 상품력, 개발력과 경로 확대, B2B 전문 생산과 물류인프라조직이 갖추어져야 한다. 그래서 고객에게 메뉴를 제안할 수 있는 영업능력을 갖추어야 한다.

그리고 기업형 식자재 유통업체에서는 기존에 외식사업을 하고 있으면 더 확장하고, 또 시작하지 않은 업체들은 외식사업의 론칭을 고려해볼 수 있을 것인데, 각 기업의 특성과 경쟁 우위 요소를 생각하여 시작해보면 될 것이다. 이를 위해 기업형 외식 관련 개발 노하우와 제안 영업 인프라를 살려 외식 프랜차이즈산업에 새로 도전할 수 있고, 아니면 기존에 있는 외식 프랜차이즈 중 기업형 식자재 유통업체 콘셉트에 가장 가깝거나, 또는 새롭게 도전해보고 싶은 업체를 인수할 수도 있다. 아직 한식 분야에는 매뉴얼 된 부분들이 취약하기 때문에 향후 블루오션으로 개발할 여지가 많다. 사실 아직까지는 횟집 매운탕 양념 하나도 스펙이 제대로 매뉴얼화 되지 않은 실정에 있다.

이밖에도 기업형 식자재 유통업체에서 생각해볼 수 있는 사업 프로젝트는 많다. 언젠가 투명하게 오픈되어야 할 주방설비와 주방용품 시장, 인테리어업, 인력 소싱·교육사업, 외식업소 진단 및 클리닉할 수 있는 컨설팅업, 업소용 밑반찬 사업, 유니폼 사업, 외식업소만 전문적으로 손익을 분석하여 제안할 수 있는 부동산 컨설팅 사업, 외식사업과 식자재 유통사업과 연계한 정보지 사업 등이다.

이렇듯 앞으로는 전세계를 무대로 원료 및 식자재를 소싱하고, 제조 또는 파트너와 전략적으로 구매하여 단체급식과 외식업소, 산업체에 유통시켜야 하며, 자체 경쟁력에 맞는 외식사업도 전개하여 '외식 토털 솔루션'으로 확대해 나가야 한다.

2. 사업의 다각화

대체적으로 국내 식품회사 중에는 CJ그룹과 풀무원이 대표적으로 원료구매와 제조, 유통, 급식, 외식, 기타 수업 등으로 전방 수직계열화되어 있다.

대상(주)은 케터링사업본부를 통하여 자체 생산한 품목과 일부 상품을 매입하여 산업체(식품공장)와 식자재 대리점에 공급하고 있는 실정이다. 오뚜기는 4 사업부를 통하여 자체 생산한 범용, 업소용과 오더 메이드(Order-made ; 주문제품) 상품을 같이 개발하여 식자재 유통업체와 프랜차이즈업체 등에 공급하고 있으며, 아직 매입상품 개발은 하지 않고 있다.

오뚜기는 직접 식자재 유통에 참여하겠다는 소문은 있으나, 아직 확인된 바는 없다.

이밖에 급식에 치중하였던 아워홈, 에버랜드, 신세계, 한화앤리조트 등은 식자재 사업에 뛰어들겠다는 다각적인 방안으로 인프라를 만들고 있지만, 아직 이 분야에서 뚜렷한 리더는 없는 실정이다.

정리를 해 보면,

구분	제조	유통	급식	외식
개념	- 업소용 가공식품 또는 1차 상품의 전처리	- 급식 또는 외식업소에게 판매	- 특정 다수의 고객을 대상으로 지속적으로 급식을 제공	- 불특정 다수의 고객을 대상으로 식재료를 조리, 가공, 서비스
형태	- 업소용 가공식품 제조 - 전처리업체	- 식자재 유통	- 초·중·고 - 산업체, 병원	- 개별 외식업소 - 기업형 외식 컨세션 등
주요 참여업체	- CJ, 풀무원, 오뚜기, 농심, 롯데삼강, 대상, 아워홈, 신세계, CJ 프레시웨이, 아모제산업, 삼조셀텍, 시아스	- CJ프레시웨이, 대상, 푸드머스, 아워홈, 신세계, 오뚜기, 농심, 삼성에버랜드, 아모제산업, 삼조셀텍, 시아스, 삼양사	- 아워홈, 에버랜드, 신세계, 한화앤리조트, 현대그린푸드, CJ프레시웨이, ECMD	- 아워홈, CJ프레시웨이, 신세계푸드, CJ푸드빌, 농심, ECMD, 아모제

시장을 다시 분석해 보면,

외식업소의 대형화, 체인화가 빠르게 진행되고 있어 고객이 'One-

Stop-Solution' 형태로 맞춤형 상품, 메뉴 제안, 컨설팅 등을 요구하고 있다. 특히 프랜차이즈 등 체인에서는 맞춤형 상품, 반조리 상품, 완제품 등을 요구하고 있는데, 이는 창업자의 경험이 미흡하고 주방 인력을 최소화하여야 하기 때문이다. 이제는 다품종 소량생산 및 완조리 생산 인프라를 갖추어야만 하고, 구매도 과거에는 공산품, 야채, 수산물, 축산물, 곡류 등 따로 공급받았지만, 이제는 일괄 구매하는 추세다.

학교급식 직영화로 인해 직영급식시장이 커져서 친환경 및 국내산 상품 개발이 절실히 요구되고 있다.

이와 함께 프랜차이즈 자체 CK 공장이 늘고 있고 또 자체 브랜드로 공급을 확대하고 있다. 식품공장의 입장에서 보면 원료 납품시장도 점진적으로 증가하고 있으며, 그에 따른 소재 개발이 절실히 요구된다.

그리고 특수한 신경로의 잠재시장이 커져가고 있다. 온라인과 휴게소, 연수원, 극장, 공항, 기내식, 교회, 골프장 등이 늘어나고 있는 추세다.

이런 시장에서 마켓 리더(Market Leader)가 되기 위해서는 기본적으로 B2B 고객 맞춤형 플랜트와 SCM을 보강한 물류인프라를 강화하여 원가경쟁력과 스피드하게 한 발 앞선 제품을 개발할 능력 그리고 솔루션 제안능력이 절대적으로 필요하다. 즉, 다품목 소량 생산 및 완조리 상품 생산 플랜트 설비를 갖추어서 맞춤형 상품과 매입상품, 1·2차 가공품, 농수축산물, 원료, 해외 상품 등의 상품 개발 및 소싱 전문 기능을 강화해야 한다. 그리고 메뉴 개발자와 기술 및 영업 인력 등을 발굴하여 그들에게 R&D, 고객 메뉴 컨설팅을 할 수 있는 자질을 키워야 하고, 고객들을 초청하여 신상품 전시회도 개최하여야 한다. 그야말로 고객의 입장에서 바라보는 조직으로 바뀌어져야 한다는 것이다.

중장기적으로 미래의 기업형 식자재 유통업체는 사업 전략, 유통 전략, 상품 전략, 유통·프랜차이즈 연구, 정부 정책, 중국 및 해외시장의 흐름 등에 대해 끊임없는 연구를 하여야 한다.

고객을 유형별로 다시 분석하여 보자.

구분		시장 환경	시사점
외식	개별 외식업소	– 개별 외식업소가 감소되고 체인화가 빠르게 진행됨 – 주방 인력을 줄이기 위하여 반가공식품·맞춤형 상품 수요 증가 – 식자재 유통업체로부터 일괄 구매 또는 식자재마트를 방문하여 구매	– 'One Stop Solution' 구축 – 식자재마트(재래시장 주변)
	기업형 외식업소	– 신메뉴에 개발 욕구 – 외식 브랜드화 – 중소형 FC는 Total Service 요구(메뉴 개발, 구매, 물류)	– 정기적인 시연회 – 외식에 대한 정보지를 만들어 메뉴, 상품 소개 – 전처리, CK 플랜트 확보
급식	학교 직영급식	– 가격보다 품질과 브랜드를 선호하는 프리미엄 시장 – 품질 안정성 확보한 제품 개발(저염, 무(無)트랜스지방 등)	– 전처리야채 공급을 위한 농가 계약재배 – 프리미엄 메뉴 개발 – 건강 기능성 제품, 오븐형 제품 개발
	위탁급식	– 아워홈 자체 PB 브랜드 확보 – 품질 요구는 높아지나 가격은 계속 인하 요구	– 원가경쟁력, 품질경쟁력 등을 확보한 B2B 전문 플랜트
산업체	식품 제조업체	– 공동 소재, 상품 개발	– 공동 개발 연구 – 중·소 식품 제조업체
신경로	CK(프랜차이즈)	– 자체 브랜드 제품 생산 확대 : 소스류, 냉동, 냉장류	– 공동 메뉴 개발 및 차별화된 제품 개발
	휴게소	– 휴게소 기업형 체인점 확대(커피, 피자 전문점)	– 업그레이드된 휴게소 전용 제품 개발 연구(원가경쟁력 있는 제품 개발)
	온라인	– 온라인 쇼핑몰 식품군 확대	– 식자재 전용 홈쇼핑 사업 모델 검토

구분	시장 환경	시사점
기타 공공기관	- 연수원·수련원, 극장, 호텔, 골프장, 종교시설, 공공기관	- 특수 경로에 대한 마케팅, 영업 연구

참고사항 :

1. 연수원 : 97개, 경기 지역이 40개로 전체 대비 비중 41.2% 수용인원 45,433명

2. 전국 고속도로는 31개소(도로공사 27개소, 민자 2개소)이며, 휴게소는 173개소임.

개발해야 할 품목 군 : 조미식품류(카페베네커피, 맞춤형 조미료, 시럽류), 소스류(떡볶이 양념류, 머스타드 소스, 돈가스 소스), 냉동류(만두, 핫도그, 너겟, 맞춤형 제품), 냉장류(어묵, 핫바, 맞춤형 제품)

3. 고속도로 휴게소에서 편의점 품목을 제외하고 푸드 코트에서 가장 많이 판매되는 메뉴 순위는 우동류, 라면류, 비빔밥류, 오징어류, 국밥류, 김밥류, 백반류 순이다.

4. 고속도로 휴게소에서 도로공사에서 주는 메뉴 수수료가 30%, 벤더 수수료 25% 개인 푸드코트사업자 마진 20%이기 때문에 원가 25%의 제품을 개발하는 데는 어려움이 많아 스터디가 필요함. 오히려 객 단가가 높은 '웰빙 식단'의 연구 필요

직영급식시장의 규모와 접근 전략에 대해 연구하여 보자.

단체급식 현황 및 직영급식 전환 추이 예상

구분	지역	전체 학교 수				급식 운영 형태					2010년 직영급식 예상			
		초	중	고	계	직영	위탁	비급식	계	위탁률	상반기	하반기	계	직영 미전환 학교
수도/강원권	서울	908	568	435	1,911	1,380	531		1,911	28%	160	160	320	211
	경기	787	408	396	1,591	1,416	175		1,591	11%		120	120	55
	강원	378	161	120	659	648		11	659	100% 직영				
	계	2,073	1,137	951	4,161	3,521	706	11	4,161	17%	160	280	440	266
충청권	대전/충남	417	212	136	765	765			765	100% 직영				0
	천안/충북	254	135	95	484	484			484	100% 직영				0
	계	671	347	231	1,249	1,249			1,249					0
영남권	대구/경북	715	385	289	1,389	1,336	53		1,389	4%		53	53	0
	부산/경남	673	360	278	1,311	1,191	120		1,311	9%	20	40	60	60
	계	1,388	745	567	2,700	2,527	173		2,700	6%	20	93	113	60

구분	지역	전체 학교 수				급식 운영 형태				2010년 직영급식 예상				
		초	중	고	계	직영	위탁	비급식	계	위탁률	상반기	하반기	계	직영 미전환 학교
호남권	전주/전북	311	138	97	546	546			546	100% 직영	·			0
	광주/전남	488	271	201	960	960			960	100% 직영				0
계		799	409	298	1,506	1,506			1,536					0
제주 계		111	42	30	183	183			183	100% 직영				0
총계		5,042	2,680	2,077	9,799	8,909	879	11	9,799	9%	180	373	553	326

참고사항 :

1. 시장규모를 계산하여 보자.

월별 9,799개 학교×평균 760명×월 20일 급식=3,724억 원(연간 3조 3천5백억 원, 9개월 급식)이 된다. 물론 초·중·고 급식단가 차이도 있고, 중·고등학교는 야간급식도 있기 때문에 이 금액은 더 많아질 수 있다.

2. 전국에 2,000여 개의 급식 공급처가 있는데 업체당 평균 월 매출액은 1억 4천만 원 정도로 보면 된다.

3. 학교마다 차이는 있겠지만, 곡류 10%, 공산품 30%, 야채류 25%, 축산물 20%, 수산물 10%, 떡류 5% 정도의 매입 구성비를 갖고 있다.

4. 지역마다 차이가 있어 학교에서 전 품목을 매입하는 경우, 품목별 매입하는 경우, 몇 개 품목씩 묶어서 매입하는 경우로 나누어진다.

5. 입찰가도 최저입찰가, 학교 매입 계획 금액의 90%선에서 상위 5개사의 평균 총 입찰금액을 5로 평균 나누어 90% 이하에서 제일 근접한 금액을 쓴 업체를 선정하는 곳도 있다.

6. 이 급식시장은 식품제조회사인 CJ프레시웨이, 대상(주), 풀무원, 오뚜기 등이 직접 입찰에 참여하기에는 어려운 부분이 있다. 왜냐하면 이 급식대리점을 통해, 제품 홍보를 하여 학교에 상품을 공급하기 때문이다.

7. 누구나 기본 요건만 갖추어지면 참여할 수 있는 시장이다. 그리고 최소 채권에 대해서는 위험부담(Risk)이 없는 시장이다.

8. 급식시장 자체는 많이 투명화 되었지만, 앞으로 더욱 체계화되고 산업화될 수 있기 때문에 전문조직을 갖추고 도전해볼 만한 시장이다.

9. CK, 전처리시설, 물류센터 등을 갖추고 특히 야채류 구매 경쟁력이 있는 업체들이 도전해 볼 만한 시장이다. 아모제산업이 좋은 예가 될 수 있다.

이 시장의 특징은,

첫째, 프리미엄시장이다. 공산품은 당연히 브랜드가 있는 대기업 제품이어야 하고, 친환경·국내산 ·무첨가 상품을 선호한다. 식품회사들도 유기농, 친환경, 무첨가 등의 상품을 개발하고 있고, 식용유도 카놀라유, 현미유 등 고급 제품, 올리고당·웰빙 식초를 첨가한 프리미엄 메뉴를 개발하고 있다.

둘째, 농수축산물은 전처리되어야 하고, 모두 국내산이어야 하며, 야채류는 공영도매시장 기준 등급으로 볼 때 최상품이어야 한다.

셋째, 앞으로 냉동식품 사용을 자제하여 반조리 제품 품목들이 활성화될 것으로 예상된다. 또 튀김요리를 지양하고, 오븐요리 제품을 선호하고 있다.

넷째, 후식류, 특식 시장도 만만치 않기 때문에 상품 개발의 여지가 많다.

다섯째, 이 시장에 공급을 원하는 제조업체는 최소 제품의 위생과 안전성을 보장할 수 있는 'HACCP' 기준에 맞는 시설에서 생산하여야 한다.

맞춤형 상품의 큰 카테고리를 구분하여 보자.

먼저 국내 외식 시장을 리드하는 3F(FR, FF, FC)의 현황을 살펴본다.

먼저 FR(패밀리레스토랑) 부문에서는 아웃백, 빕스, TGIF, 베니건스 순이다.

브랜드 인지도로 보면, 아웃백이 42%, 빕스가 29.6%, TGIF가 10%, 베니건스가 5.2%이며, 접근성보다는 음식맛, 친근감이 큰 영향을 미쳤다.

FF(패스트푸드) 부문

No	브랜드	표준점수 (1000)	회사규모 (100)	성장 (100)	재무 안정성 (100)	광고홍보 (100)	관리 충실도 (100)	가맹점 (100)
1	도미노피자	770	90	65	76.67	80	66.67	80
2	미스터피자	753	93	65	83.33	100	73.33	60
3	롯데리아	745	100	70	53.33	100	63.33	60
4	피자에땅	742	87	60	83.33	90	60	70
5	파파이스	692	82	60	60	90	53.33	70
6	파파존스피자	645	65	30	46.67	100	80	60
7	피자스쿨	641	66	95	83.33	60	50	80
8	피자마루	598	63	100	96.67	60	60	60
9	뉴욕핫도그&커피	595	65	80	63.33	70	56.67	60
10	지정환임실치즈피자	583	48	65	83.33	60	36.67	60

참고사항 :

1. 도미노피자는 고른 점수로 1위를 기록함. 가맹점 증가율(전년 대비 25개 점포가 증가하여 8% 신장)은 미흡하였으나, 총매출은 980억 원으로 26% 신장, 영업이익은 66억 원으로 40% 신장하여 내용면에서 충실

2. 도미노피자는 장기브랜드로 6위, 미스터피자는 9위를 기록

한식 포함한 기타 외식 시장

No	브랜드	표준점수 (1000)	회사규모 (100)	성장 (100)	재무 안정성 (100)	광고홍보 (100)	관리 충실도 (100)	가맹점 (100)
1	놀부부대찌개와 철판구이	776	96	60	66.67	90	73.33	90
2	던킨도너츠	765	100	70	66.67	100	70	70
3	할리스커피	750	80	70	73.33	95	70	60
4	놀부보쌈과 돌솥밥	746	96	45	66.67	90	63.33	90
5	베스킨라빈스	745	100	65	66.67	100	66.67	70
6	탐앤탐스커피	737	82	90	63.33	60	86.67	90
7	카베베네	726	76	100	70	100	83.33	60
8	본죽	724	94	65	86.67	70	56.67	70

No	브랜드	표준점수 (1000)	회사규모 (100)	성장 (100)	재무안정성 (100)	광고홍보 (100)	관리충실도 (100)	가맹점 (100)
9	교촌치킨	722	97	50	76.67	85	36.67	90
10	네네치킨	718	88	50	83.33	80	43.33	100

참고사항 :

1. (주)창업경영신문사에서 점포수가 30개 이상인 455개 브랜드를 대상으로 프랜차이즈 2010년 종합 랭킹의 발표 결과임

2. 최근(2~5년)에 큰 폭의 성장을 이룬 업체는 '카베베네' 와 '굽네치킨' 이고, 2011년에 들어와서는 '깐부치킨' 이 약진하고 있다. 이는 치킨시장이 웰빙(Wellbeing)화 되어 가고 있음을 보여줌

3. 삼립식품의 '빚은' 과 롯데리아의 '엔젤러너스' 등 대기업 계열 브랜드가 만만치 않은 경쟁력을 과시함

4. 외국계·대기업 계열 브랜드가 강세를 보이는 것은 풍부한 외식경영 노하우와 이를 바탕으로 한 선진화된 관리·운영 능력, 재무적 안정성 높은 브랜드 인지도 등에 기인한 바가 크다고 판단함

5. (주)놀부와 교촌에프앤비(주)는 오랜 가맹사업으로 사업성, 가맹점 수익성 부문에서는 높은 점수를 기록하였으나, 성장성에 있어서는 저조한 점수를 기록함

이런 대형 FF, 치킨 FC가 실제로 사용하는 B2B 소스를 보면 다음과 같지만, 새로운 웰빙(Wellbeing) 지향의 소스도 더 많이 개발되어야 할 것이다.

대형 FF, 치킨 FC가 실제로 사용하는 B2B 소스

구분	거래처	소포장 제품	대용량 제품
FF	롯데리아	– 머스터드 드레싱, 스위트앤사워, 핫스위트 소스, 소이칼릭 소스, 딸기요거트 드레싱	– 머스터드 소스, 리브 소스, 토마토미트 소스, 까르보나라 소스, 치즈 소스
	맥도널드	– 스위트 칠리소스, 케첩	– 피클머스터드 소스, 빅맥 소스, 스위트 칠리소스, 맥불고기 소스, 아일랜드 소스, 콘샐러드, 케이준 소스
	KFC	– 칠리소스, 케첩	– 피클머스터드 소스, 녹차 소스, 샐러드 드레싱
	버거킹	– 머스터드, 칠리소스, 케첩	– 타타르 소스, 갈릭 소스, 불고기 소스, 레드치즈 소스, 식초 필링제
	파파이스	– 핑거휠레 소스, 오리엔탈 소스	– 불고기버거 소스, 스위트칠리 소스, 랩소스

구분	거래처	소포장 제품	대용량 제품
FC (치킨)	BBQ	– 케찹, 순살크래커 소스, 스모크 소스	– 스위트 칠리소스, 쌀떡볶이 소스, 돈가스 소스
	오마이치킨	– 바비큐 소스, 허니머스터드 소스, 스위트 칠리소스	
	맘스터치	– 허니머스터드 소스, 스위트 소스	– 허니머스터드, 매운 소스
	부어치킨	– 델리 소스, 허니머스터드 소스, 어니언 소스	– 델리 소스

그리고 고속도로 휴게소의 시장규모도 알아보자.

전국 고속도로는 31개이며, 고속도로 휴게소는 전국에 173개다. 그중 상행선은 89개, 하행선은 86개다. 1995년 10월부터 전국 고속도로 휴게소는 민영화에 따라 공개입찰을 시행하였다.

2008년 기준 전국 휴게소 매출액은 약 1조 원 시장규모이며, 영업이익은 약 581억 원(5.8%) 수준이다. 매출액 순위 기준으로 2008년에는 여주휴게소(강릉 방향)가 약 240억 원으로 1위였으나, 2009년에는 행담도휴게소(서해안)가 약 289억 원으로 1위를 하였다. 2010년에는 덕평휴게소(영동)가 1위로 예상된다. 상반기 매출액만 봐도 151억 원으로 단연 선두다.

2009년 매출액 순위와 2010년 상반기 매출액 순위 비교

단위 : 억 원

No.	노선	휴게소 명	2009년 매출액	No.	노선	휴게소 명	2010년 상반기 매출액
1	서해안	행담도	289	1	영동	덕평	151
2	영동(하)	여주	260	2	서해안	행담도	124
3	영동	덕평	225	3	영동(하)	여주	121
4	서해안(하)	화성	194	4	서해안(하)	화성	92
5	경부(상)	천안	170	5	경부(상)	천안	87
6	경부(하)	안성	161	6	경부(하)	안성	82

No.	노선	휴게소 명	2009년 매출액	No.	노선	휴게소 명	2010년 상반기 매출액
7	서해안(상)	화성	155	7	경부(하)	기흥	76
8	경부(하)	기흥	153	8	경부(상)	칠곡	72
9	영동(하)	문막	146	9	서해안(상)	화성	69
10	영동(상)	여주	140	10	영동(상)	여주	68

참고사항 :

1. 휴게소는 기본적으로 푸드 코트, 가판매장, 편의점으로 구분된다.

푸드 코트 : 우동, 라면, 비빔밥 등 식사 위주

편의점 : 음료, 커피 등 공산품

가판장 : 어묵, 핫도그 등 간식 · 스낵

2. 고속도로 휴게소에서 가장 많이 판매되고 있는 메뉴는 푸드 코트에서는 우동, 로드 숍은 오징어류, 우동류 385억 원, 라면류 193억 원, 비빔밥류 156억 원, 오징어류 135억 원, 국밥류 99억 원, 김밥류 71억 원, 백반류 50억 원이다(2008년 기준).

3. 최근 휴게소 판매 음식이 고급화되고 있고 '휴게소 음식 안심화' 사업이 추진되고 있다.

4. 지금 현재는 비슷한 메뉴와 가격대로 구성되어 있어 소비자의 선택의 폭이 좁으나, 향후 다양한 메뉴로 개발할 여지가 많은 시장이다.

5. 휴게소의 메뉴를 혁신화 하려면 '가격 구조'와 '벤더'의 근본적인 문제를 해결해야 한다.

이렇게 미래의 기업형 식자재 유통업체는 외식업, 급식업, B2B업, 고속도로 휴게소 등 전반적인 모든 사업에 진출할 수 있는 체질과 체력을 만들어야 한다.

외식업의 발전을 위한 미래의 기업형 식자재 유통업체의 진정한 파트너로서의 역할

제11장
외식업의 발전을 위한 미래의
기업형 식자재 유통업체의
진정한 파트너로서의 역할

1. 외식업의 현주소

외식 시장은 60조 원으로 추산되며, 크게 기업형 외식, 개인형 외식, 급식으로 구분된다. 기업형 외식은 패밀리레스토랑, 패스트푸드, 프랜차이즈로 나눌 수 있다. 프랜차이즈도 한식, 중식, 일식, 양식, 에스닉, 피자, 분식, 주점 등으로 또 구분된다. 개인형 외식은 한식, 중식, 일식, 양식, 분식, 주점 등으로 나누어진다. 그리고 급식은 초·중·고등학교, 대학교, 병원, 산업체, 연수원 등으로 또 구분된다. 그리고 특수 경로 외식은 웨딩홀, 뷔페, 골프장, 고속도로 휴게소, 교회, 절 등이 있다.

국내 외식 시장은 아직 기업형 외식 시장 이외에 정형화, 투명화, 산업화되지 않았다. 그래서 모든 경로를 함께 거래할 수 있는 식자재 유통업체는, 일부 기업형 식자재 유통업체를 제외하고는 개인 식자재 유통업체는 몇 안 된다고 봐야 할 것이다. 이는 한식, 중식, 일식, 주점 등이 서로 식자재 상품의 특성과 영업방식 등이 서로 달라서 개인으로 한계를 갖기 때문인 것으로 추측된다.

물론 개인이면서도 모든 경로를 같이 거래하면서 성공한 곳도 있다. 대전의 (주)동그랑, 시흥의 킹스, 판교의 대교식품 등이 그것이다. 그러나 아직 대체적으로 자기 전문 경로 외에는 상품 구색, 가격경쟁력, 메뉴 서비스, 클레임 처리 등에 한계를 가지고 있기 때문에 적극적으로 도전하지 못하고 있는 실정이다. 경로별 요구되는 납품 서비스와 경로별 배송시간, 결제 방법 등의 영업방식이 달라서 아직은 나름대로 '전문성'을 갖고 영업을 하고 있는 것이다.

그러나 미국이나 일본 등의 기업형 식자재 유통업체인 시스코, US Food Service, 다까세, 구제 등은 모든 경로를 거래하고 있다. 사실 지금은 식자재 상품이 퓨전 형태로 되어 가면서 경로의 구분도 서서히 없어지고 있다. 예를 들면 곡류, 식용유, 설탕, 밀가루, 마요네즈, 케첩, 물엿, 냉동식품, 김치 등은 모든 경로에서 필수이고, 굴 소스, 심지어 키위드레싱 등 소스, 드레싱류도 그렇다.

물론 국내 외식 시장의 형태는 만만치 않다. 업종별 구분이 워낙 많고 통일된 레시피가 많지 않기 때문에 앞으로 많은 연구와 산학이 협력하여 '레시피 매뉴얼'의 '공동 개발'에 노력을 해야 할 것이다.

국내 외식 시장 가운데 양식과 일식, 중식, 주점 호프를 제외한 한식 분야의 주 메뉴와 개발, 공급 가능한 품목을 열거하면 다음과 같다.

한식 분야의 주 메뉴와 개발, 공급 가능한 품목

	업종별 구분	주 메뉴	계속 연구 개발하여야 할 품목
한식	한정식	찬류(무침, 냉채, 부침), 구이(생선), 찌개류	무침양념장, 구이용 소스, 찌개양념

업종별 구분		주 메뉴	계속 연구 개발하여야 할 품목
한식	갈빗집	소 · 돼지 갈비, 삼겹살구이	양념쌈장, 갈비양념, 된장찌개베이스, 냉면 육수
	해장국 · 설렁탕집	해장국, 설렁탕, 수육	돈골액기스, 사골액기스
	만두 · 칼국수집	만두, 칼국수, 수제비, 만두전골	국, 전골 육수베이스
	순댓국밥집	순댓국, 순대전골, 순대볶음	순대볶음양념장, 전골양념장, 육수베이스
	추어탕집	추어탕, 매운탕, 추어튀김	추어탕베이스양념장, 조미료
	냉면집	물냉면, 비빔냉면, 만두	냉면육수, 비빔냉면양념장
	부대찌개집	부대찌개, 부대전골	찌개 · 전골 양념장
	삼계탕집	삼계탕, 닭볶음탕,	닭볶음탕, 조미양념장
	감자탕집	감자탕, 전골, 등뼈찜	감자탕전용양념조미료, 육수베이스, 고기디핑 소스
	굴요리집	굴 국밥, 굴 정식, 굴죽	굴밥 비빔장, 굴디핑 소스, 전골양념장
	낙지집	낙지볶음, 낙지전골	낙지볶음 다진 양념, 전골 다진 양념
	족발 · 보쌈집	족발, 보쌈	양념쌈장, 새우젓 소스
	찜닭집	찜닭	찜닭 소스
	닭갈비집	닭갈비, 철판 볶음밥	닭갈비양념, 닭전골양념장, 육수
	두부전문집	순두부, 두부정식, 두부전골	순두부양념, 전골양념, 전골육수
	오리집	오리로스, 오리양념불고기, 오리탕	주물럭양념
	죽집	전복죽, 야채죽, 해물죽, 호박죽, 팥죽	죽조미 소스
	샤브샤브집	등심샤브, 해물샤브	등심 · 해물샤브 육수베이스, 디핑소스
	두부전문	두부정식, 두부전골, 순두부	순두부양념, 전골양념, 전골육수
	일반분식	김밥류, 면류, 덮밥류, 찌개류	찌개베이스, 볶음 소스, 무침 소스, 육수베이스

　　예를 들면 한정식의 프랜차이즈화로 전문화시킨 (주)맛있는 상상과의 전략적 제휴로 메뉴를 공동 개발할 수도 있다. 사실 한정식은 손이 많이 가고 맛을 내는 요소에 변수가 많고 조리가 까다로워 표준화

시키고 매뉴얼화 시키는 것이 쉽지 않다. 그럼에도 불구하고 (주)맛있는 상상은 '좋구먼', '찌개애감동', '우리미', '월선내' 등 한식 4개 브랜드를 성공시킨 회사다. 매장에 선보이는 음식은 '홈메이드(Home-made)'이다. 2,500평 정도 되는 공장에서 고추장, 된장, 간장, 청국장 등 장을 직접 만들고 1년 동안 묵힌 다음, 그 다음해에 꺼내 쓴다. 앞으로 대규모 공장을 만들어 CK처럼 음식을 완제품과 반조리 제품 등으로 만들어 외식업소에 공급할 수 있다. 발효음식이라 대량 생산이 쉽지 않은데 이 업체는 시설적인 면을 강화하는 등 대처법을 만들어 냈다.

향후 기업형 식자재 유통업체가 식자재 공급과 메뉴 서비스의 공동 개발 외에, 외식업소에 서비스할 것이 무엇인지를 살펴본다.

현재 외식업을 하고 있는 업주와 업종 전환자 그리고 새롭게 창업을 고려하는 예비창업자들에게 필요한 서비스는 현재의 매출과 손익 진단 등 재무 관리 그리고 상권 분석·기존 상권 재분석, 메뉴 분석·기획, 인테리어 점검, 마케팅·영업 전략, 직원 관리, 식품위생 관리, 운영자금 조달 안내, 기타 인허가 문제 해결 등이다.

사실 인구 대비 외식업소가 세계에서 제일 많은 곳이 우리나라인데 6십만 개의 외식업소 중에서 평균 1년에 5만 개의 외식업체가 생겨나면서 4만 개가 폐업한다는 통계자료가 있다. 결코 쉽지 않은 사업인데 기업형 식자재 유통업체는 외식업소들에게 '사업의 성공을 위한 진정한 파트너십(Partnership)'으로 여러 분야에서 객관적인 데이터를 갖고 어드바이스를 할 수 있어야 한다.

그렇다면 유망 업종의 조건은 무엇일까?

업종의 성장성과 수익성, 리스크 관리, 경쟁상황 등이 판단 기준이 된다.

첫째, 업종의 성장성에 있어서 이 업종이 성장세에 있는가? 잠재고객은 광범위한가? 사회적인 상황에 큰 무리가 없는 업종인가를 먼저 분석해야 한다.

둘째, 총투자비용에 대한 월 예상 수익이 얼마며, 손익분기점은 언제 도래하는지에 대한 분석이 필요하다. 관리비가 얼마나 예상되는지? 원재료 구성비가 얼마인지? 원재료·식자재 조달은 용이한지? 인력 공급은 쉽게 가능한지? 등을 계산하여 월 추정 손익과 손익개선 방안을 찾아낼 수 있도록 도움을 주어야 한다.

셋째, 항상 최악의 순간을 생각하여야 한다. 경제순환 사이클 과정에서 불황기에도 버텨낼 수 있는 업종인가? 계약관련 분쟁소지가 있는가? 있다면 극복할 수 있는 방안은? 경쟁점포와의 마찰은 어떤 것이 있을까? 맛, 가격, 음식 품질, 서비스 등에 문제가 생긴다면 대처 방안은? 직원들과의 갈등이 있다면 해결 방안은? 시설투자비용이 적정한가? 만약의 경우 폐점 시 몇 %가 회수될 수 있을까? 그 방법은? 이런 고민도 함께하며 도움을 줄 수 있도록 프로그램이 시스템화 되어야 한다.

넷째, 업종 자체가 시장에 대비해 과도한 경쟁에 있는 것은 아닌가? 누구든지 쉽게 참여해 '레드오션'이 되는 시장은 아닌지? 등의 분석력도 있어야 한다.

유망 업종에 대한 갈망은 당연하다. 시장경쟁이 치열하지 않고, 운영이 수월하고, 매출·수익이 높은 업종이다. 그러나 불행히도 그런 좋은 아이템은 쉽게 찾아지지 않는다. 사실 외식업소에서 새로운 아이템이란 거의 있을 수 없다. 실제로 방송을 통해서 성공한 아이템이 소개되었을지라도 실상 내부를 보면 그들의 성공 뒤에는 순간 번쩍이는 아이디어와 참신한 아이템만으로 이루어진 것이 아니라, 수십 년의 역사가 있거나, 몇 번의 실패를 겪으면서 만들어냈거나, 상상 이상의 박리다매 등으로 만들어진 것이다. 그보다 더 중요한 것은 그런 환상보다는 기본에 충실하는 것이다.

그래서 몇 가지 기본 원칙을 이야기해 본다.

첫째, 아이템 선정에 있어서 기본적으로 그에 걸맞은 점포 입지와 점포 규모, 점포 임대조건, 자본금 등 자신이 판단하여 자신의 성향에 맞는 아이템이어야 한다.

둘째, '열심히만 하면 된다' 는 성실함은 누구나 할 수 있는 기본이고, 남과 다른 차별화된 경쟁 요소 하나쯤은 있어야 한다. 맛뿐만 아니라, 서비스나 분위기 등 최소한 하나는 갖추어야 한다.

셋째, 성공사례의 업소를 벤치마킹하려면, 치밀하게 분석하여야 한다. 언제부터 그렇게 붐볐는지? 오픈 이후 히스토리(History)는 어떻게 되는지? 그 업소의 재료비 구성비는 어떻게 되는지? 고정비는 얼마나 되는지? 왜 그렇게 고객들이 많은지? 또 자기 성향에 맞추어 그렇게 되기까지 인내할 수 있는지? 등을 정확하게 분석해야 한다. 환상만을 막연하게 좇는 아이템을 선정해서는 안 된다.

넷째, 특이한 것은 리스크를 안고 있지만, 특별한 것은 가능성(Possibility)이 있다. 특별한 상상력을 발휘해야 한다. 예를 들면 특이한 아이템이 아니라 메뉴 구성에 있어서의 특별한 조합 같은 것을 말한다.

다섯째, 아주 대중적인 아이템을 특별하게 보이는 차별화를 가져야 한다. 여러 가지로 조합을 구성하여 아이디어를 찾는다.

여섯 번째, 장인정신으로 무장하려고 노력해야 한다.

일곱 번째, 평범한 아이템일지라도 임팩트를 가하면 반전이 되어 고객에게 강한 어필을 준다. 예를 들면 커피를 주문했을 때 피자를 준다든지, 추어탕전문점임에도 불구하고 한정식처럼 상차림을 후하게 준다든지 등 파격적인 생각도 해볼 수 있을 것이다.

2. 사업계획서와 손익계산서 작성에 대한 컨설팅

무슨 사업을 하든지 제일 먼저 해야 할 일은 사업계획서를 수립하는 것이다. 물론 사업계획서는 창업자 자신과 주변의 동의를 얻기 위하여 수립하기도 하고, 자금조달용이나 신용확보를 위하여 작성하기도 하지만, 자신이 창업자라고 생각하고 작성해보면 이 고객에 대해서 많은 것을 공유하게 될 것이다.

사업계획서 작성 시에는 목적과 현황 파악, 사실 분석, 대안 탐색, 세부 액션플랜(Action Plan) 등을 수립하여야 하는데 특히 고객, 시장규모와 전망, 경쟁업소 분석, 예상 시장점유율과 매출액, 시장의 지속적인 평가 방안 그리고 가격, 판촉, 광고 등 마케팅 전략과 인원, 자금, 손익 등을 분석하여야 한다.

사업계획서 작성 시 중요한 4가지 포인트는 예상 투자금액과 자금조달 계획, 매출 계획, 채산성 계획 등이다.

가장 기본적인 사업계획서

사업계획 명	
1. 사업 개요	
2. 사업 내용	
1) 사업목적 및 이념	
2) 업종, 메뉴	

3) 사업 전망	

3. 시장조사와 분석

1) 고객조사	
2) 시장규모	
3) 경쟁업소 분석	
4) 시장점유율 및 매출 예측	

4. 마케팅 계획

1) 제품 전략	
2) 가격 전략	
3) 유통 전략	
4) 홍보 전략	

5. 자금 조달

필요 자금 계획			조달자금 계획	
점포 구입비	보증금		순수자기자금	
	권리금		공적자금대출	
	임대료		금융기관대출	

시설공사 · 인테리어비 :
식자재 상품 구입비 :
홍보비 :
오픈 전 인건비 · 관리비 :
기타 경비 :
합계 :

6. 수지 계획

항목		개업 초기	손익분기점 도달 이후
매출액			
매출원가			
경상비	임대료		
	인건비		
	관리비		
	기타		
경상비 합계			
영업이익			

7. 사업추진 계획

항목	1월	2월	3월	4월	5월	6월
업종 선정						
사업계획서 수립						
시장조사와 분석						
입지 선정						
자금 마련						
개업 준비						
오픈						

참고사항 :

1. 시설공사비는 별도로 세부계획서를 작성한다.

2. 영업 개시 전 식자재 상품구입비, 홍보비, 인건비, 관리비 등도 별도 계획을 수립한다.

3. 사업계획서 작성 시 계획서는 충분한 자신감을 바탕으로 현실성과 객관성, 실현가능성이 있어야 한다.

4. 사업내용이 차별화되도록 노력하여야 하며, 틈새시장을 집중적으로 공략할 구체적인 전략이 준비되도록 한다.

5. 예상되는 경쟁관계를 과소평가하지 말고, 자금 계획을 용이하고 실현가능성이 있도록 계획한다.

6. 사업계획서를 작성하면서 가장 중요한 것은 욕심만 앞서서 무리한 계획을 세워서는 안 된다. 먼저 준비 작업으로 데이터, 관련 정보 등 기초적인 분석을 통한 자료를 충분히 갖추어야 한다.

7. 사업계획서는 구체적이고 일목요연하여야 한다.

그리고 월간 손익 분석계획서도 작성해 보자.

먼저 예상 매출 계획을 세워야 한다. 예상 매출 계획의 기본 공식은 다음의 2종류가 있다.

첫째, '객 수=점포 앞 통행 인원수 흡인율(%) 영업일수'

둘째, '객 수=좌석 수 회전 수 객석가동률(%) 영업일수'

그리고 좀 더 구체적으로 시간대별로 객단가와 가동률 등을 감안하여 추정 매출을 계획해야 한다.

구분			금액	산출내역
월 매출				추정
지출비용	판매원가	재료비		
		소모품비		
		재고로스		
		기타		
		소계		
	판매비	인건비		
		임대료		
		관리비		
		광고 선전비		
		기타 제비용		
		소계		
계				

구분		금액	산출내역
영업이익			영업이익률
비지출비용	이자비용		
	업주인건비		
	감가상각비		
	대손상각비		

3. 상권 분석의 표준화에 대한 컨설팅

외식업소의 상권 분석은 어떻게 하여야 하나?

상권 분석은 사전에 상업성이 있는가를 검토하여 입점을 결정하는 데 결정적인 역할을 담당한다. 상권의 특성을 알아야 효율적인 경영이 가능하고 마케팅 전략도 가능하게 된다.

상권 분석의 필요성은,

첫째, 잠재수요를 반영하는 예상 매출액을 추정하는 데 필요하다.

둘째, 상권 분석을 통하여 고객지향적인 마케팅 전략의 수립이 가능하다.

셋째, 상권 분석은 입지 전략을 전개하는 데 필요하다. 상권 내의 소비자 욕구와 기존 외식업소의 음식, 서비스에 대한 차이를 파악할 수 있고, 이를 통하여 판매 전략과 입지 전략을 펼칠 수 있다.

입지와 상권을 혼돈해서는 안 된다. 상권과 입지의 개념과 구분 방법에 대해 정확한 이해를 통해 관련 분석기법의 응용력을 높이는 것이 좋은 입지를 선점할 수 있는 비결이 될 수 있다.

상권이란 다양한 형태의 점포들이 일정 수 이상 모여 있는 것이며, 고객의 구매 욕구를 충족시킬 수 있는 상품이나 서비스가 있는 것을 말한다. 반면에 입지는 특정 점포가 위치한 곳이 사업 여건에 얼마나 적합한지를 의미하며, 상권에 비해 고정적이며 주관적인 의미를 갖는다.

구분	입지	상권
개념	- 대지나 점포가 소재하고 있는 위치적인 조건(Location)	- 대지나 점포가 미치는 영향권의 범위 (Trading area)
물리적 특성	- 평지 도로변 · 상업시설 · 도시계획 등의 물리적 시설	- 대학가 · 역세권 · 아파트밀접지역 · 시내 중심가 등의 비물리적인 상거래 활동 구간
키워드	- 포인트(Point)	- 영역(Boundary)
등급 구분	- 1급지, 2급지, 3급지	- 1차 상권, 2차 상권, 3차 상권
분석방법	- 점포 분석, 통행량 분석	- 업종 경쟁력 분석, 구매력 분석
평가기준	- 권리금, 평당 임대료	- 공간의 규모에 따라 지역상권, 지구상권, 지점상권, 반경거리(250m, 500m, 1km) 등으로 구분하여 특성에 따라 도심, 부심, 역세권, 주택가, 아파트단지, 대학가 등으로 구분하여 평가

- 《외식 창업 실무》(2007), 서진우 지음

입지 조사를 할 때는 꼭 고려해야 할 사항들이 있다.

첫째, 특정 입지의 현재 및 장래의 예상 고객 흡인력과 추정 매출액을 계산한다. 상권은 살아있는 생명체와 같이 늘 변화를 지속하니 이를 감안하여 추정한다.

둘째, 계획하고 있는 업종 · 메뉴에 대한 지역 고객의 구매 패턴을 생각한다.

셋째, 유동인구를 성별, 연령별, 시간대별, 출퇴근 동선 등을 발로 뛰며 분석하여야 한다.

넷째, 경쟁 점포, 그리고 타업종까지 현황을 파악해야 한다.

다섯째, 교통 혼잡도와 점포의 도로상의 위치, 주차장소의 유무 등

교통문제를 점검한다.

여섯째, 투자자본이 회수가능한 지역인가를 판단한다.

일곱 번째, 호환업종과 비호환업종의 분포도와 미치는 영향 분석을 한다. 배후지도 같이 분석한다.

여덟 번째, 기타 각종 개발계획 등을 인터뷰를 통해서 알아본다. 그리고 향후 지역발전 가능성과 쇠퇴 여부를 전망해 본다.

상권 분석에 따라 업종 선택과 임대료 평가측도, 영업 마케팅 전략, 예상 매출 추정이 된다.

일반적으로 월 임대료는 월평균 매출액의 10% 정도, 일 매출의 3배 정도가 적당하다. 그리고 월 매출액에서 추정 지출을 제외한 순이익으로, 이를 1년간 환산한 금액을 권리금 수준으로 보면 된다. 그러나 실제로 대학가 · 역세권 · 아파트밀접지역 · 시내 중심가 등 상권의 월 임대료는 15~20%, 권리금은 2년 치 순이익 수준이다. 그리고 보증금이 얼마냐에 따라 권리금이 달라진다. 즉, 보증금이 많으면 권리금이 적을 수도 있고, 보증금이 적으면 권리금이 많을 수도 있다. 이제는 상권에 따른 임대조건들이 거의 '공식화' 되었다고 할 수 있다. 그러므로 사실 A급 상권에서 이익을 내는 사업은 그리 쉽지 않은 실정이다. A급 지역은 프랜차이즈 본사의 '자존심' 과 '홍보' 목적으로 안테나숍으로 무리하게 임대하다보니 임대료와 권리금만 올려놓은 상황이다. 이는 외식 프랜차이즈업뿐만 아니라 편의점, 커피숍 등 다양하다. 초A급 점포는 사실 각 지역별로 많지 않다. 그래서 B급 지역에서 승부를 낼 수 있는 업종을 선택하여야 한다. 거의 모든 상권의 임대조건이 '공식화' 되어 있지만, 그래도 예외의 점포도 있다. 그래서 발품을 팔아서 후보지를 찾아야 한다는 이야기가 여기서 나오는 것이다.

상권은 주택지근린형, 근린형, 지구 중심형, 지역중심형, 광역형으로 상권·인구, 교통수단, 고객층, 통행량 등으로 나누어진다. 앞으로 기업형 식자재 유통업체에 근무하는 영업사원들은 어떤 곳에 있는 점포라든지, 보증금, 권리금, 월 임대료 그리고 해당업종의 예상 매출액, 고객 수 등을 읽을 줄 알아야 한다.

그리고 경쟁 외식업소를 거리별로 음식맛과 메뉴, 가격, 테이블 수, 종업원 수, 영업시간, 고객서비스, 점포이미지·분위기, 강점, 약점 등을 세부적으로 파악하여야 한다. 경쟁 점포 시장조사시에는 자신이 고객의 입장에 서서 한 곳도 빠짐없이 전 점포를 이용해봐야 하는데 맛, 메뉴 구성, 서비스 수준, 청결과 위생, 점포 분위기, 고객층, 평균 단가 등을 다양하게 조사해야 한다. 이는 또 지금까지 시장조사에서 한 번도 파악되지 않았던 고객의 소비 동향과 소비 수준, 구매빈도를 한 번에 정리할 수 있기 때문이다.

우리나라 창업시장에서 실패율이 높은 것은 같은 상권 내에 비슷한 업종끼리 '나눠먹기' 장사 때문이다.

대체적으로 우수상권이라고 하면,

첫째, 10층 이상의 건물이 5개 이상 밀집된 지역

둘째, 2,000세대 이상의 대규모 아파트단지, 주택단지

셋째, 지하철역으로부터 300m 이내인 지역

넷째, 버스정류장으로부터 100m 이내인 지역

다섯째, 버스정류장에 정차하는 버스가 5대 이상인 지역

여섯째, 고등학교 이상 대학가 주변, 정문의 500m 이내 또는 후문의 300m 이내인 지역

일곱 번째, 버스종착역 반경 500m 이내

여덟 번째, 버스정류장, 지하철역으로부터 들어오는 입구 모퉁이

아홉 번째, 편도 2차선, 삼거리 이상 가로의 200m 이상인 지역

열 번째, 반경 500m 이내에 같은 업종이 3개 이상 없는 지역

열한 번째, 고정인구 2만 명, 고정세대 5천 세대 이상인 지역 등이라고 할 수 있겠다.

앞으로 이 상권 분석 분야에서 미래의 기업형 식자재 유통업체로서 진정한 어드바이서가 되어야 한다. 그러려면 입지와 상권, 업종 등 여러 요소만 입력하면, 즉 취급하고자 하는 업종 선택과 메뉴의 단가, 객단가, 입지, 상권 등을 입력시키면 예상 매출과 손익 등이 바로 나올 수 있는 프로그램을 개발하여야 한다. 물론 외부 경제 사이클과 구제역·조류독감 등의 통계적인 변수까지 감안하면 더욱 좋겠다.

예를 들면 해장국집을 오픈한다고 하자. 해장국과 수육 등 5개 메뉴를 선택하여 1.5급 입지(분당구 수내역 4번 출구 방향, 보증금 1억, 권리금 1억 5천만 원, 월 임대료 5백만 원), 2급 상권까지 영업바운더리가 가능한 실 평수 20평 점포 15테이블 30석일 때의 예상되는 매출과 손익 등이 출력될 수 있는 프로그램을 먼저 개발하는 것이 앞으로 미래의 기업형 식자재 유통업체가 해야 할 일이다. 물론 워낙 많은 업종과 임대조건 등이 다르고 지역별 변수가 많아 쉽지 않지만 기본적인 표준 모델은 있어야 된다고 생각된다. 사실 임대조건과 통행량 등은 우리나라 왠만한 지역이면 거의 공식화되었다고 볼 수 있다.

그리고 객관적인 상황 외에 몇 가지 사항들을 고려해야 한다.

첫째, 주 5일 근무제가 정착되어있는 점을 고려하여, 임대조건과 예상 매출액을 생각하여야 한다. 즉, 대기업이나 관공서가 많은 도심권에서는 20일 영업을 하고도 채산성이 있는가를 인식해야 한다. 특히 점심시간 때 좌석수의 회전이 몇 번 가능한지? 또 그렇게 신속하게 요리되고 서빙될 수 있는 업종과 메뉴인지를 생각해야 한다.

둘째, 상권의 특성을 고려할 때 업종·업태에 따라 구분된다. 그리고 예전에는 행정구역과 인구가 중심이 되었지만, 요즘은 고객이 이동하는 거리와 시간으로 구분된다. 점포 앞 통행량을 조사하고, 업종·업태·메뉴별로 분석할 때 '점포 흡인율'을 꼭 계산하여야 한다. 일반적인 해장국, 칼국수 등 대중적인 메뉴와 가격대라면 0.8% 전후가 목표 가망 고객이다.

셋째, 상권은 살아 있는 생명체와 같아서 '상권의 장래성'을 꼭 알아보아야 한다.

그러나 어떤 일이든지 예외의 케이스(Case)들이 있다. 아무튼 많은 사례를 축적하여 외식 업주들에게 정보를 제공하는 것이 필요하다고 하겠다.

〈케이스 1〉 - '메뉴와 가격 차별화'로 입지 극복

외식업이 입지·상권 중심의 사업이지만, 보증금, 권리금, 월 임대료도 만만치 않고, 그에 걸맞은 설비·인테리어 등도 부담이 된다. 권리금 없이 보증금 6천만 원, 월세 80만 원으로 일 평균매출 80만 원 매상을 올린 성공사례다. 주말, 저녁 8시면 유동인구가 거의 없고 낡고 허름한 인쇄소 거리에 위치한 점포를 싸게 얻어 깨끗이 시설 수선을 한 뒤, 기본적인 국밥과 저녁식사 때 간단히 술안주로 할 수 있는 계절 메뉴를 준비하여 누구든지 부담 없이 이용하는 음식점 명소로 만들었다. 물론 국밥 가격은 인근 외식업소에서는 5천~6천원이었지만, 3천원으로 책정하였고, 계절 안주는 인근업소 대비 20% 정도만 저렴하게 팔아 평균 메뉴별 공헌 이익을 높인 결과다. 일 매출이

80만 원이 되려면 일반적으로 보증금 1억 원, 권리금 최소 7천만 원, 월세 3백만 원 이상은 되는 점포이어야 한다.

- **시사점** : 외식사업은 '입지 중심의 사업'과 '지역 중심형 사업'이 있다. 업종에 따라 위치도 달라지지만, '맛', '문화', '서비스', '분위기' 등으로 승부를 낼 수 있는 사업이 '지역 중심형 사업'이다. 점포 후보지 선택에 있어서는 창업자의 예산, 업종과 업태를 고려한 확실한 기준에 의해서 결정해야 한다.

〈케이스 2〉 - '상권 분석의 착오'로 실패한 사례

일본 생라멘 프랜차이즈의 안테나숍으로 최고 A급 위치에 보증금 2억 원, 권리금 3억 5천만 원, 월세 1천 4백만 원에 가맹점을 오픈하였다. 공휴일 · 주말에는 전좌석이 15회 회전이 되도록 영업이 잘되어 매출이 5백만 원 이상 되었지만, 평일 점심때는 1회전도 힘들 때가 많아 일 매출액이 평균 1백8십만 원 정도밖에 안되었다. 1억 원 매출 목표 달성이 힘든 상황이었다. '맛'도 있고 '분위기' 연출도 좋았지만, 평일 점심메뉴로는 한계가 있었고, 주변 직장인들이 도보로 오기에는 타점포보다 50미터 정도 먼 거리였다.

- **시사점** : 아무리 초A급 상권이라도 평일, 주말에의 유동인구의 차이는 현격했다. 평일 점심때는 획기적인 '기획행사'가 필요했지만 부담스런 투자금액과 임대조건 때문에 엄두를 낼 수 없었다. 시장조사를 할 때 시간대별로, 더욱 중요한 것은 단순 유동인구인지, 주변에 근무하면서 목적을 가진 유동인구인지 그리고 유동인구의 도보방향은 어디로 향하는지 파악이 되지 않았던, 상권조사에 있어서 큰 착오였다.

〈케이스 3〉 - '고객의 소비 동향 파악 미흡'으로 실패한 사례

꽤 괜찮은 대학교 상권에서 보증금 2억, 권리금 2억, 월 임대료 4백만 원의 임대조건으로 주변 상권에서는 없는 차별화된 몇 가지 일식메뉴로 오픈하였다. 처음에는 그런대로 괜찮았는데 시간이 갈수록 점점 고객이 줄어들었다. 매장에는 단체손님을 받을 수 있는 자리를 준비하지 않고 간단히 식사를 즐기고 가는 일본식의 이자까야 분위기였다. 사실 오픈하여 지나고 보니 주변에 학교, 학원, 벤처회사 등이많아 단체손님들에게 서비스할 수 있는 공간·좌석들이 배려되지 않았고, 메뉴에도 한계가 있었다는 것을 알았다.

　- **시사점** : 차별화된 메뉴와 맛 그리고 이색적인 분위기로 처음에는
젊은 층들에게 인기는 있었지만, 단체로 어울리기에는 메뉴가 한정되었
고, 좌석도 배려되지 않아 시간이 갈수록 고객들이 회피하였다. 주변 경
쟁 점포를 빠짐없이 방문하여 이용해보고 고객의 소비 동향을 철저하게
파악이 되었다면 이런 상황까지는 가지 않았을 것이다.

〈케이스 4〉 - '음식의 포장'으로 성공한 사례

그렇게까지 입지, 상권이 썩 좋지 않은 주택가에 위치한 B급 점포이다. 보증금 1억 원, 권리금 5천만 원, 월세 8백만 원의 임대조건인꽃게찜·아귀찜 전문점이었다. 이 점포는 늘 문전성시를 이룬다. 일평균 매출액이 5백만 원이다. 사실 이 메뉴는 확실한 개성과 독자성이 있는 것도 아니고 음식의 대부분은 공장에서 만들어 오고 있고 점포 내에서 직접 만드는 요리는 해물된장과 고등어조림 정도다. 성공의 요인은 '음식에 대한 포장기술'이었다. 이 점포에서 나오는 음식

은 식기 하나에도 품격이 느껴지고, 나오는 음식마다 먹음직스럽게 데커레이션이 잘 되어 있다,

> – **시사점** : 어떤 사람은 머리에 든 것도 많고 아는 것도 많지만, 그것을 제대로 실력 발휘를 하지 못해 성공하지 못하고, 또 어떤 사람은 딱히 별로 아는 것은 없지만 그것을 충분히 포장함으로써 똑똑해 보이게 해서 성공한 사람이 주변에 의외로 많다는 것을 안다. '보기 좋은 떡이 먹기도 좋다'는 속담처럼 '음식 디자인'으로 성공한 케이스라고 볼 수 있다.
>
> – 《음식점 경영 이렇게 성공한다》, 임영서 지음

그리고 최종 점포 선정을 위해서는 핵심 체크포인트를 챙겨보고 결정하도록 권유한다.

- 핵심 상권에서 얼마나 떨어져 있나?
- 점포 호감도가 높은 이유?
- 전면의 길이
- 상가의 노후 정도
- 점심, 저녁 그리고 시간대별로 구분하여 유동인구 파악
- 유동인구가 최대 많을 때의 시간은?
- 유동인구의 연령대 및 직업군
- 상가 주변의 노점 분포도
- 상가 주변의 업종
- 상가 앞 도로 사정
- 돌출간판의 가시성
- 평균 임대료
- 정화조 용량
- 권리금 수준
- 전기 인입 용량
- 도시가스 설치 여부
- 주방 닥트 외부 설치면 상태

- 화장실 사용 여부
- 전면 앞을 사용할 수 있는 공간은 어떠한가?
- 뒤 공간의 활용 여부
- 매물이 나온 기간은 얼마나 되었는지?
- 지하 및 2층 이상일 경우 소방법 저촉 여부는 없는지?
- 항상 점포정리할 때의 시간을 생각하고 대비하라.
- 상가와 맞는 아이템을 생각하라.
- 자신의 느낌
- 옆 그리고 주변 점포들의 임대조건도 파악
- 현 점포의 과거 임대조건 연혁(History)

4. 메뉴에 대한 컨설팅

외식업소의 메뉴에 대하여 공부해 보자.

메뉴(Menu)란 단어의 라틴어의 미넛트스(Minutus)에서 온 말로서, 이 말은 영어의 미닛(Minute)에 해당되며, 그 의미는 '상세한 기록을 한 것'이다. 원래는 요리장에서 요리의 재료를 조리하는 방법을 설명한 것이라고 하며, 요리장에서 식탁으로 나오게 된 것은 1541년 프랑스 앙리 8세 때 브랑위그 공작이 베푼 만찬회 때부터였다고 한다. 주인이 여러 가지 음식을 접대함으로써 생기는 복잡함과 순서가 틀리는 불편을 해소하기 위해 요리명과 순서를 기입한 리스트를 작성하여 그 리스트에 의해 음식물을 차례로 즐겼다는데, 연회에 참석한 손님들도 그 편리함을 깨닫고 요리표를 사용하게 됨에 따라 널리 전파되었으며, 그 후 19세기에 이르러 프랑스 파리에 있는 팰리스 로얄(Palace Royal)에서 메뉴의 명칭이 일반화되어 사용되었다고 한다.

메뉴는 '식사로 제공되는 요리를 상세히 기록한 목록표(A Detailed List of The Dishes to be served at a Banquet or Meal)'

- The Oxford Dictionary

우리말로는 '차림표' 또는 '식단' 이라고 부르는 메뉴는 판매되는 음식 종류와 가격을 안내한다. 최근에는 원산지 표시를 기본으로 하여야 한다. 또 '홍보'와 '판매 촉진'의 수단으로 음식소재에 대한 부가 설명을 하기도 한다. 예를 들면 "저희 업소에서는 천연조미료를 사용합니다"라거나, "저희 업소에서 제공하는 야채는 고흥의 청정지역에서 매일 직송됩니다" 등. 이렇게 메뉴는 외식업소의 얼굴과 같은 중요한 역할을 하기도 한다.

외식업소의 가격은 상품·서비스·분위기가 다 고려되어 결정되지만, 그중에서 가장 핵심이 되는 요소는 메뉴다. 메뉴를 결정할 때는 항상 고객의 입장에 서서 결정해야 한다.

메뉴의 종류에는 크게 국제적으로는 정식 메뉴, 일품요리 메뉴, 특별 메뉴, 뷔페 메뉴 등으로 구분된다,

먼저 정식 메뉴(Table d' hote Menu)는 원래 예전의 여행객들이 숙박시설에서 식사를 제공받지 못하고 본인이 직접 식량을 가지고 다녔는데 그 불편을 고려하여 숙박자의 편의도모와 숙박시설의 영업적인 면을 고려하여 생겨났다고 할 수 있다. 그래서 외국에서는 '풀팡송(Full Pension ; Full Board)이라 한다. 이 메뉴는 아침·점심·저녁·연회 등 어느 때든지 사용하며 미각·영양·분량의 균형을 참작하기 때문에 '보편성' 있게 제공되어야 한다. 특히 메뉴는 계절에 따른 식재료 등을 감안, 매일 변화 있게 구성하여 고객의 기대에 맞게끔 해야 한다.

정식 메뉴의 장점은 예상 소요되는 식자재를 미리 준비하여 신속하게 서비스할 수 있어 원가 절감, 좌석 회전율을 높일 수 있다. 다만 고객의 입장에서는 선태의 폭이 좁다는 단점이 있다.

일품요리는 정식메뉴의 순으로 제공되나 각 코스별 여러 가지 종류를 나열해 놓고 고객으로 하여금 기호에 맞는 음식을 선택하여 먹을 수 있도록 만들어진 메뉴다. 이 메뉴는 한 번 계획되면 장기간 사용하게 되므로 요리 준비나 재료구입 업무에 있어서는 단순화되어 능률적으로 할 수 있다. 그러나 고급 식자재를 사용하기 때문에 갑작스런 원가상승 등으로 이익이 줄어들 수 있는 단점이 있다. 이 메뉴의 특징은 고객의 입장에서 선택의 폭이 넓고, 객단가를 높일 수 있는 반면에, 가격이 비싸고, 인건비가 높으며, 식자재와 메뉴 관리가 어렵다.

특별 메뉴는 매일 시장에서 특별한 식재료를 구입하여 주방장의 최고의 요리 솜씨와 기술로 고객에게 최상의 맛을 돋우게 하는 것이다. 이것은 기념일, 이벤트가 있는 특별한 날이나 계절과 장소에 따라 그 감각에 어울리는 산뜻하고 입맛을 돋우게 하는 메뉴다. 특별 메뉴는 매일매일 준비된 식재료로 신속한 서비스, 식재료 재고의 부담감 해소, 다양한 고객의 선택의 폭, 높은 매출액 등의 장점들이 많다.

뷔페(Buffet) 메뉴는 웨딩, 기념일 등 이벤트가 있는 날 많은 고객들을 위하여 여러 종류의 음식을 다양하게 준비하여 제공하는 메뉴다. 지불하는 음식 값은 고정되어 있고, 지금은 예약된 인원에만 제공되는 '클로즈 뷔페(Close Buffet)' 외에 불특정 다수를 대상으로 하는 상설뷔페인 '오픈 뷔페(Open Buffet)'로 분류된다.

이제 실전에 사용되는 메뉴 구성으로 주력 메뉴와 보완 메뉴로 구분하여 보자. 특히 점포를 대표할 수 있는 '간판 메뉴' 결정이 중요한데, 그러면 '간판 메뉴' 결정의 중요한 점검 포인트는 무엇인지 살펴보자.

첫째, 점포의 상품 정책에 부합되면서 점포의 메시지가 담겨져 있어야 한다.

둘째, 외식 업주 스스로 만족해야 하고, 이후 남에게 추천해줄 수 있는 상품이어야 한다.

셋째, 상품에 관해서 지식, 정보가 풍부해서 고객에게 알기 쉽게 설명할 수 있는 상품이어야 한다.

넷째, 유사상품에 비해 특별한 장점이 있어야 한다. 예를 들면 원재료가 친환경, 무농약 등의 차별화도 될 수 있을 것이다.

다섯째, 시대의 변화에 맞고 고객의 흥미를 자극할 수 있는 상품이면 더 좋겠다.

여섯째, 자신의 점포에서만 갖고 있는 노하우가 있어야 한다.

일곱 번째, 제일 중요한 것은 맛에 만족하여 재방문을 유도할 수 있는 상품이어야 한다.

메뉴가 외식업소에 있어서 가장 중요한 요소다. '목록표', '차림표', '식단표'로도 불리는 이 메뉴는 외식업소의 운명을 좌우할 만큼 중요하다. 잘 구성된 메뉴는 많은 고객 확보와 수익 발생에 큰 영향을 준다. 메뉴 기획 시 대상, 고객의 선호, 원가와 수익성, 식재료의 구입 여부, 조리기구 및 시설의 수용능력. 다양성과 매력성, 건강 · 웰빙 요소 등 기본적인 사항들을 감안하여 생각하여야 한다.

메뉴는 경제적이고 합리적으로 보편성이 있게 구성하는 것과 나름대로 차별화하여 좀 더 특별한 욕구를 가진 고객을 찾아내어 구성하는 것과 구분된다. 전자의 경우는 무난하게 리스크 없이 사업을 할 수는 있지만, 누구든지 진입할 수 있다는 단점이 있다. 후자의 경우는 리스크가 있지만, 계속적인 시장조사와 레시피(Resipi) 개발로 새로운 주제로 아이템을 만들면 성공할 수도 있다. 사회적인 요구의 분위기도 고려하여 아이디어를 낼 수도 있다. 그러나 이런 차별화된 메뉴는 도입기, 성장기, 성숙기, 쇠퇴기로 이어지는 '제품수명주기(Product life cycle)'를 가지고 있다는 것을 잊지 말아야 한다.

메뉴는 외식업 경영자와 고객 측면에서 다음과 같은 조건들을 갖추어야 한다.

• 경영자측면에서는,

첫째, 메뉴 개발은 그 외식업소의 목표와 목적이 반영되어야 한다.

둘째, 설비와 인테리어는 메뉴, 식재료 원가율, 고객서비스에 따라 계획된다. 메뉴에 맞게 주방 비품의 크기와 수용력을 고려하여야 한다.

셋째, 원재료의 수급상황을 계절적인 변동 요인까지 감안하여 메뉴를 생각하여야 한다.

넷째, 메뉴 개발의 주체가 누구며, 컨설팅비 또는 인건비 등 연구개발비도 생각하여야 한다. 개인형 외식업소, 기업형 외식업소에 따라 구분되어야 하며, 주방의 능력과 직원들을 고려하여 메뉴 그레이드(Grade), 수, 품질 등을 결정해야 한다.

다섯째, 메뉴 개발 시 조리시간, 서비스 유형에 따른 음식서브 시간도 고려하여 작성하여야 한다.

여섯 번째, 입지 분석, 주변 상권의 메뉴 상황, 수익성 등을 고려하여 '적정판매가격'을 결정하여야 한다.

일곱 번째, 메뉴별 표준 레시피를 작성한다.

여덟 번째, 상시 식재료의 재고로 남는 부분을 활용하는 메뉴 구성도 필요하다.

아홉 번째, 창업 시 조리 부분과 음식서빙 부문을 고려하여 메뉴 수를 가능한 최소화하여 조리시간 단축, 신속한 서빙, 빠른 객석 회전율 등에 더 신경을 쓴다. 그리고 개발된 메뉴가 고객에게 잘 받아들여지지 않는다고 메뉴를 자주 바꿀 생각은 금해야 한다. 메뉴의 문제보다 고객을 통하여 문제점을 찾는 데 노력해야 한다.

• 고객의 입장에서는,

첫째, '식품안전성'과 '위생' 그리고 '건강 · 웰빙(Wellbeing)' 등을 고려한다. 유기농 · 친환경 식재료, 저지방, DHA 등을 염두에 두고 메뉴 기획을 한다.

둘째, 남녀, 연령별 세분화시켜 계획한다. 특히 어린이 메뉴에 관심을 갖는다.

셋째, 식생활 습관, 음식 선호도도 고려되어야 한다.

넷째, 종교, 사회적인 분위기도 고려되어야 한다.

다섯째, 주변 상권의 경제수준, 교육수준, 라이프스타일까지 참작한다.

여섯 번째, 음식은 '고객의 관심'을 끌기 위하여, '색 · 질감 · 형태' 등 시각적인 효과도 고려되어야 한다.

일곱 번째, 메뉴판은 고객과의 제일 기본적인 커뮤니케이션이다. 가능한 보기 쉽고 알기 쉽게 표현되어야 한다. 메뉴판의 레이아웃(Lay-out)은 매출, 점포의 이미지 등에 큰 영향을 준다.

이런 노력과 시행착오를 겪으면서 '히트 메뉴'가 탄생한다.

히트 메뉴가 있으면 식재료의 효율성, 서비스, 수익성 등에 큰 도움이 되며, 외식업소 이미지 자체로 자연스러운 고객 유인을 통해 영업이 수월해진다.

히트 메뉴는 고객과의 잦은 커뮤니케이션을 통해 문제점을 찾아내고 개선하면서 수정·보완하여 만들어진다. 식재료 원가율보다 음식의 맛, 양 등에 파격적인 변화가 있어야 한다. 이렇게 히트 메뉴가 탄생되면 식재료의 사전 준비에 있어서 가격을 더 싸게 구매할 수 있게 되고, 조리 인원도 줄여 원가절감의 효과를 고객에게 더 한층 서비스할 수 있다.

그러면 메뉴를 분석할 수 있는 방법에 대해 알아보자.

메뉴 분석을 위해서는 개별 메뉴 품목의 매출이익률, 총매출의 매출이익률을 다함께 생각해서 적정가격의 메뉴가 나와야 한다.

메뉴 분석방법 중 대표적인 '카사바나와 스미드(Kasavana & Smith)'의 방법과 'ABC 분석'을 알아보도록 하자.

1) '카사바나와 스미드(Kasavana & Smith)'의 방법

'공헌이익(Contribution Margine)'과 판매량을 이용하여 분석하는데, 총매출이익을 증가시키기 위한 방법으로 '메뉴믹스(Menu Mix)'와 '공헌이익(Contribution Margine)'을 각각 선호도와 수익성을 고려하여 4 그룹으로 나누어 그 그룹별 문제점들을 분석하고, 대응책을 연구하는 툴이다. 예를 들면, 각 변수들이 평균 이상이면 하이(High), 평균 이하면 로우(Low)로 표시한다. 한계점으로는 공헌 이익만을 중요시할 때는 전체적인 식재료 비율이 목표를 초과하게 되어 매출액이 지속적으로 증가할 때만 적용가능하다. 그래서 저가 메뉴, 낮은 재료비를 가진 판매량이 좋은가? 아니면 판매량은 적으면서 재료비는 높지만, 고가 메뉴를 판매하는 것이 좋은지를 판단하는 기준으로 사용한다.

메뉴 엔지니어링 워크시트(Menu Engineering Worksheet)

A	B	C	D	E	F(E−D)	G(D×B)	H(E×B))	L(F×B)	P	R	S
①	210	7%	4.90	7.95	3.05	1,029.000	1,669.50	640.50	L	H	PH
②	420	14%	2.21	4.95	2.74	928.20	2,079.00	1,150.80	L	H	PH
③	90	3%	1.95	4.50	2.55	175.50	405.00	229.50	L	L	D
④	600	20%	4.95	7.95	3.00	2,970.00	4,770.00	1,800.00	L	H	PH
⑤	60	2%	5.65	9.95	4.30	339.00	597.00	258.00	H	L	PZ
⑥	360	12%	4.50	8.50	4.00	1,620.00	3,060.00	1,440.00	H	H	S
⑦	510	17%	4.30	7.95	3.65	2,193.00	4,054.00	1,861.50	H	H	S
⑧	240	8%	3.95	6.95	3.00	948.00	1,668.00	720.00	L	H	PH
⑨	150	5%	4.95	9.50	4.55	742.50	1,425.00	682.50	H	L	PZ
⑩	360	12%	4.00	6.45	2.45	1,440.00	2,322.00	882.00	L	H	PH
계	N					I	J	M			
	3,000					12,385.5	22,050.00	9,664.8			
						K=I/J		O=M/N	Q=(100%/Item)		
						56.17%		$3.22	7%(70%)		

참고사항 :

A : 아이템 명   B : 각 아이템의 판매량   C : 전체 매출량에서 차지하는 비율
D : 원가   E : 각 아이템의 매가   F : 각 아이템의 공헌 이익
G : 각 아이템의 총원가   H : 각 아이템의 총매출액   I : 전체 아이템에 대한 총원가
J : 총매출액   K : 원가율   L : 각 아이템의 총공헌 이익
M : 총공헌 이익   N: 각 아이템의 총판매량   O : 각 아이템에 대한 평균 공헌 마진
P : 수익성 분석 결과   Q : 선호도 기준 계산공식   R : 선호도 분석 결과
S : 최종 분석 결과

 • Michal L. Kasavana & Donald I. Smith(1990), Menu Engineering : A Practical Guide to Menu Analiysis, Revised Edition

– 《외식 창업 실무》(2007), 서진우 지음

2) ABC 분석

ABC 분석은 메뉴의 각 아이템별 판매 동향을 분석하는 것으로 잘 팔리는 메뉴와 잘 안 팔리는 메뉴를 구분하여 분류하는 데 유용하다.

미래의 기업형 식자재 유통업체와 외식업의 진정한 파트너십

이는 품목별을 매출액 기준으로 A · B · C의 3가지 등급으로 분류해 각 등급별로 적합한 관리를 하는 메뉴 분류체제이다. 보통 A등급은 매출액 구성비가 전체의 75%, B등급은 매출액 구성비가 5~25%인 품목, C등급은 매출액 구성비가 5% 미만의 품목으로 분류한다.

ABC 분석표

순위	메뉴 명	판매수량	판매가격	판매액	구성비	누계 구성비	비고
1							
2							
3							
4							
5							
6							
7							
8							
9							
10							
계							

참고사항 :

1. 판매액＝판매수량 판매가
2. 구성비＝(판매액 ÷ 총판매액)×100
3. 누계 구성비 : 각 메뉴별 구성비를 더한다.
4. 등급구분 :
    A등급 : 누계 구성비가 75%까지의 메뉴
    B등급 : 누계 구성비가 75~90%까지의 메뉴
    C등급 : 누계 구성비가 95~100%까지의 메뉴

앞으로 기업형 식자재 유통업체는 메뉴의 가격 결정에 도움이 되는 프로그램을 만들어 메뉴에 맞는 상품을 소개해 주어야 한다. 업종별로 구분, 메뉴별로 구분(정식 메뉴 또는 행사 메뉴 등), 수익성 등을 구분하여 각 메뉴에 맞는 상품들의 스펙과 품질, 용도, 가격 등이 소개되어야 한다. 예를 들어 기본 메뉴의 원재료 구성비가 35%인데, 정가의 50% 행사 메뉴로 기획하여 원재료 구성비를 25%로 책정한다면 그의 가격대에 맞는 상품 스펙을 소개해주고 또 '오더메이드(Order-made) 상품'일 때는 공동 연구가 되어야 한다. 한 예로 한식의 해장국일 경우 해장국의 레시피, 각 식재료의 등급별 원가 등이 오픈되어야 한다. 이 작업은 꼭 이루어져야 하는 일로, 영업사원들은 이 축적된 자료를 갖고 외식 업주들과 실질적인 미팅을 가져야 한다.

이와 함께 향후 메뉴에 있어서 푸드 디자인이 중요한 외식업의 성공키워드가 될 것으로 보인다. 양식, 일식과 달리 한식에 있어서는 상당히 낙후되어 있지만 최근 들어 한식의 세계화 등 우리 음식에 대한 관심과 세계화를 위한 다양한 시도가 이루어지고 있다. 우리 음식은 발효를 중심으로 한 전통성을 중요시하다 보니, 푸드 디자인에 대한 중요성은 다들 공감대를 가지고 있지만, 아직 초보적인 수준에 머물러 있다. 즉, 전통성은 살리되, 현대적 감각의 창조적인 변화와 어우러져 새로운 것을 만들어 내도록 노력해야 한다. 푸드 디자인의 대상은 음식과 공간을 포함한다. 더 넓게는 고객의 취향을 고려하는 시각까지도 포함되어야 한다. 그리고 무엇보다도 그것은 조화를 추구해야 하는데, 실내 분위기와 식탁, 식기류는 물론이고, 식재료의 색상과 모양, 조리법까지 모두 고객의 취향을 고려한 심미적이면서도 기능적인 조화를 이루어야 한다. 그래야 음식의 가치가 극대화되고 고객의 만족을 기대할 수 있다.

한편 푸드 디자인은 마치 고급 레스토랑의 고급 음식에만 적용하는 것으로만 생각하면 안 된다. 조그마한 외식업소라도 차별화된 점포 내부의 분위기와 테이블, 식기류, 메뉴판 그리고 나름대로 멋을 만들어낸 푸드 디자인된 음식 또한 조화를 이루고 있어야 한다. 그 사례를 소개하면, 경남 김해에 위치한 '김밥1번지'다. 결코 지금까지 발견된 적이 없는 새로운 디자인이 가미된 이 분식점은 분위기가 고급레스토랑 못지 않았다. 안정감이 있었고 결코 가격대에 대한 부담감이 없었다. 개인이 독립 창업을 하여 만들어낸 이 분식점은 푸드 디자인의 대표적인 성공사례라고 할 수 있다.

미래의 기업형 식자재 유통업체는 거의 모든 외식업소가 간과하고 있는 푸드 디자인에 있어서 컨설팅을 해줄 필요가 있다. 이탈리아와 프랑스로 시작된 역사, 일본의 사례 연구, 한식 · 분식의 적용 모델 방안, 향신료 활용 방안, 음식의 모양과 색의 조화 등에 대해서 많이 스터디하고, 그 분야의 점문인력을 꼭 양성할 필요가 있다고 생각된다.

– 《외식산업의 핵심은 디자인이다》(2011), 김영갑 지음

5. 3대 기본 매뉴얼에 대한 컨설팅

외식업소에 있어서 필요한 3대 기본 매뉴얼이 있다. 접객 서비스 매뉴얼과 청결 매뉴얼, 조리 매뉴얼이다. 그래서 기업형 식자재 유통업체는 이런 부문의 매뉴얼을 업종별, 규모별로 프로그램을 만들어 외식업소에게 지원하고 또 필요하면 OJT 등 위탁교육도 할 수 있는 시스템이 되어야 한다.

그중 고객만족을 위한 '접객 매뉴얼'을 살펴보자.

지금과 같은 무한한 경쟁사회 속에서 고객을 만드는 일은 정말 쉽지 않다. 그리고 더욱 중요한 일은 고객의 이탈을 막아야 하고, 더 나아가 주변에 입소문으로 홍보까지 된다면 더할 나위 없을 것이다. 고

객을 맞이할 때 고객의 만족을 위해서 일정 수준 이상의 접객을 하기 위해서는, 외식 업주가 아무리 경영철학과 사업에 뛰어난 능력이 있다고 해도 쉽지 않은 일이다. 어떤 사업이라도 마찬가지겠지만, 특히 외식업소에서 직원 관리의 중요성은 더욱 강조된다. 고객들은 직원들의 인사 등의 행동뿐만 아니라 얼굴표정까지 눈여겨보기 때문이다.

웬만한 외식업소라면 오픈 이후에 월 1~2회 정도 인터넷 카페나 블로그 등의 웹사이트에 많은 글들이 올라온다. 웹사이트에는 맛과 분위기, 서비스, 청결 상태 등에 관한 글들이 많이 올라오는데, 주로 직원들의 접객 태도에 대해서 언급되는 경우가 50% 이상이라고 보면 된다.

그래서 외식업 경영자와 직원 공용의 접객 매뉴얼을 만들어 '경영방침'을 공유하면서 '통일성'을 갖고 '행동지침'을 만들어야 한다. 접객을 위한 기본 용어와 기본 동작의 매뉴얼 등을 담아 매일 '반복교육'이 필요하다. 하지만 무엇보다도 '마음'에서 우러나올 수 있도록 경영자의 '오너십(Ownership)'을 마음에 심어 주는 것이 중요할 것이다.

다음으로는 '청결 매뉴얼'이다.

위생적인 외식업소를 유지하기 위해서는 청결이 중요하다는 것은 당연한 일이다. 그러나 가장 쉬우면서도 어려운 것이 청소하는 것이다. 청결에 대한 의식의 차이가 있기 때문이다. 청소에 대한 느낌은 사람에 따라 큰 차이가 있으므로 언제, 어디서, 어떻게 등의 구체적인 방법을 제시해야 한다.

'5S' 운동을 외식업소에 추천해주고 교육을 시켜주면 큰 효과가 있다.

'5S' 운동은 지나쳐 버린 기회나 조직의 여유라고 표현할 수 있는 낭비, 즉 사람, 물건, 자금, 공간, 시간, 정보의 낭비를 없애기 위한 수단으로 정리(Seiri), 정돈(Seiton), 청소(Seisou), 청결(Seiketsu), 준수(Shitsuke)라는 일본말의 첫 발음에서 따온 것으로, 한 마디로 말하면 업장 내의 정화활동이라고 할 수 있다. 즉, 필요한 것을, 필요한 시기에, 필요한 만큼 사용할 수 있도록 대비한다는 뜻이다.

'5S' 운동을 외식업소에 적용하면 업장 내 안전사고를 미연에 방지할 수 있고, 쾌적한 분위기를 만들어 내어 활기 찬 업소로 만들 수 있다. 또 주방 업무든, 홀 업무든 효율적으로 하여 생산성을 끌어 올릴 수 있고, 식재료의 재고 부분도 철저히 관리하여 낭비를 없애 수익을 더 올릴 수도 있다는 운동이다.

'5S' 운동을 좀 더 자세히 알아보면 다음과 같다.

첫째, 정리(Seiri)는 필요한 것과 불필요한 것을 구분하여 불필요한 것을 과감하게 버리는 것이다. 스텝별로 추진하되 각 작업장을 대상별로 리스트를 만들어 담당자를 선정하고 폐기, 반품, 이동 등 기준에 의거 판정한다. 그리고 식재료와 비품, 서류 등에 정확한 품질과 적정재고, 정위치 표지를 부착한다.

둘째, 정돈(Seiton)은 필요한 것을 누구라도 항상 꺼낼 수 있도록 가지런히 정리하는 것이다. 식재료, 비품 등을 두는 장소를 정하고, 두는 장소를 표시하고, 이름을 표시한다. 서류는 보관함에 내용물을 표시하고 냉장고, 냉동고, 상온창고에 두는 식재료들은 꼭 품명을 표시한다. 그리고 바닥에 두는 비품들은 사용 빈도가 높은 순으로 위치하며 반드시 선으로 표시한다.

셋째, 청소(Seisou)는 업장 내 먼지 등의 오염원이 없는 상태로 각 테이블, 좌석, 작업장마다 눈으로 보거나 만져보아도 깨끗하게 하는 것이다. 그렇게 되면 고객에게 깨끗한 이미지를 줄 수 있고, 식품안정, 위생 관리에도 도움이 된다. 청소용구를 용도별로 준비하고, 청소 방법을 표준화한다. 그리고 청소시간대의 책임 구분을 명확히 한다.

넷째, 청결(Seiketsu)은 정리, 정돈, 청소 상태를 계속 유지 또는 개선하여 누가 사용해도 불쾌감을 주지 않도록 깨끗하게 하는 것은 물론 식재료 관리, 주방복, 유니폼 등의 세탁뿐만 아니라 머리와 손발톱 손질 등 직원들의 용모도 깨끗하게 하는 것이다.

다섯째, 준수(Shitsuke)는 습관화라고도 하는데 결정된 규정과 규칙을 지속적으로 실시하여 쾌적한 작업환경을 유지하는 것이다. 정해진 것을 언제라도 올바로 지키는 습관을 심어 주게 되면 업소의 규율이 유지된다. 준수·습관화는 '강요'를 하더라도 계속적인 교육과 훈련을 하여 직원들의 몸에 배이도록 해야 하며, 외식업 경영주가 계속 곳곳을 순회하며 잘못된 점을 지적하고 개선해야만 한다.

사실 이 운동은 누구나 할 수 있는 것처럼 보이고 쉽게 생각되지만, 막상 실천하다보면 만만치 않음을 알 수 있다. 그러나 '필요성'과 '신념' 등을 갖고 세부적인 추진 계획을 세워 '집요함'과 '인내'로 극복하면서 꾸준히 진행하면 성공할 수 있다. 성공하기 위해서는 '성공 툴(Tool)'을 최대 활용한다. 예를 들면, '5S 뉴스지', '5S 포스터', '5S 표어', '5S 전용 Web 게시판', '5S 아이디어 콘테스트', '5S의 날', '우수 작업장·우수사원 표창' 등이 있다.

끝으로, '조리 매뉴얼'에 대해서 연구해 보자.

조리는 누구나 할 수 있지만, 똑같이 만들 수 없는 것이 음식이다. 그것은 일하는 사람에 따라 식재료의 종류와 분량, 작업 순서, 그릇에 담는 형상까지 다르기 때문이다.

앞으로 기업형 식자재 유통업체는 업종 · 메뉴 · 사용 식재료 · 등급별 매뉴얼의 프로그램을 현장 실무전문가로 하여금 작성케 해서 중소형 외식업체에게 어드바이스할 수 있어야 한다. 매뉴얼에는 식재료 품질 기준과 조미류 · 양념류 사용 기준, 조리 순서, 조리시간, 음식 디자이너, 그릇 등이 표기되어야 한다.

이렇게 매뉴얼 교육은 정신 교육과 실무 교육, 사례 연구(Case Study), 반복적인 훈련으로 나누어서 하며, '업무의 동일화'를 위해 교과서(지침서)를 만들면 더욱 효과적일 것이다.

6. 외식업의 경영 전략에 대한 컨설팅

외식업의 경영 전략에 대해서 알아보자.

경영 전략(Business Strategy)이란 환경 변화에 대한 기업 활동을 전체적, 계획적으로 적응시키는 것으로, 변동하는 기업환경에 능동적으로 대처하여 기업의 존속과 성장을 꾀하는 전략이다. 즉, 경영환경에서의 적응방식과 경영목표를 달성하기 위한 의지와의 상관방식과 의사결정 과정에서 기준이 되는 다양한 방법을 연구하여 조합하는 것이다.

이제는 외식업 경영도 '장사'가 아니라 '경영'을 해야 한다. 그래야만 기업과 직원들이 나아가야 할 방향을 제시하고 또 조정하는 기능을 갖게 된다.

외식업의 경영 전략(Business Strategy)에 있어서 음식의 품질은 고객의 주관적인 판단에 의해 이루어진다. 고객에 대한 서비스의 가치는 음식의 맛 외에도 전달과정도 중요하다. 어떻게 보면 이런 잠재이윤이 외식업의 수익성과도 연결된다.

이를 아홉 단계로 정리하여 보자.

단계	전략	내용	준비사항
1단계	고객계층의 선택	– 특정한 고객계층을 선정하고 선정된 고객계층이 선호하는 방식으로 외식업소를 운영	– 외식에 대한 트렌드(건강, 퓨전 등) 파악
2단계	고객에 대한 가치창조	– 선정된 고객에게 '어떤 가치를 제공할 것인가?' 를 결정하여 차별화	– 음식의 맛을 높이기 위한 노력과 동시에 '신속한 서비스', 편리한 서비스', '맞춤형 서비스' 등을 제공
3단계	서비스 전달시스템의 구축	– 음식을 만드는 것, 음식점에 대한 이용 안내, 계산 등 고객과의 접점에서 모든 전달 시스템을 디자인	– 고객과의 접점들을 차트로 작성해서 고객이 서비스를 받는 시점부터 서비스를 완료 받는 시점까지 정리하고 연습
4단계	백스테이지 업무 프로세스	– 식재료 조달, 주문접수, 조리, 조리장 확인, 직원의 음식 전달, 고객에게 음식 전달, 계산 등 내부적인 프로세스 정립	– 항목별로 세부 계획을 수립하여 의사전달 업무 훈련
5단계	결정적 순간(MOT ; Moment of Truth)의 관리자로서의 직원	– 전 직원의 고객과의 접점에 있어서의 관리자화	– 서비스 성향을 가진 직원들을 채용하여 감성업무(Emotion Work)를 체계적으로 교육 및 훈련
6단계	고객과의MOT(Moment of Truth)에서의 비대인 접촉	– 비대인 접촉과 관련된 시설, 분위기, 청결상태 등의 기준을 설정하고 통일	– 분위기, 시설, 식기, 비품, 주차장 등에 있어서도 경영시스템 구현
7단계	고객관계 정립	– 단골고객 확보, 고객정보 구축 그리고 적극적인 마케팅	– 가장 중요한 고객부터 후속조치를 할 수 있는 성명, 전화번호, 주소를 파악하여 데이타베이스화
8단계	품질 관리	– 고객으로부터 살아있는 정보를 받아 품질을 측정하고 계속적인 개선	– 고객 그리고 내부 고객인 직원들의 의견을 겸허하게 받아들이는 것을 시스템화
9단계	수익모델	– 대량판매, 높은 서비스의 가격 프리미엄, 비용 절감 등의 구체적인 툴(Tool) 개발	– 경영 상태와 재무 상태를 파악하는 모든 툴(Tool) 활용

– 《이제 장사가 아닌 경영을 하라》(2006), 이순철 · 안효주 지음

업소에 있어서의 경영 전략(Business Strategy)을 수립할 때는,

첫째, 외식업의 현 환경, 예상되는 환경을 예측해야 한다.

둘째, 경영 목표를 수립할 때는 다양하고 구체적인 '행동 계획(Action Plan)' 이 수립되어야 한다.

셋째, 미래의 발전 방향을 제시해야 한다.

넷째, 경영 전략의 목표는 자체 경쟁력, 그 외 부가할 수 있는 경쟁력 등을 활용하여 잠재적 성과까지를 구체화하여야 한다.

호퍼(C. W. Hofer)와 쉔델(D. E. Schendel)의 경영 전략(Business Strategy)의 구성요소에 대한 연구를 응용하면,

첫째, 영역(Domain)의 결정

둘째, 목표달성을 위한 여러 자원의 전개 수준과 패턴 및 독창력 등 자원(Resources)의 준비

셋째, 독자적인 경쟁 우위성(Competition Advantage)의 창출

넷째, 이런 모든 요소들이 어우러져 나타나는 전체의 시너지(Synergy)로 나타나야 한다.

일반적인 경영 전략(Business Strategy)의 유형을 외식업에 응용하면,

분류 기준	전략 유형
조직	개인형 외식업 전략, FC 전략, 관련 사업 전략
경영 전략	매출신장 전략, 식자재 공동 구매 전략, 메뉴 R&D 전략, 확장확대 전략, 투자 전략, 재무 전략, 인사 전략
발전 방향 · 자원 활용	성장 전략, 안정 전략, 축소 전략, 폐업 전략
시장 활동(영업 전략)	공격적 전략, 방어적 전략
제품 · 시장(마케팅 전략)	시장 침투 전략, 시장개발 전략, 신메뉴런칭 전략, 다양화 전략
경쟁력	원가우위 전략, 차별화 전략, 집중화 전략

경영 전략을 성공하기 위해서는 체계적인 전략의 수립과정이 필요하다.

첫째, 외식업의 비전과 전략목표를 설정한다.

둘째, 전략적 환경 분석은 일반적으로 'SWOT' 분석이 무난하다, 'SWOT' 분석이란 기업의 내부적인 강점(Strength)과 약점(Weakness), 외부 환경의 기회(Opportunity)와 위협(Threat) 분석으로 나누어 보기도 하고 또한 긍정적인 면을 강점(Strength)과 기회(Opportunity) 그리고 그 반대로 위험을 불러오는 약점(Weakness)과 위협(Threat)을 저울질하는 도구(Tool)이다. 이 방법은 스텐포드 대학에서 1960년대, 1970년대 〈포춘〉지 선정 500대 기업들을 연구하면서 얻게 된 결과를 알버트 험프리(Albert Humphrey)가 고안해 낸 내·외부 환경 분석 방법 중의 하나이다.

'SWOT' 분석을 외식업에 잘 응용하면 현 외식업의 시장 상황에 대해서 제대로 인식하고 앞으로의 효과적인 전략을 수립하는 데 중요한 자료로 삼을 수 있다. 사업에는 빈틈이 없을 수는 없지만 최대한 없도록 사전 준비를 철저히 해야 한다. 새로운 외식업종을 론칭할 때, 분석 상에 있어서 단점과 위협이 있다면 먼저 이 점을 명확하게 이해하고 넘어가야 한다. 만약 단점과 위협을 해결할 수 없다면 이 사업은 출발부터가 문제가 된다. 단점과 위협에 대해서는 'SWOT' 다음 단락에 'SWOT' 분석 문제 해결'이라는 난을 통해 단점과 위협을 명확하게 해결해야 한다.

셋째로, 실질적인 도구(Tool)들을 최대 활용하여 현상 파악, 문제점들을 개선해 나간다. 영업 일보, 매출액(총매출액, 메뉴별 매출액), 고객 수, 객단가, 좌석 회전율, 음식 매출 구성 비율, 주류·음료 매출 구성 비율, 점심·저녁 매출 구성 비율 및 추이, 매출액 성장률, 고객 수 성장률, 객단가 성장률, 평당 매출액, 1좌석 매출액(좌석당) 회전수, 환산인원, 평균 인건비, 1인당 매출액, 매출이익, 식재료비+인건비 추이, 각종 경영체질 수치, 각종 경비 분석(수도광열비, 통신비, 기타 소모품비 등), 홍보비, 홍보 후 성과 분석, 이벤트 행사 분석, 식재료비, 식재료 재고 관리, 로스(Loss) 관리, 메뉴별 매출액 · 판매수량 · 공헌 이익 분석, 고객, 단체손님 매출 구성비, 고객 불만 클레임 관리 및 처리율, 예상되는 클레임 사전 대응 전략, 정보수집 등이 필요하다.

외식업소에서 성공적인 경영을 하려면 맛도 중요하지만, 고객의 만족도가 높은 '강한 메뉴'를 위해서 끊임없이 투자하고, 벤치마킹을 해야 한다. 그리고 직원들에게 계속적인 투자를 하는 것도 경영철학의 핵심이라고 할 수 있다.

외식업에서 경영의 중요한 키워드는,

첫째, 고객을 기억한다.

둘째, 신선하고 좀 색다른 멘트로 고객에게 표현한다.

셋째, 음식 맛 이외에 포인트가 될 만한 것을 개발하여 집중한다.

넷째, 무엇이든 연출하려고 노력한다.

다섯째, 고객을 확산하는 도구(Tool)를 최대한 활용한다.

여섯째, 눈앞의 작은 이익은 버리도록 한다.

7. 외식업의 마케팅 전략에 대한 컨설팅

외식업의 마케팅 전략을 살펴보자.

마케팅(Marketing)이란 기업환경의 변화에 능동적으로 적응하면서 현재 또는 잠재고객의 욕구를 충족시킬 수 있는 재화와 서비스를 효과적으로 제공하기 위하여 제품판매 경로, 판매 촉진, 물적 유통 등의 경영활동을 수행하는 행동 또는 시스템이다. 마케팅 활동은 보통 4P라고 하는 제품(Product), 가격(Price), 유통(Place), 판매 촉진(Promotion)으로 마케팅 목적을 달성한다. 최근에는 인터넷 문화의 적응에 따라 6C인 콘텐츠(Contents), 커뮤니티(Community), 커머스(Commerce), 커넥션(Connection), 커스터마이징(Customizing), 커뮤니케이션(Communication)도 중요한 수단이 된다.

마케팅 과정은,

첫째, 시장조사와 시장을 세분화하고 표적 시장을 선정한다. 그 다음에 포지셔닝을 정하고 4P, 6C 등을 활용한 전술적 마케팅을 전개하는데, 일반적으로 제일 중요한 부문으로 STP(Segmentation, Targeting, Positioning) 분석으로 전략을 수립한다.

그에 따른 양식은,

구분	Concept	Target	Price	Key Point	Story-telling Marketing

참고사항 :
1. 구분에는 경쟁업체, 동등업체를 기입
2. Concept는 외식업소 매장 내 설비, 인테리어 분위기
3. Target에는 연령대별, 직장별 고객층을 기입
4. Price에는 메뉴별 가격대
5. Key Point에는 차별화된 여러 부문에 있어서의 경쟁력

둘째, 이제는 전술적 마케팅인 4P 전략을 구사한다.

업종·메뉴의 주기에 따른 특징 및 전략을 준비한다.

업종·메뉴의 라이프사이클에 따른 특징과 전략은,

특징	도입기	성장기	성숙기	쇠퇴기
매출액	적다	빠른 속도로 증가	절정	감소
매출이익	적다	빠른 증가	최고 수준	감소
고객유형	새로운 것을 시도하는 혁신적인 고객	새로운 것에 적응이 빠른 고객	일반 고객	보수적인 고객까지 시도
경쟁업종·메뉴	거의 없음	증가 추세	감소 시작	감소
판매방향	신업종·메뉴를 알리기 위해 시식회를 통해서 홍보	판매를 극대화	판매량을 유지하면서 이익극대화	판매부대비용 최소화
광고·홍보	업종·메뉴의 인지도 홍보	업종·메뉴를 알리면서 고객 유도	업종·메뉴의 유용성 강조	충성고객을 유지하면서 광고비용을 줄임
판매가격	시장가격	시장 침투 가격으로 조정	경쟁업체와 동일한 가격 유지	가격인하
판촉	무료시식, 할인쿠폰 등 강력한 판촉	판촉의 강도를 줄이고, 고객만족을 위한 서비스 강화	업종·메뉴에 대한 충성도를 높이기 위한 마일리지, 쿠폰 등 지속적인 사은행사	최소한의 판촉 행사

– 《외식창업실무》(2007), 서진우 지음

참고사항 :

1. 판매 촉진 매체로는 텔레비전, 라디오, 지역신문, 잡지, 전단, 벽보 등이 있는데, 기업형 식자재 유통업체에서 축적된 '판촉 결과 분석도구(Tool)'를 소개해 주면 외식업체에서는 큰 도움이 된다.

2. 판촉활동 단계는,

1단계 : 고객이 원하는 것이 무엇인지, 경쟁점의 판촉행사 등 자료, 정보 등을 최대한 모아 정확한 시장상황 분석을 한다.

2단계 : 판촉의 목표, 행사기간, 행사방법, 예산 등을 세분화하여 수립한다.

3단계 : 필요한 POP, 판촉물 등을 준비하고 판매 촉진 매체를 선정할 필요를 생각한다면 그 여건에 맞는 매체와의 협상·준비도 끝낸다.

4단계 : 행사를 한다. 중요한 것은 고객의 반응 등을 마음을 읽는 것이다.

5단계 : 결과 분석을 한다. 문제점을 도출하고 개선책을 강구하면서 필요한 부문은 직원들과 공유한다.

이제는 전통적인 마케팅믹스에 의한 판촉 이상의 고객 관리 마케팅 (CRM ; Customer Relationship Marketing)을 할 때다.

변화하는 고객의 정보를 데이터베이스화하고 이를 바탕으로 특정고객의 욕구를 정확히 파악, 고객의 욕구에 맞는 맞춤서비스를 제공하는 것이다. 이는 가치 있는 고객정보 획득을 통한 고객 선별, 최고의 수익성 및 영향력 있는 고객과 고객 유지, 신규고객 창출 등을 통한 고객 획득, 고객이 원하는 것을 원하는 방법으로 원하는 때에 제공을 통한 고객 개발, 고객 욕구 파악, 충성고객 유지 등을 통한 'CRM프로세스' 를 거친다.

사실 마케팅으로 승부하는 외식업소는 많지 않다. 외식사업에 있어서의 마케팅 핵심은 음식 자체의 상품 본질에 있지만, 그 본질에 부족하거나 오해될 소지가 있을 때 보완하고 걸러주는 역할을 하는 것임을 알아야 한다. 좋은 마케팅이란 깜짝 놀랄 아이디어나 혜택이 아니라 남들이 외면하고 있던 고객의 이로움을 추구하고, 남들이 번거로워 기피하던 일들을 실천하는 것이 더 가치 있고 소통하게 하는 것, 즉 고객의 입장에서 생각하는 것이 마케팅이다.

외식업소에서는 콘셉트(Concept), 슬로건(Slogan), 스토리텔링 (Story-telling)이 중요하다. 예를 들면 분위기가 깔끔한 외식업소, 시즐(sizzle)감이 풍부한 외식업소, 이름이 감칠맛 나는 외식업소, 반찬이 정갈한 외식업소, 그래서 가격 대비 만족도가 높은 외식업소 등이다. 이런 콘셉트(Concept)는 내부 POP, 메뉴판, 명함, 쿠폰, 전단, 간판 등에 스토리텔링을 자연스럽게 입혀야 한다.

8. 외식업의 운영자금에 대한 전략적 제휴

미래의 기업형 식자재 유통업체에서는 외식창업 운영자금 계획에 대해서도 도움을 줄 수 있는 시스템을 개발하여 사업화할 것도 검토해볼 필요가 있다. 지금 식자재 유통업체는 아니지만 제조와 FC유통 사업을 하고 있는 SPC그룹은 필요 요청 시에 창업자와 공급업체에게 자금을 대여, 조달해주는 'SPC 캐피탈'이란 계열회사를 운영하고 있다. 향후 지금껏 모든 외식업소들의 모든 자료들이 프로그램화 되면, 필요 자금을 조달해주는 캐피탈 사업도 가능하리라 본다.

그 외 일반적인 창업자금, 외식 자영업자들에게 자금을 조달하는 방법에 대해서 컨설팅을 해준다.

신용보증기금·기술신용보증기금·지역신용보증재단 등을 통한 은행 대출, 소상공인지원센터, 신용보증기금의 생계형 창업자금, 프랜차이즈 창업자금 대출, 근로복지공단, 한국장애인고용촉진공단, 한국여성경제인연합회, 무보증소액대출 등과 커넥션을 가지면서 공동의 시스템을 개발하여 고객의 상황에 맞는 프로그램을 소개·지원해 준다. 그래서 단순히 자금조달 업무뿐만 아니라 창업 절차, 인허가 문제, 세무, 재무회계, 식품위생·안전 교육까지 해주는 사업을 검토해야 한다.

9. 설비·인테리어에 대한 지원

설비·인테리어 부문에서도 투명성과 효율성 등이 요구되어 체계적으로 정형화된 산업화시장으로 이끌어갈 사명감도 가지면서, 사업화도 검토할 필요가 있다. 현재 우리나라에는 60만 개 이상의 외식업소가 있는데, 일반적으로 공감대를 형성하는 '3:3:3'의 법칙이 통용된다고 한다. 즉, 외식업소 중 3곳은 장사해서 돈을 벌고, 3곳은 이러지도 저러지도 못하며, 3곳은 괜히 외식업 창업을 해서 돈만 날렸다고 후회를 한다는 것을 의미한다. 한 해에도 4만여 개의 외식업소가 문을 닫고, 5만여 개의 외식업소가 새로이 문을 연다고 한다. 업종 전환·리모델링은 별도로 계산되니 그것까지 계산되면 엄청난 숫자가 될 것이다.

4만 개의 설비·인테리어에 소요된 투자비용의 손실 금액을 계산해보자. 평균 15평 기준으로 하였을 때 업종, 위치에 따라 많은 차이가 있겠지만 평균적으로 평당 설비·인테리어를 합하여 4백만 원으로 계산한다면 6천만 원이 된다. 그러면 6천만 원×4만 개=2조 4천억 원이 된다. 금액도 크지만 이 시장이 잘못 관리되면 그만큼 국가적인 손실이 커진다고 할 수 있다.

그래서 설비·인테리어 시장을 분석해 본다.

일반적으로 처음 외식업을 창업하는 예비창업자들은 설비·인테리어 업체에 불신을 많이 갖는다. 초창기 어둡고 투명하지 못했던 시장탓도 있었지만, 또 그를 악용한 사례들이 적지 않아서 설비·인테리어 업체들에게 신뢰감을 못 갖는 것이다. 뿐만 아니라 주변에 설비·인테리어 업체에는 친인척들이 많아서 이리저리 귀동냥을 하여 나름대로는 어느 정도 안다고 생각하는 이유도 있다.

미국이나 일본에서는 설비·인테리어 업체를 선정할 때 설계사와 시공사를 따로따로 의뢰한다. 그러나 우리나라에서는 설계사를 따로 섭외한다는 것은 특별한 경우를 제외하고는 쉽지 않은 일이다. 물론 설계사와 시공사를 한 업자에게 의뢰하는 것이 가장 좋다. 그러나 국내 설비 · 인테리어업체를 보면 시공팀은 있지만 설계팀이 없는 영세한 회사가 대부분이어서 도면 정도만 그리고 시공은 하청업자에게 떠넘기고 감리감독 정도만 하고 있는 정도다. 또 설령 있다 하더라도 수준이 떨어져 원래 예비창업자들이 꿈꾸었던 점포 이미지와는 거리가 먼 경우가 비일비재하다. 사실 설비 · 인테리어업 시공 공사는 어떤 회사라도 할 수 있다. 그렇지만 예비창업자의 의도를 100% 만족시킬 수 있는 설계는 누구나 만들어 낼 수 있는 것이 아니다. 예비창업자들이 점포 설계와 시공회사 선정을 함께 묶어서 가는 이유는 싸게 공사를 하고 싶어서다. 그래서 오픈 후 점포를 운영하다보면 불편한 곳이 한두 가지가 아니라서 많은 클레임이 발생한다.

물론 FC 회사들은 같은 모델과 디자인으로 많은 점포들을 개업시켜 보았기 때문에 어떻게 공사를 해야 좋은지에 대해서 많은 데이터를 갖고 있다. 예를 들면, 업종에 맞는 주방 규모, 주방기구와 기물 배치(Lay-out), 홀의 테이블, 의자 구성 등에 대한 자료들이 있다. 또 시공 후 클레임이 발생하면, 수정도 하여 보완해 가고 있다.

미래의 기업형 식자재 유통업체는 업종, 점포 면적 등을 고려하여 많은 형태(Type)의 설비 · 인테리어 모델을 가고 있는 것도 바람직하다. 기본 모델 외에 원하는 옵션 등을 생각하여 준비해 놓는 것이다. 많은 표본조사를 하고 전문가, 실무자들에게 의뢰하여 이상적인 모델을 제안하는 것이다. 예를 들면 해장국집, 30평 규모, 메뉴 5가지일 때의 점포 형태에 따른 A, B, C, D, E의 표준 모델을 준비하고 점포 주변 상황, 예비창업자의 의견을 수렴하여 옵션을 넣는다는 것이다.

그리고 공사 견적서에는 시공자재의 종류와 수량·단가 등 가격표와 견본품, 식기류나 주방기기, 테이블, 의자 등도 가격표와 함께 실물과 같은 카탈로그도 준비되어야 한다. 물론 수학공식처럼 100% 공식화할 수는 없지만, 최대한 정형화시켜야 한다. 시공자재, 식기류, 주방기기, 테이블, 의자 등도 국내, 해외 시장을 보고 품질 대비 경쟁력 있고 독특하고 창의적인 것들을 소싱하던지, 개발하여야 한다.

그리고 점포의 설비·인테리어 공사 일정표를 목공, 바닥, 천장, 조명공사 등 분야별로 정리하여 프로그램화되어 있어야 하고, 또 예비 창업자와 공유하여야 한다.

점포 분위기도 외식업소의 콘셉트와 목표 고객(Target)에 맞는 쾌적하고 만족스럽게 연출되어야 한다. 특히 조명, 설비, 진열 기술 등 점포 분위기의 연출이 '시각적 상품화'가 될 수 있도록 구성되어야 하며, 상품의 디스플레이(Display)와 진열과의 차이의 의미를 생각하면서 연출해야 한다.

디스플레이와 진열의 차이

요소	디스플레이(Display)	진열
상품	어떻게 보이느냐가 중요	보이는가? 보이지 않는가?
방법	상품을 표현적으로 보여 줌	상품을 설명적으로 보여 줌
소구점	상품 용도	상품 자체
비용	비용 대비 효과 중시	작업 코스트 중시
표현	기술과 감성 중시	기능과 작업성 중시
내용	전문적·기술적	관리적·직업적
주의점	구도·구성이 중심	정리·정돈이 중심

– 〈외식창업실무〉(2007), 서진우 지음

설비·인테리어를 제대로 시공하기 위해서는 다음과 같은 몇 개의 체크포인트는 꼭 챙기도록 한다.

첫째, 인테리어 전문가를 두고 상담케 한다.

둘째, 설계도보다는 투시도에 더 중점을 둔다.

셋째, 견적가보다는 추가 부분 공사비용, 하자 예방 등에 대한 조건을 만든다.

넷째, 공사 공정표와 오픈 스케줄 표를 꼭 만들어 공유한다.

다섯째, 인테리어 마감 작업에 강해야 한다.

10. 외식업 경영의 재무 관리 지원 프로그램 공유

외식업 경영의 재무 관리 지원 프로그램은 이미 개발된 프로그램을 응용하면 된다.

재무재표(Financial Statements)는 손익계산서(IS ; Income Statement, 또는 PL ; Loss and Statement)와 대차대조표(Balance Sheet ; B/S)가 있다. 그리고 중요한 원가 관리가 있다. 그 외 영업현황을 분석하고 그 자료로 향후 경영 전략을 수립하는 데 도움이 되는 매출원가율, 1인 평균 고객매출액, 테이블당 매출액 분석 등이 있다.

현 외식업의 향후 유동성 · 안전성 · 성장성 · 활동성 · 수익성 · 생산성 등의 경영 상태를 파악하는 많은 도구(Tool) 등이 있는데 기업의 일정시점의 재무 상태를 파악하는 유동성 비율(유동비율 · 당좌비율 · 현금비율)과 안정성 비율(부채비율 · 자본 구성 비율)로 나눌 수 있다. 그리고 경영성과를 분석하는 수익성 비율(총자산 순이익률, 자기자본 순이익률, 매출액 순이익률), 활동성 비율(총자산 회전율, 고정자산 회전율, 재고자산 회전율), 생산성 비율(노동생산성, 자본생산성), 성장성 비율(총자산 증가율, 매출액 증가율) 등이 있다. 일반적으로 외식업소의 재무·회계·세무업무들은 세무사에게 의뢰한다. 하지만 이런 경영 분석에 대한 어드바이스는 약한 편인데 한 발 더 앞서가는 경영 도구까지 활용하여 어드바이스할 수 있으면 좋을 것이다. 예를 들어 건강종합검진 후 발급되는 종합검진서처럼 말이다.

11. 고객만족 경영을 위한 서비스 교육

외식업 고객만족 경영을 위한 서비스에 대해서 알아보자.

서비스의 품질은 제공받는 고객 개개인의 가치 기준과 기대치가 다르기 때문에 수학공식처럼 정확한 수치로 나타낼 수는 없지만, 러스트, 자호릭, 케이닝햄(Rust, Zahorik, Keiningham, 1994)이 주장한 대로 '평균적으로 발생할 가능성이 있는 것' 으로 정의할 수 있다.

서비스 품질의 핵심은 바로 서비스의 보증이라 할 수 있다. 서비스 보증이란 고객들에게 제공하는 서비스의 무형성을 유형성으로 변화시킴으로써 고객들로부터 서비스에 대하여 확신을 심어주는 것으로, 이는 서비스를 제공한 후 고객으로부터 나타나는 피드백으로 확인할 수 있다. 피드백에는 긍정적인 경우에는 잠재적이고 지속적인 이익이 업소에 제공하는 형태로 나타나고, 부정적인 경우에는 고객 이탈과 그 업소의 이미지 악화 등의 형태로 나타나게 된다. (⟨Fitzsimmons & Fitzsimmons⟩, 2002를 응용)

고객은 음식과 서비스를 구매할 때 항상 맛과 품질이 공정하고 적절하다고 기대하지 않으며, 맛과 품질을 일반적으로 최소의 표준보다 좀 더 나은 것으로 이해하는 경향을 띠는데, 이때 음식 및 서비스의 규격과 가격에서의 품질 일치는 외식업소의 책임이라고 볼 수 있다. 서비스 품질에 대한 학자간의 공통적인 견해는 품질에 대한 기대치와 품질 지각의 차이 정도라 할 수 있는데, 다시 말해서 고객에 의해 추구되는 서비스 속성의 정도와 이 속성들이 바람직한 수준으로 성취되었다고 고객들이 지각하는 정도를 의미하는 것이다. (Murdrick, Berry & Russel, 1990)

서비스 품질에 대한 개념을 정리하여 보면, 먼저 서비스 품질은 기대와 성과의 비교에 의해서 인식되고, 결과뿐만 아니라 과정에 대한 평가도 이루어진다. 그리고 서비스는 소비자 지향적으로 행해지는 활동이며, 소비자의 평가가 중요한 부분을 차지하므로 서비스 품질도 소비자 지향적인 개념이라 할 수 있다. 또한 서비스 품질은 구매 전보다는 구매 후나 소비과정에서 평가되는 경험적 성격이 강하다.

서비스 품질의 결정 요인에 대해 알아보도록 하자.

파라슈라만(Parasuraman, 1985)은 서비스 종류와는 무관하게 고객들은 서비스의 품질을 결정하는 데는 유사한 원칙이 있고, 전반적인 평가를 정량화하는 서브퀄(서비스 품질 측정 ; SERVQUAL)을 개발하였다. 신뢰성(Reliability), 반응성(Responsiveness), 확신성(Assurance), 접근성(Accessability), 친절도(Kindness), 공감성(Empathy), 유형성(Tangibles), 의사소통(Communication), 안정성(Safety), 진실성(Truth) 등 10가지 차원에서 기대한 서비스와 인지된 서비스의 차이가 서비스 품질을 나타낸다.

다음으로 외식 고객의 선택 속성에 대해 알아보자.

고객이 외식업소를 방문했을 때 매력을 갖게 되는 것은 음식, 서비스, 분위기다. 이들을 외식업소의 3요소라고 한다. 음식의 맛과 품질, 분위기도 중요하지만, 서비스도 상당히 중요하다.

외식업소를 선택할 때 그 외식업소의 개성 또는 이미지가 고객의 기대에 부합되어야 한다. 그리고 향후 방문하였던 외식업소의 유형과 이용고객의 특성 등에 따라 그 중요도도 상이하게 나타난다. 후에 그 외식업소에 대한 음식에 대한 지각에도 영향을 준다.

참고적으로 미국레스토랑협회(NRA ; National Restaurant Association, 1983)가 조사한 자료를 보자.

NRA의 연구에 의한 패밀리 레스토랑 선택 속성

분류	순위	선택 속성	응답률(%)	전체 순위
음식	1	음식의 맛	70.3	3
	2	주문한 대로 조리되었는지 여부	65.4	4
	3	음식의 신선도	64	5
	4	음식의 적당한 온도	63.3	6
	5	음식의 외양	58	7
	6	주문한 대로 가져왔는지 여부	46.9	12
	7	메뉴선택의 다양성	37.8	13
서비스	1	직원들의 미소	52.6	9
	2	추가로 필요한 것이 있는지의 여부	48.2	10
	3	식사 후 인사 여부	40.7	14
	4	음식 서브의 신속성	33.8	15
	5	즉각적인 좌석으로의 안내	27.3	17
	6	주문한 음식의 제공시간 알림 여부	26	19
	7	이름표의 부착 여부	16.3	20
분위기	1	전체적인 청결성	81.9	1
	2	화장실의 청결성	76.3	2
	3	적당한 실내온도	55.4	8
	4	안락한 의자	44.6	11
	5	식사하기에 조용한 분위기	29.2	16
	6	매력적인 실내장식	24.3	18

자료 : National Restaurant Association Research and Information Service Depart-
ment(1983), Consumer with regard to Dining at Family Restaurant.

이렇듯 음식의 맛과 서비스에서는 직원들의 미소, 분위기에서는 전
체적인 청결이 가장 높은 기대 점수가 높다.

서비스교육은 용모와 복장, 안내, 주문, 주문 확인, 서빙, 계산, 환
송, 전화응대, 고객 불평사항 접수, 고객 불평 처리 등으로 구분하여
교육 책자와 CD 등을 만들어 외식업소에 전달한다. 필요시에는 현재
수준의 서비스 등급도 객관적으로 평가해 주고, 준비된 교육프로그램
으로 위탁 교육이나 파견 교육도 해준다.

12. 외식업소에서의 고객 관리

오늘날의 고객은 음식의 맛과 품질 이외의 안전하고 쾌적한 분위
기, 음식 재료의 내용, 안전에 대한 권리를 요구하고 있다. 이러한
고객의 의견을 받아들여 반영하는 고객 관리는 매우 중요하다고 할
수 있다.

고객 관리란 고객정보를 효과적으로 이용하여 고객과의 관계를 유
지, 확대, 개선함으로써 고객의 만족과 충성도를 제고하고, 외식업의
만족과 충성도를 제고하고, 외식업의 지속적인 운영, 확장, 발전을 추
구하는 고객과 관련된 제반 프로세스 및 활동을 뜻한다.

그래서 고객 관리의 목표는 고객이 지불한 이상의 음식, 서비스, 분
위기의 가치를 느낄 수 있도록 하는 것이고, 외식업의 입장에서는 진
정한 고객만족을 통하여 외식업의 지속적인 매출과 장기적인 수익을
극대화하는 것이다.

그리고 지금 증대된 고객의 파워를 실감할 수 있다. 고객들은 광범위한 정보 수집을 할 수 있고, 선택의 폭도 폭발적으로 증가하고 있다. 인터넷의 발달과 확산은 외식업의 입장에서는 기회인 동시에 위협의 요인도 된다. 업종간의 메뉴 경쟁과 업종간의 경계가 무너져 새로운 시장 진입의 문턱이 낮아짐에 따라 경쟁이 심화되고, 결국은 치열한 가격경쟁까지 만들어 내고 있는 상황이다. 그래서 수익성 있고 충성도가 높은 고객들을 효과적으로 선별하여, 이들을 지속적으로 유지, 관리할 필요가 생기게 되었다.

고객이 원하는 것은 무엇일까? 개별고객으로 인식(Recognition), 서비스(Service), 편리함(Convenience), 도움(Helpfulness), 정보(Information), 신분 인정(Identification) 등이다.

그리고 마케팅 개념으로 고객 관리를 생각해 보자.

구분	목표	고객 변화	방법
STP	시장창출	잠재고객 (Prospect)	세분화, 타깃 시장 선정, 포지셔닝을 기반으로 하는 마케팅
DBM	고객창출	고객 (Customer)	데이터베이스 마케팅
DM	고객유지	단골고객 (Client)	다이렉트 마케팅
CRM	고객강화	충성고객 (Advocate)	고객관계 관리

그러면 고객 관리의 실패 요인과 그 해결 방안은 무엇일까?

고객 관리는 여러 가지의 복합적인 요인에 의해 종종 실패한다. 이는 새로운 고객 관리의 패러다임에 대한 기업의 적절한 노력이 없기 때문이다. 고객 관리를 성공적으로 구현하고 고객 관리를 통하여 가치를 창출하기 위해서는 새로운 고객 관리 패러다임을 이해하고 실천해야 한다.

실패의 원인	해결 방법
– 구체적인 마케팅 목표 부재	– 고객 관리 활동에 충분한 경험, 아이디어를 가진 전문가와 협의
– 고객과의 관계 구축을 위한 마케팅 커뮤니케이션 전략 부재	– 고객과의 관계 구축을 위한 전략 수립
– 고객 관리를 활용한 이윤창출에 대한 구체적인 전략의 부재	– 고객 관리에 필요한 자료 파악 및 활용에 대한 계획
– 고객 관리 효과측정 능력 부재	– 고객 관리 전략수행 및 새로운 활동방안 연구
– 빠르고 가시적인 성과에만 집착함으로써 가격할인 정책 수립함	– 대표 메뉴의 연구, 기타 메뉴의 개발 등으로 고객 개발, 고객 중심의 커뮤니티 활동 전개
– 초기에 생각지 못했던 추가비용의 발생	– 본격적인 고객 관리 시스템을 실행 전에 철저한 검증
– 수익성을 도외시한 고객 관리기법 도입	– 고객 관리 활동으로 창출할 수 있는 수익 발생 시점, 규모에 대한 정확한 분석
– 구체적인 활동계획이 결여된 고객 관리 개발	– 다각적인 고객 관리의 구체적인 실행방안 수립
– 고객 관리에 필요한 적절한 조직 변화의 실패	– 고객의 입장에서의 조직 리모델링
– 추진력이 결여된 장기계획	– 신속한 계획 수립과 강력한 추진력, 환경 변화에 따른 유연한 계획 수정
– IT와 단절된 고객 관리	– 인터넷을 통해 얻는 정보를 실시간으로 분석하여 활용함
– 효과적인 고객 관리를 구축하고 활동에 필요한 강력하고 책임감 있는 리더십 부재	– 외부 교육기관에서 리더십 능력 개발, 또는 유능한 프로 점장 채용
– 음식 메뉴와 영업 중심의 조직구조	– 고객 중심의 조직, 시스템으로 전환
– 직원의 주인의식 결여	– 현장 의사결정권한을 강화하며, 직원들에게 효과적인 보상 시스템 구축

고객 관리의 패러다임도 지금껏 외식업 내부의 역량으로부터 만들어 외부 역량에서 고객가치를 찾는 것을, 향후에는 고객이 원하는 가치를 외부에서 찾아내어 내부 역량으로 만들어가야 한다. 그래서 메뉴 개발도 지금은 음식 조리기술 등 내부 역량을 갖고 만들어 내는 상품 중심의 서비스에서 고객의 욕구를 충족시키는 고객 중심의 서비스로 패러다임의 변화를 가져야 한다.

고객의 접점에서 활동하는 모든 직원들이 오너십(Ownership)을 가질 수 있도록 유연한 조직이 되어야 하고, 사례(事例) 중심으로 공부하는 '학습 분위기'를 만들어 모두 참여케 함으로써 칭찬하는 조직으로 바뀌어져야 한다.

13. 외식업소가 성공하기 위한 필수조건

외식업소에서 선두주자의 역할을 할 수 있는 것은 여러 가지가 될 수 있다. 독특한 인테리어, 아주 싼 가격, 좋은 입지, 먹음직스러운 음식으로 가득 찬 메뉴판, 외식업소 주변에 풍기는 음식냄새 등 여러 가지의 조건들을 모두 충족시킬 수 있으면 좋겠지만, 그중 한 가지라도 확실하게 만들라는 것이다. 그렇게 되면, '맛집'으로 소개가 된다든지, 스토리텔링이 있다든지 하여 입에서 입으로 전해지는 구전 마케팅이 된다. 모두를 만들기도 쉽지 않지만, 오히려 모든 것이 갖추어지면 고객에게 오히려 부담감을 줄 수도 있겠다. 고객의 입장에서 방문하고 싶어 하는 조건을 맞추는 것이다. 예를 들면 입지가 외곽이라면 인테리어에 신경을 많이 쓴다든지, 시내 중심가에 있으면 가격이나 풍미에 주위를 기울인다든지, 그 상황에 맞는 조건을 하나라도 제대로 설정하여 차별화를 꾀하라는 것이다. 물론 외식업소에서 제일 중요한 것은 '맛'이다. 맛만 있다면 아무리 입지가 불리해도, 서비스가 불편해도, 주차장이 없어도 고객들이 몰리게 된다.

이런 외식업소의 공통점은 대표 메뉴다. 그러나 사실 그런 '맛집'을 만드는 것은 쉽지 않다. 또 그런 환상만을 쫓아만 다닐 수는 없는 것이다. 그러면 '맛'은 어느 정도만 되고 '친절, 서비스'만이라도 확실하게 한다면 2등은 갈 수 있을 것이다. 아니면 '가격'에 대한 승부

다. 주택가, 외진 시내 같은 곳에서 임대조건 등이 유리하다면, 가격
으로 승부를 걸어 가격 저항선에서 매여 있는 고객들을 흡인하는 것
이다.

아무튼 이 모든 것들을 가능하게 하려면 선장의 역할을 하는, 스포
츠 감독의 역할을 하는 경영자, 점장, 진두지휘자의 '서비스 리더십
(Service Leadership)'이 중요하다.

외식업의 성공을 위해서 최소로 하나 정도는 갖추어야 할 조건은,
첫째, 콘셉트, 인테리어, 색깔, 고객 유도, 활로 등의 분위기 연출
둘째, 대표 메뉴
셋째, 서비스
넷째, 가격
다섯째, 경영자, 점장, 진두지휘자
등이다.

14. 프랜차이즈 회사와의 전략적 제휴

프랜차이즈사업이란 가맹본부가 사업자로 하여금 자기의 상표 등
영업 표지를 사용하여 일정한 품질 기준이나 영업방식에 따라 상품,
용역을 판매하도록 하고 이에 따른 경영활동 등에 대한 지원, 교육과
통제를 하며, 가맹사업자는 그 대가로 가맹금을 지급하는 계속적인
거래관계가 되는 것을 말한다. 그러나 아직 계약 문화가 성숙되지 않
은 우리나라에서는 이것이 제대로 지켜지지 않아 본부와 가맹점 사
업자간의 갈등과 불협화음이 많았다. 이런 문제점을 제대로 파악하고

대응책만 나온다면 미래의 기업형 식자재 유통업체는 프랜차이즈 기업과 전략적 파트너로 가는 것도 검토해 볼 수 있는 일이다.

프랜차이즈산업은 급성장하고 있으며, 그중에서도 외식업이 제일 큰 성장을 이루고 있다. 정부에서도 프랜차이즈산업을 육성하고자 진흥법을 제정, 시행하고 있으나, 아직은 대부분 소규모 업체들로 구성되어 있어 열악한 상태다. 그래서 미래의 기업형 식자재 유통업체는 모든 프랜차이즈들을 경영 분석하여 성공 가능성이 큰 업체들을 발굴하여 전략적 제휴를 갖는 것도 바람직하다고 생각된다. 단순히 지금껏 해온 식자재 공급 이상의 방안을 찾아보는 것이 무엇보다도 중요한 것이다.

그러면 이 시장을 정확히 이해하기 위하여 문제점과 대응책에 대해서 살펴본다.

항목	내용	대응 전략
사회적 인식	- 외식 프랜차이즈 본사에 대한 사회적 인식이 좋지 않게 형성되어 있음 - 고객 및 창업자가 유행에 민감함	- 훌륭한 대기업처럼 사회봉사, 부실 가맹점 지원 등 신뢰도를 높게 할 수 있는 활동을 강화하게끔 한다.
본사의 운영철학 및 시스템 미흡	- 프랜차이즈가 쉽게 돈을 벌 수 있다는 '한탕주의'의 오류에 빠져 있다. - 성공모델을 만들고 회사의 운영 시스템을 구축하여 가맹사업을 실시하여야 하는데, 가맹점 모집에만 집중하고 있어 부실 본사 및 부실 가맹점이 증가(대부분의 본사가 가맹점 모집 광고 및 영업대행업체의 의존도가 높음, 자체 본사 시스템 붕괴) - 경영마인드 미흡	- 기업형의 철저한 경영철학을 운영케 한다. - CEO 및 임직원 경영 마인드를 강화한다. - 임직원 교육을 강화한다. - 핵심 부문 자체 시스템을 구축한다. - 우수 협력업체 선정 및 관리를 한다. - 모든 것을 프로그램화, 시스템화한다.
창업자의 마인드	- 소자본을 투자해서 많은 수익을 얻기 바람 - 쉽고 편한 업종 선호 - 프랜차이즈 시스템에 대한 이해 및 경영 능력 미흡 - 창업 후 일정기간이 지나면 본사 불신 및 식자재 자체 구매	- 가맹점주 교육을 강화한다(프랜차이즈 시스템 이해, 경영 일반(재무, 마케팅 등)). - 가맹점 지원 체계를 강화한다.

항목	내용	대응 전략
비즈니스 모델 미흡	– 가맹점, 협력업체, 본사가 지속적으로 수익을 낼 수 있는 시스템이 미흡함(가맹점 수익 저하, 본사 수익이 가맹점 개설에 집중되어 있어 개설이 없을 시 본사 유지가 어려움) – '런닝 로열티(Running Royalty)'를 받는 본사가 거의 없음 – 식자재 유통에 대한 시스템 및 마인드 미흡	– 아이템 개발 초기부터 수익모델을 구축한다(가맹점, 미래의 기업형 식자재 유통업체, 본사가 운영될 수 있는 상품 및 아이템을 개발한다). – PB 개발 강화 – 식자재 판매 영업 시스템 구축 – 유통 마진이 적은 아이템은 런닝 로열티를 받아야 함
창업비용 증가	– 점포 임대비용 증가(주요 입지 권리금 및 보증금 상승) – 인테리어, 설비 원가 상승	– 하이 브레드형 매장 진출을 검토한다. – 'SIS(Shop in shop)' 및 상품 판매 진출을 한다. – 주택가의 소자본 창업 아이템을 개발한다(소형 분식점, 떡볶이, 토스트 등 연구).
원가 상승	– 원가 상승으로 수익성 악화(임대료 상승, 인건비 상승, 원·부자재 상승)	– 인력을 최소화한다(식재료의 반조리, 완팩화(PB 상품화)). – 관련 상품 판매 확대로 단위당 매출액을 증대시킨다. – 규모의 경제를 확대한다.
본사 및 가맹점 영세	– 본사 규모 영세(대부분 매장을 운영하다가 가맹사업을 시작하게 되어 인력, 시스템, 자금력 부족) – 생계형 창업자 비중이 큼	– 본사는 작고 강하게 운영한다(미래형 식자재 유통업체와 역할 분담) – 소자본 창업 모델을 개발한다. – 공동 창업 모델을 개발한다.
각종 규제 증가	– 원산지 표시제 – 각종 소비자 고발 프로그램 증가(먹을거리에 대한 불신 증대) – 카드 및 현금 영수증 제도 확대 – 가맹 사업법 강화	– 투명경영으로 신뢰성을 확보한다(공장, 제조공정 등을 공개, 건강 지향 메뉴 개발) – 가맹점과는 지속적인 커뮤니케이션 강화로 '한 가족'으로 대우한다(부실 가맹점 지원 및 지속적인 프로모션 실시(매장 매출 상승)).

• 《프랜차이즈 전략 자료》 (2009), 이창주

이제 프랜차이즈 시장의 규모부터 알아보자.

국내 프랜차이즈 체인 매출액

업종	2002년 추정(조 원)	2005년 추정(조 원)	2002년 대비 증감률(%)
외식업	11.18(26.8%)	24.07(39.3%)	115.3
소매업	26.08(62.5%)	34.13(55.7%)	30.9

업종	2002년 추정(조 원)	2005년 추정(조 원)	2002년 대비 증감률(%)
서비스업	4.43(10.6%)	3.11(5.0%)	−29.8
계	41.69(100%)	61.31(100%)	47.1

국내 프랜차이즈 체인 가맹본부 수

업종	2002년 추정(개)	2005년 추정(개)	2002년 대비 증감률(%)
외식업	559(34.9%)	1,194(54.0%)	113.6
소매업	817(51.0%)	515(23.3%)	−37.0
서비스업	224(14.0%)	502(22.7%)	124.1
계	1,600(100%)	2,211(100%)	38.2

국내 프랜차이즈 체인 가맹점 수

업종	2002년 추정(개)	2005년 추정(개)	2002년 대비 증감률(%)
외식업	50,873(42.5%)	141,992(50.0%)	179.1
소매업	44,175(7.0%)	87,511(30.8%)	98.1
서비스업	24,575(20.6%)	54,679(19.2%)	122.5
계	119,623(100%)	284,182(100%)	137.6

• 식품 소매업 포함, 자료 : 한국프랜차이즈협회(2006)

향후 창업시장 추세를 살펴보자

향후 창업시장 추세

주요 키워드	내용	시사점
소액투자 1인 소호 사업 인기	– 정부의 1인 사업가 육성 – 점포형 사업의 경쟁과열 및 포화로 인한 틈새시장	– 1인~2인 운영 가능한 소형 'SIS(Shop in shop)'나 Take-out 모델 개발
부업 및 투잡형 창업 증가 예상	– 고용에 대한 불안 증가(부부 중 한 사람이 운영하는 부업형 창업, 주간, 저녁을 교대로 운영하는 투잡형 창업)	– 초보자도 쉽게 할 수 있는 아이템, 시스템 개발
노하우 전수	– 저렴한 창업비용으로 창업을 시켜주고 상품 판매 – 콘셉트와 메뉴 및 상품 판매	– 새로운 가맹점 모집으로 활용 검토하고 지속적인 사후관리 명목으로 상품 공급과 공동 메뉴 개발
리모델링, 업종 전환 창업 활성화	– 매출 부진의 어려움을 겪는 점포들의 돌파구로 기존 시설을 최대 활용하여 비용 절감	– 업종 전환 시 미래의 기업형 식자재 유통업체가 갖고 있는 경쟁력 있는 업종 · 메뉴 추천

주요 키워드	내용	시사점
공동 창업, 투자형 창업 인기	– 펀드, 부동산 등 재테크 수단의 불확실성으로 인하여 공동 투자가 증가(와바가 대표적인 성공사례로 본사가 직접 운영하고 수익금을 지분대로 배분)	– 미래의 기업형 식자재 유통업체의 운영 역량으로 할 수 있는 업종을 선택하여 성공 모델부터 구축
경쟁력 강화, 업그레이드 및 혁신형 업종 인기	– 소비 경기가 침체되어 있는 상황에서 혁신적이고 호기심을 자극하는 업종에 관심을 보일 것임(창작 메뉴 개발, IT 시스템을 도입한 새로운 분위기의 외식업 등 완전히 새로운 업종보다는 기존 사업을 업그레이드, 리뉴얼시켜 경쟁력 개선)	– 창작 메뉴 개발, 혁신적인 아이템을 개발하여 상품화
매장 효율을 높이는 복합형 매장	– 임대료, 인건비 등 비용은 증가되고 매출은 어려운 시장 상황에서의 대안책(평당, 또는 1인당 매출을 높여 매장 효율화 추구, 다양한 소비자의 욕구 충족)	– 매장 내의 Take-Out 상품을 같이 개발하여 판매
베이비부머 퇴직자 창업 활발	– 베이비부머의 퇴직 시기가 본격화됨(투자여력은 어느 정도 되고 체면, 노후 보장에 맞는 업종 선호)	– 점장을 두고 운영할 수 있는 시스템화 되어 있는 외식업에 맞는 상품 개발
불황기 빈익빈 부익부 현상 심화	– 어려운 점포는 기존 점포 폐업 후 규모를 축소하여 창업하고, 성공한 점포는 규모를 확대하거나 다점포화	– 소형 · 중형 · 대형 콘셉트에 맞는 외식업소 모델을 만들어 그에 맞는 메뉴 개발
불황에 강한 소형점포 창업 활기	– 투자비가 적고 실패에 대한 부담이 적으며, 투자비 회수가 빠른 소형 점포를 선호(경비 부담이 적은 부부 창업형)	– 미니 토스트, 실속형 스테이크 하우스, 업그레이드된 도시락집, 분식집에 맞는 매뉴얼을 만들고 반제품 개발
이모작 콘셉트 등장	– 저녁 주점, 점심은 그 점포에 맞는 점심메뉴	– 즉석 안주류 개발
서민의 애환을 달래주는 업종 강세	– 불황이라도 버틸 수 있는 아이템이 무관	– 막걸리 · 전집, 치킨호프집, 삼겹살집, 곱창집 등 음식의 품질, 서비스, 가격경쟁력을 가질 수 있는 아이템의 냉동, 소스류 제품 개발
고유가, 고환율, 고물가의 3중고(高) 현상 심화	– 고환율로 인한 원부자재값, 인테리어 비용 상승, 식자재 가격 인상	– 정책적으로 몇 개 품목은 연중 고정 단가, 계약단가로 운영하여 3중고(高)에 동참
업종 파괴현상 갈수록 심화	– 개별 브랜드의 경쟁력이 떨어져 브랜드간의 합작이 되어 하이브리드형 매장으로 등장할 전망	– 숍인숍의 개념으로 커피와 햄버거, 핫도그 브랜드가 입점하는 등 아이디어를 만들어 합작이 될 수 있는 아이템 개발

주요 키워드	내용	시사점
20대나 청소년을 겨냥한 사업	– 상대적으로 불황에 영향을 적게 받는 시장으로 20대나 청소년들의 유동인구가 많은 지역에 입점하는 업종	– 베이커리카페, 스무디 전문점, 캐주얼 이탈리안 레스토랑 등에 맞는 기존 아이템, 또는 새로운 아이템 연구

외식 프랜차이즈 시장 분석을 하면,

외식 프랜차이즈의 시장 분석

항목	내용	시장 전망
패밀리레스토랑	– 패밀리레스토랑은 중대형이고 최상의 입지를 갖추어야 하기 때문에 대부분 직영 위주로 운영되고 있음 – 외식문화의 변화와 창업비용이 많이 들어 프랜차이즈 아이템으로는 적합하지 않아 성장세가 둔화되면서 점차 하락하고 있음	– 외식 프랜차이즈 시장은 경기불황, 매장 수익성 악화, 식문화의 변화, 핵가족화, 나홀로 족, 맞벌이 부부 증가, 소자본 창업자 증가 등으로 유망 업종이 재편되고 있음 • 유망 업종 • 소자본 멀티 카페 : 호두과자, 번, 샌드위치, 도너츠 등의 Take-out 형태의 업종 • 웰빙 강조 업종 : 구이치킨전문점 • 업그레이드 분식 전문점 : 떡볶이, 국수, 돈부리 등 • 대형 평수의 공동 투자 창업 : 고급 맥주 전문점, 샤브샤브, 수작 요리주점 등 **시사점 :** – 유망 업종에 맞는 프랜차이즈 업체와 전략적 제휴를 하고 처음부터 메뉴 개발을 공동으로 한다.
한식	– 삼겹살, 감자탕, 순댓국 전문점이 한식을 대표하는 프랜차이즈 아이템으로 급속히 성장하였으나 원자재 상승 등으로 주춤하고 있음 – 설렁탕, 해장국, 칼국수집은 꾸준히 현상 유지 – 원자재 값 상승 등으로 본사 수익구조 악화	
주점	– 프랜차이즈 브랜드가 가장 많은 업종인 반면, 부실 본사 및 가맹점도 가장 많이 발생하는 업종 – 일본식 주점이 주를 이루고 있고 일부 한국형 주점이 명맥을 이루고 있으며, 최근 중대형의 '수작(手作)' 요리주점이 약진을 하고 있음	
분식	– 김밥천국, 김밥나라 등이 급속히 팽창하였으나 지금은 주춤한 상태, 업그레이드된 김가네김밥, 명인만두, 아딸 등이 증가 추세	

항목	내용	시장 전망
해산물	– 오징어나라 같은 해물포차 형태가 가맹사업이 되고 있고, 다른 형태는 거의 개인이 운영하는 매장 형태임	
제과제빵 · 식음료 패스트푸드점	– 최근 가장 활발하게 활성화 되어 있는 업종으로 기존 점포들은 영역을 확장하여 복합매장으로 전환되어 가고 있어 업종간의 경계가 무너지고 있음 • 커피전문점 : 베이글, 케이크 등의 베이커리 확대 • 베이커리 : 카페 형태로 커피 · 음료 강화 • 아이스크림, 도너츠 등도 베이커리, 커피 · 음료 강화 – 중소형 번, 호두과자, 커피, 토스트 전문점 등의 프랜차이즈가 다른 업종에 비해 빠르게 확산되어 가고 있음 – 치킨 업종은 구이치킨으로 시장이 재편되어 가고 있고 또한 기존 업체들은 카페 및 레스토랑 개념으로 업그레이드를 하고 있음	

• 《프랜차이즈 전략 자료》 (2009), 이창주

기업형 식자재 유통업체의 향후 전략을 위해서 일반 프랜차이즈 기업과 경쟁력을 비교 분석해 보자.

기업형 식자재 유통업체와 프랜차이즈 기업의 경쟁력 비교 분석

기업형 식자재 유통업체	프랜차이즈 기업
식품회사, 단체급식 업체, 식자재 유통업체	FC, FR , FF
규모를 키운다.	빠르게 움직인다.
사업을 다각화한다.	본부에서는 전략 · 개발, 가맹점에서는 현장마케팅 등을 집중화한다.
고관리비용의 수직계층 구조	저비용의 환형 연합조직
자본	아이디어 및 기획
패배→쇠퇴	승리→성장

일반기업 및 프랜차이즈 전문기업 유통 경로

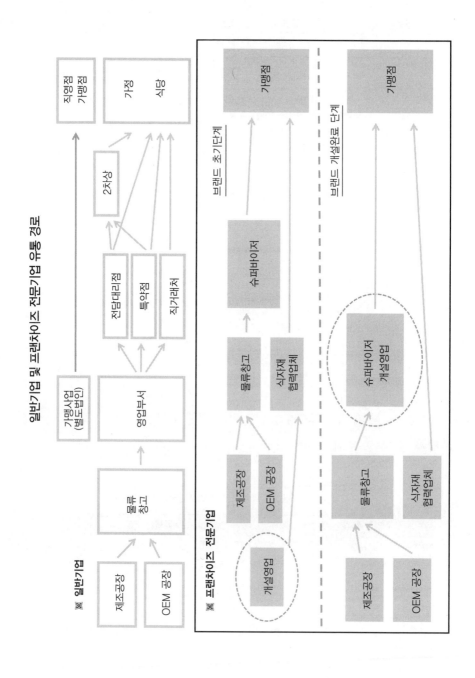

◈ **일반기업**

제조공장 · OEM 공장 → 물류창고 → 영업부서 → 전담대리점 / 특약점 / 직거래처 → 2차상 → 직영점 · 가맹점 / 가정 / 식당

가맹사업 (별도법인)

◈ **프랜차이즈 전문기업**

개설영업 · 제조공장 · OEM 공장 → 물류창고 · 식자재 협력업체 → 슈퍼바이저 → 가맹점

브랜드 초기단계

슈퍼바이저 개설영업 · 제조공장 · OEM 공장 → 물류창고 · 식자재 협력업체 → 가맹점

브랜드 개설완료 단계

향후 프랜차이즈 사업 진출 방향

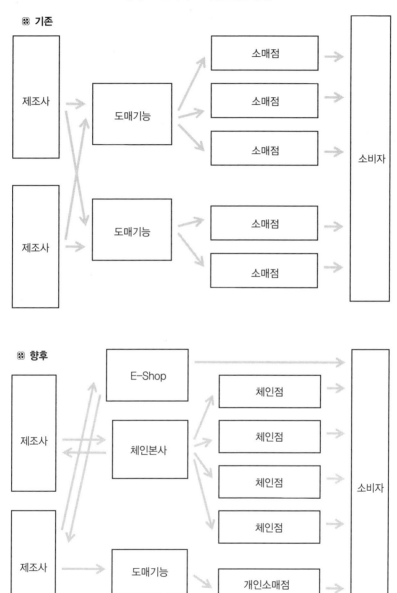

프랜차이즈와의 공동 마케팅 전략을 스터디해 보자.

마케팅의 시작과 끝은 고객이다. 기업형 식자재 유통업체나 외식업체나 원점은 고객이다. 항상 고객의 입장에 서서 바람직한 장래를 생각해야 한다. 여기서 장래란 고객의 눈으로 보는 미래의 일이다. 변화를 장래의 가치 기준을 가지고 헤쳐가라는 말은 우선 장래의 모습, 일명 비전을 가지라는 말이다. 고객의 가치 기준에서 모든 문제, 즉 미래의 기업형 식자재 유통업체, 외식업체, 가맹점의 구조, 변화, 운영, 개선, 전략의 변화를 설계하고 실행하여야 한다. 고객의 입장에서의 의미는 단순히 고객을 위한 것(For Customers)이나 고객만족(Customer Satisfaction)의 개념을 넘어 고객의 욕구 변화를 이해하고, 라이프스타일과 가치의 기준을 파악하여 원하는 상품과 서비스를 필요한 시기와 장소에서 제공하는 대리인으로서의 마케팅이 설계되어야 한다.

첫째, 매장은 고객들로부터 신뢰를 받기 위하여 매장의 직원, 가맹점주, 프랜차이즈 본사, 미래의 기업형 식자재 유통업체가 한마음, 한뜻이 되어 상품과 서비스, 분위기를 제공하여야 한다.

둘째, 고객의 합리적인 구매 요건에 충족할 수 있는 기능적 욕구와 자극, 사회적 경험, 새로운 유행의 습득, 지위와 권력, 자기보상 등 심리적 욕구까지 충족시켜 주어야 한다.

셋째, 고객이 원하는 바를 지속적으로 충족시키고, 다음에도 계속 이용할 수 있도록 브랜드 관리를 해야 한다. 브랜드를 강화하기 위해서는 새로운 가치를 계속 찾아내고, 또 이 사업과 연계시키는 사업을 확장함으로써 브랜드 이미지를 더욱 강화시킬 수 있다.

롯데리아가 맥도날드를 앞서고 있는 5가지 이유를 분석하면서, 프랜차이즈 FF(Fast Food)사업과 미래의 기업형 식자재 유통업체와의 공동 마케팅 전략을 연구해 보자.

롯데리아가 맥도날드를 앞서는 5가지 이유

앞서는 전략	배경	핵심역량	시사점
효과적인 표적 시장 전략	매장 분위기, 식사 환경, 위치, 판매원·판촉, MD에서 이상적인 햄버거전문점 모델을 찾아내고, 단골고객의 모습을 찾아내어 CRM 구축을 통한 고객 만족 실현, 고객친화정책, 신세대 고객들의 빠른 취향 변화에 대한 대응으로 표적인 시장을 찾아내어 집중화 전략을 함	– 고객 관점에서의 기업 문화 – 관계 구축을 통한 시너지 창출 – 신속하고 원활한 커뮤니케이션 – 외식산업 제1의 프랜차이즈 시스템	– 미래의 기업형 식자재 유통업체와 신제품 개발 공조체제 – 식재료 공급에 있어서 산지구매, 해외 소싱 등 경쟁력을 갖게 함 – 원하는 시간대의 물류 서비스
독특한 신상품 개발 전략	가장 미국적인 음식을 '김치버거', '불고기버거', '라이스버거' 등 가장 한국적인 음식으로 만들었고, 좋은 원료, 환경 친화적으로 매장 관리를 함		
제품 중심의 광고 전략	맥도날드는 기업의 이미지를 중심으로 광고한 반면에, 롯데리아는 사회 분위기에 맞는 제품 중심의 광고를 전개함		
가치 극대화 전략	가격경쟁보다는 최고의 품질(Quality), 청결한 장소(Cleanliness), 친절한 서비스(Service), 고객이 원하는 시간(Time) 등으로 브랜드 마인드를 고객의 입장에서 가치를 극대화시킴		
다점포화 전략	어디서든지 접할 수 있는 다점포 전략으로 지하철 역권, 지역 상권에 밀착된 점포를 개발하고, 공항, 열차 등 어디든지 오픈. 그리고 새로운 형태의 Drive-through 점포도 오픈		

– 《실전 프랜차이즈 마케팅 전략》(2007), 오세조·이철우 지음

이렇게 프랜차이즈를 책임지는 리더는 다음과 같은 자질을 갖추어야 한다.

첫째, 모든 경영 전략의 수립과 활동의 시작을 고객의 관점에서 하기 위해 노력하여야 한다.

둘째, 항상 고객의 입장에 서서 변화의 흐름을 파악하고, 항상 유연하고 창의적인 자세를 하면서 미래지향적이어야 한다.

셋째, 고객의 만족과 가치 제고를 위해서 관련되는 모든 경영 자원

을 통합적으로 조정할 수 있는 오케스트라의 지휘자 역할과 같이 토털 마케팅 시스템 매니저가 되어야 한다.

넷째, 항상 각각의 업무를 담당하고 있는 팀장들과 윈윈(Win-win) 관계를 구축하기 위해 노력하여야 한다.

다섯째, 글로벌마인드 등 넓은 시야를 가지려고 노력하여야 한다. 그래서 외식업, 프랜차이즈사업도 브랜드 사업이란 것을 항상 생각한다,

15. 미래의 기업형 식자재 유통업체와 외식업이 공동으로 할 수 있는 사업

외식업과 네트워크를 갖고 있고, 굿윌(Goodwill)을 가지고 있고, 외식업에 관한 전반적인 데이터를 공유하고 프로그램화시켜 응용한다면, 공동으로 서로가 윈윈하는 다음과 같은 사업들을 생각해 볼 수 있다.

(1) 유명업소 상품을 매뉴얼화 하여 상품화

유명 외식업소와 전략적 제휴, 그 업소의 메뉴를 매뉴얼화 하여 상품화한다. 예를 들면, 부산의 유명한 양산돼지국밥집이나 가야밀면 등을 서울에 있는 외식업소의 메뉴로 채택, 반조리 제품으로 '완팩' 하여 가정에까지 배달해 주는 사업이다. 물론 CK가 있어야·하고, 인터넷, 전단지 등과 통신판매도 한다. 게다가 맛과 건강이 테마가 되어야 하며, 먼저 유통 시스템이 구축되어야 한다.

(2) 외식업소 고객 소개 · 매칭 비즈니스

외식업소의 영업대행, 연회 에이전트, 결혼식 기획 등을 주 사업으로 하고 단체손님의 집객 지원, 판매 촉진활동 등 전반에 걸친 지원, 신규 출점에 대한 지원으로 영역을 넓혀갈 수 있다.

송객(送客) 서비스는 음식점의 집객 지원으로서, 기업 내의 연회를 중심으로 단체손님을 소개하는 서비스다. 콜센터의 교환원이 도우미의 문의를 받아 등록된 가맹점 가운데서 최적의 외식업소를 소개 · 예약대행까지 무료로 한다. 외식업소 입장에서 보면 가맹료 등의 초기비용을 들일 필요 없고, '송객(送客)'의 실적이 있을 때만 수수료를 지불하는 성과보수형의 집객대행 시스템이다. 고객과 외식업소 양쪽을 매칭 시키는 것으로 양쪽 모두에게 이익을 가져다주는 비즈니스 모델이다. 즉, 고객에게는 감동을 테마로 시공간의 창조와 '컨시어지 서비스(Concierge service)' 제공을 목표로 한다. 또한 외식업소에게는 새로운 판매 촉진 시스템과 새로운 판로를 제공한다.

(3) 인터넷을 이용한 시장 조사업

인터넷을 이용한 시장 조사 사업을 전개한다. 전국의 상권, 입지를 구체적으로 분석하여 필요한, 객관적인 데이터를 제공하여 창업 후보자에게 도움을 준다.

(4) 외식업 중심의 인재개발 지원 사업

외식업의 인재 지원 및 경영 컨설팅을 한다. 직원이 중요시되는 외식업에서 사람에 대한 과제를 다양한 각도에서 조명하여 외식업소와 사람에게 맞는 최적의 서비스를 제공한다. 프로 점장 육성 사업과 인재 소개 사업, 외식업 우수 아르바이트 관련 사업, 교육, 구인광고 등의 업무를 한다.

– 《신사업 일본에서 찾는다》(2005), 김종원 · 윤승현 지음

참고문헌

1. 《실전 외식 창업 실무》(2007), 서진우
2. 《음식점 경영 이렇게 성공한다》(2006), 임영서
3. 《대박창업 성공경영》(2010), 남영호 공저
4. 《대박 나는 장사, 쪽박 나는 장사》(2010), 이인호
5. 《신사업 일본에서 찾는다》(2005), 김종원 · 윤승현
6. 《줄서는 식당 창업의 7가지 비밀》(2010), 이경태
7. 《실전 프랜차이즈 마케팅 전략》(2007), 오세조 · 이철우
8. 《외식산업의 핵심은 디자인이다》(2011), 김영갑
9. 《농업 CEO MBA 과정》(2010), 농림수산식품부(국립) 한국농업대학
10. 《프랜차이즈 전략 자료》(2009), 이창주
11. 〈각 기업형 식자재 유통업체 중장기전략 보고서〉(2004~2011)
12. 〈조선일보〉, 〈한국경제신문〉 기사(2011년 3월, 4월 최근 기사)
13. Michal L. Kasavana & Donald I. Smith(1990), Menu Engineering : A Practical Guide to Menu Analiysis, Revised Edition.
14. Fitzsimmons & Fitzsimmons(2002).
15. Murdrick, Berry & Russel(1990).
16. National Restaurant Association Research and Information Service Department(1983), Consumer with regard to Dining at Family Restaurant.